安徽省精品教材建设项目

西方古典文明论稿

主　编：解光云

副主编：白春晓

　　　　江　琴

安徽师范大学出版社

ANHUI NORMAL UNIVERSITY PRESS

·芜湖·

图书在版编目(CIP)数据

西方古典文明论稿 / 解光云主编.—芜湖:安徽师范大学出版社,2022.9
ISBN 978-7-5676-5735-9

Ⅰ.①西… Ⅱ.①解… Ⅲ.①西方文化—文化史—古代—教材 Ⅳ.①K500.3

中国版本图书馆CIP数据核字(2022)第132699号

西方古典文明论稿

解光云◎主编

责任编辑:孙新文　　　　　　责任校对:翟自成
装帧设计:王晴晴　姚　远　　责任印制:桑国磊
出版发行:安徽师范大学出版社
　　　　　芜湖市北京东路1号安徽师范大学赭山校区　邮政编码:241000
网　　址:http://www.ahnupress.com/
发 行 部:0553-3883578　5910327　5910310(传真)
印　　刷:苏州市古得堡数码印刷有限公司
版　　次:2022年9月第1版
印　　次:2022年9月第1次印刷
规　　格:700 mm×1000 mm　1/16
印　　张:17
字　　数:272千字
书　　号:ISBN 978-7-5676-5735-9
定　　价:49.00元

凡发现图书有质量问题,请与我社联系(联系电话:0553-5910315)

前　言

————◆◆◆————

简言之，西方古典文明史就是始自公元前2000年至公元500年之间的希腊和罗马文明及其影响所及的历史。"古典"（classics）一词源自拉丁文classicus，含有"第一流""最高等级"之意，西方语文中时常用"古典文明"指称优秀的传统文化或文明，学界将自古传承下来的希腊文和拉丁文文献视为西方古典文明的重要遗产。

如今，学习西方古典文明的平台和资源十分丰富。许多大学开设了西方古典文明史课程，招收相关研究方向的研究生，专精深的研究成果日益增多，有影响力的指南性著作陆续出版。例如，黄洋、晏绍祥编著的《希腊史研究入门》（北京大学出版社，2009年），刘津瑜编著的《罗马史研究入门》（北京大学出版社，2014年），晏绍祥所著的《古典历史研究发展史》（华中师范大学出版社，1999年）。得益于此，人们对西方古典文明史的认知更为具体和深入。

自21世纪初开始，安徽师范大学在历史学本科专业中开设"西方古典文明专题"课程（历史学专业选修课）。2017年，安徽师范大学世界史本科专业正式招生，"西方古典文明史导论"课程被确定为世界史本科专业基础课程。2018年，"西方古典文明史"课程被审定为全校通识核心课程。由此，基于西方古典文明专题课程的教学对象扩及历史学专业、世界史专业和通识教育的学生。这里所呈现的文稿就是该课程教学团队多年来的教学结晶。

这是一部为高等院校学生和社会读者学习西方古典文明史而编写的教

材。本教材着力于以专题形式，揭示西方古典文明的多个面相，既不同于通史教材，又注重通识性与专业性、知识性与趣味性的统一，着力将古希腊和罗马历史的丰厚资源提炼为富有问题意识、令人兴趣盎然的论题，在专题解析和历史论述中达成专业研习与通识教育的融合。

本教材编写的具体分工如下：

解光云（安徽师范大学，教授）：前言，第一、二、五、七、十、十二、十三、十四讲，第十五讲一；

白春晓（安徽师范大学，教授）：第三、六讲，第十五讲二、三、四、五；

江 琴（安徽师范大学，讲师）：第九、十一讲；

张子翔（陕西师范大学，师资博士后）：第四讲；

杨 波（华中师范大学，在读博士）：第八讲；

全书由解光云统稿、定稿。

本教材为安徽省精品教材项目的建设成果，编写和出版过程中也得益于安徽师范大学教务处通识课程建设项目的开展，承蒙教务处和历史学院的督导与支持，在此一并致谢！

需要特别说明的是，这部教材的编写，参考了许多学者的研究成果，受益良多。因篇幅所限，有些参考文献未能在书中一一注明，谨此致歉，深表谢忱！

本教材尚有不足之处，敬请读者批评指正。

解光云

安徽师范大学历史学院

2022年8月

目　录

第一讲　神话传说与宙斯神系

古代希腊和罗马人信奉多神。罗马人在征服希腊之后，接受了希腊人的神话体系，即奥林波斯神系，同时对希腊神话和宗教信仰进行改造，不仅将奥林波斯神祇的名字改为拉丁名字，并且赋予诸神新的属性和功能，以及更为丰富的神话故事。因此，古希腊罗马神话通常被看作是同一个神话体系，神话传说的奥林波斯众神家族居住在希腊大陆的奥林波斯山上，同属于宙斯神系。

这里主要讲述三个问题：一、奥林波斯诸神的诞生。二、史诗传承与宙斯神系的生成。三、奥林波斯诸神谱系的特点。

一、奥林波斯诸神的诞生

关于古希腊的宗教历史，有这样的基本认识：

大约在前2100年至前1900年，使用印欧语言的人侵入希腊。希腊人开始崇拜印欧人的神祇。前8世纪左右，古希腊完成以宙斯为中心的多神一体的信仰体系。

那么，宙斯神系是如何形成的呢？

在希腊神话中，宇宙最初的状态是"混沌"（Chaos），混沌虽然黑暗混乱，无边无际，但却是孕育生命的"母体"。宇宙的物质本源就是在混沌中产生的。

混沌中首先出现了三个原始的神：富饶的大地女神盖亚（Gaia，罗马人称之为Terra Mater)，能使万物复苏的爱神厄洛斯（Eros），黑暗深渊塔尔塔罗斯（Tartarus）。

在神话中，大地女神是孕育天下众神的有生命的祖先，所以也叫"大地母亲"。盖亚不仅生育了蔚蓝色的天空之神乌拉诺斯（Uranus），而且生育了代表江湖河海以及所有水系的滂陀斯（Pontos）。这个乌拉诺斯和滂陀斯都是阳性的，与阴性的大地女神盖亚相互作用，推动天地万物阴阳结合。这三者象征着大地、天空和水源的结合，可以用"三生万物"来形容，例如：

盖亚和滂陀斯的结合（大地和水源的结合）产生了许多怪物（Beasties）。

盖亚和乌拉诺斯的结合（大地和天空的结合）生育了诸多后代。

至于原始的爱神厄洛斯，代表着混沌中的一种原始推动力。这种原始的推动力可以通过"无性"的方式（即无须两性结合就可以使原始混沌的实体实现自体生殖），将自身内部孕育的神力释放出来，催生新的更高层次的东西。

至于黑暗的塔尔塔罗斯，代表着地府冥界和罪恶深渊（地狱）。

因此，从混沌中产生的大地女神盖亚、爱神厄洛斯和黑暗深渊塔尔塔罗斯构成了滋生天地万物的原始要素。

与此同时，混沌中还产生了黑夜女神尼克斯（Nyx）和黑暗之神厄瑞波斯（Erebus）。他俩的结合生出了明亮的"以太"（Aether，意为atmosphere，宇宙）和"白昼之神"赫墨拉（Hemera，意为day, light，光明），于是，光明降临世界，昼夜开始交替，宇宙万物开始生息。

在宇宙万物不断出现的过程中，当然也包括了前面所说的盖亚和乌拉诺斯的结合所不断繁衍的众多后代。这些后代中主要是十二位巨神，也称提坦巨神（Titans）：

六兄弟：俄克阿诺斯（Oceanus），科厄斯（Coeus），克利厄斯（Crius），徐佩里翁（Hyperion），伊阿珀托斯（Iapetus），克罗诺斯（Cronus）。

六姐妹：忒伊亚（Thea），瑞亚（Rhea），忒弥斯（Themis），摩涅莫绪涅（Mnemosyne），福柏（Phoebe），忒修斯（Tethys）。

六男六女，十二位巨神。这是第一代提坦神。

这十二位提坦巨神都有各自的神力和司职范围。例如，俄克阿诺斯是提坦神中最年长、最宽厚的神，象征着环绕世界的水源或大海，分管不同的海域（水）。

除了这十二位提坦巨神，盖亚和乌拉诺斯还生育了3个巨怪"百臂巨神"赫卡同刻依瑞斯（Hekatonchires），3个"独眼巨神"塞克罗普斯（Cyclopes）。

"百臂巨神"三兄弟：每个神都长有50个脑袋和100条胳膊。他们分别是科托斯（Cottos）、布里阿柔斯（Briareus）和古伊斯（Gyes）。

"独眼巨神"三兄弟：每个神只有一只圆眼，位于前额中间。他们分别是阿耳盖斯（Arges），意为"发出光亮者"（brightener），是霹雳的主人；斯特洛佩斯（Steropes），意为"闪电"（flasher），因为他手握闪电；布隆提斯（Brontes），意为"雷鸣"（thunderer），代表着雷神。

这些"百臂巨神"和"独眼巨神"后来都为宙斯（Zeus）效力，帮助宙斯确立了主神地位。

以上这些男女神的不断结合又生育出更多的神。例如，伊阿珀托斯娶了俄克阿诺斯和忒修斯的女儿克吕墨涅（Clymene），生育了四个孩子：

肩扛天空的阿特拉斯（Atlas），莫诺提厄斯（Menoetius，意为"ruined strength"），普罗米修斯（Prometheus，先知先觉者，最聪明者），厄庇米修斯（Epimetheus，后知后觉者，最愚蠢者）。

再例如，克罗诺斯是提坦神中年龄最小但却是最有潜力的神。他的妻子是提坦女神瑞亚，他俩生育的子女后来成为奥林波斯山上的主神，包括奥林波斯主神宙斯、海神波塞冬（Poseidon）、冥王哈德斯（Hades）、宙斯的妻子天后赫拉（Hera）、女灶神赫斯提亚（Hestia）和谷物女神德墨忒尔（Demeter）等等。

盖亚和乌拉诺斯生育的巨神，号称第一代提坦神。但是，乌拉诺斯并不喜欢自己的后代，担心他们危及自己的霸主地位。盖亚非常痛恨乌拉诺斯的行为，希望自己的后代帮助她脱离困境，也解救他们自己。但是，这些子女大都惧怕父神，不敢言语，更不敢轻举妄动，只有最小的儿子克罗诺斯愿意帮助母亲推翻父神的暴政。我们一起重创了乌拉诺斯。乌拉诺斯伤口流出的血洒落到地上，产生了一些新的怪物，诸如"复仇三女神"厄里尼斯女神（Erinyes）、巨灵女神（Giants）、莫利亚女神（Meliae）等。

乌拉诺斯的血滴入大海，从海里孕育出爱神阿芙洛狄忒（Aphrodite），即罗马神话中的维纳斯（Venus）。这是爱神诞生的一个版本。另一个版本是，宙斯与狄奥涅（Dione）结合，生育了阿芙洛狄忒。

天空与大地分开后，提坦巨神走出大地盖亚的身体，并不断繁衍后代，世代相传，最终导致诸神相争，以获取神界的支配权，由此开启了神界诸神间的战争，直到以宙斯为中心的奥林波斯神系确立，稳定的神界秩序才得以形成。

神界诸神第一次争战的情况大致如此：

故事发生在第二代提坦神时期，也就是克罗诺斯与瑞亚的后代诞生以后的时期。

克罗诺斯［罗马人称之为"萨图恩"（Saturn）］帮助母亲盖亚推翻了父神乌拉诺斯，使天空和大地分离，解救了母亲和众兄弟姐妹。克罗诺斯因此功卓著而成为提坦诸神的首领和保护者。但是，克罗诺斯时常想起父神的诅咒，担心提坦兄弟们也会推翻自己的统治。与此同时，对自己的后代也时时提防着，戒心重重，生怕他们对自己的权力构成威胁。

克罗诺斯的行为激起了盖亚的强烈不满，并预言克罗诺斯有朝一日必将被比他更为强大的亲生孩子所推翻。

当克罗诺斯的小儿子宙斯快要出生的时候，瑞亚在盖亚的帮助下逃到克里特岛避难，在那里生下了宙斯。被藏在克里特岛森林茂密的山洞里的宙斯，由其母亲瑞亚托付给宁芙仙女们（Nymphs）和她们的随从侍者库瑞忒斯（Kourites 或 Kuretes）养护。这些库瑞忒斯都是了不得的精灵，她们发明了青铜武器，并教会了宙斯使用兵器。仙女们还用母山羊阿玛尔忒亚（Amalthea）的乳汁和伊达（Ida）山上的甜美蜂蜜喂养小宙斯。

宙斯长大后知道了自己的身世和处境，他要反抗克罗诺斯的统治。他解救了自己的兄弟姐妹，这些被解救的兄弟姐妹在他的统领下向父神克罗诺斯宣战。

宙斯战队：第一代提坦巨神中分管海洋的俄克阿诺斯带着自己的3000个女儿加入了宙斯的阵营。第一代提坦巨神中的忒弥斯（代表着法律、正义、秩序）和摩涅莫绪涅（代表着记忆）也投入了宙斯战队。

克罗诺斯战队：其成员基本上是与他同辈的提坦巨神们。

战争异常激烈，持续了10年没有胜负。就在这个关键时候，盖亚告诉宙斯，把塔尔塔罗斯地狱深处的"独眼巨神"和"百臂巨神"释放出来为他战斗。获救的"独眼巨神"三兄弟为宙斯提供的武器是雷电和霹雳，"百臂巨神"三兄弟为宙斯提供了无数个巨石。

于是，雷电、霹雳和巨石雨投入战斗，只见山崩地裂，一片火海。克罗诺斯和他战队的提坦巨神们终于抵挡不住，被彻底打垮了。宙斯将战败的提坦巨神们戴上镣铐，关进了塔尔塔罗斯地狱。为了防止这些提坦巨神逃跑，宙斯指令波塞冬在那里修筑了铜墙铁壁，并且由"百臂巨神"三兄弟负责看守。

另据罗马人的一个传说，克罗诺斯在乱军中潜逃而去，最终来到意大利地界，在那里成为农业之神萨图恩，后来的罗马人将庆祝他的节日称为农神节（Saturnalia）。

无论如何，这场争夺神界统治权的大战，最终以宙斯为首的奥林波斯诸神取胜。

战后，以宙斯为首的诸神将奥林波斯（Olympus）山①作为自己的大本营，宙斯取代了克罗诺斯的地位，逐渐确立了无可争辩的神界主神霸权。混沌的时代宣告结束，由宙斯主神统领的有秩序的世界由此开始。

宙斯通过三分天下确立了新的神界格局：

宙斯掌管天空，用雷电维持着大地的秩序，也称为雷电之神。

宙斯的兄长波塞冬成为统治海洋的海神。

宙斯的另一个兄长哈德斯成为统治亡灵地府的冥王。

①一般认为，这个奥林波斯山的原型应当是位于希腊东北部的，将希腊与其北部邻国马其顿隔开的那座同名高山。这座山是希腊半岛的最高峰，海拔为9500英尺，其顶峰白雪皑皑。赫西俄德《神谱》："白雪皑皑的奥林波斯山峰、永生神灵的厅堂……"

第一讲　神话传说与宙斯神系

与此同时，与宙斯并肩作战的诸神皆有各自的神界职位。即便是某些没有参战的神祇如月亮女神赫卡忒（Hecate），宙斯也赋予其职权，表现出宽容与自信。

与克罗诺斯相比，以宙斯为首的神界代表着一种平衡、包容和公正。神界秩序趋于稳定。宙斯掌控的诸神被称为奥林波斯诸神（The Olympian Gods）。

二、史诗传承与宙斯神系的生成

众所周知，神话故事是宗教传承的记忆和叙事形态。神话给予神祇的源起及亲缘关系以历史与文化为基础。简而言之，神谱（Theogony）的含义就是"记述神的史诗"。

西方神话的神谱只与古希腊人有关，古罗马人并没有对此潜心研究。古罗马诗人关于这一方面的叙述，无一例外地是借用希腊人的。而古希腊神话的史诗作品都是以奥林波斯神系为叙事中心和归宿，并由此揭示出奥林波斯诸神的旧神谱系和新神谱系。如今所见的清晰的宙斯神系与古希腊神话的史诗传承密切相关。其中，《荷马史诗》和《神谱》起到了重要作用。

旧神谱系从宇宙大地万物的产生开始，一直叙述至宙斯的诞生。旧神谱系的神话以赫西俄德的《神谱》为代表。赫西俄德的《神谱》奠定了古希腊旧神谱系的基础。

据推算，赫西俄德是荷马之后的古希腊诗人。但是，由于荷马是否有其人存疑，按照荷马来推算赫西俄德的时代不可靠。学界通常认定赫西俄德是一位生活在前8世纪左右的历史人物。他出生于希腊大陆中部的庇奥提亚（Boetotia）的一个农民家庭。闻名于世的长诗《工作与时日》（《田功农时》）和《神谱》皆被认为是其代表作品。

赫西俄德的父亲原是小亚细亚爱奥尼亚人移民地库迈（Cyme）城人，种田之外经常驾船出海从事海上贸易，后为穷困所迫，迁居希腊大陆中部的庇奥提亚的阿斯科拉（Ascra）村，靠近神话传说中的文艺女神缪斯悠游的赫利孔山（Helicon Mount，靠近科林斯海湾），属忒斯庇埃（Thespiae）城邦管辖。他在这里垦荒种地，放牧牲畜，靠勤劳和节俭逐渐积累了一定的财富。他生有两个儿子，即赫西俄德和佩尔塞斯（Perseus）。老人死后，两兄弟分割遗产，佩尔塞斯靠贿赂忒斯庇埃的巴塞勒斯获得并拿走了较大的一份。此后，佩尔塞斯由于游手好闲，奢侈享乐，逐渐变穷了。他向赫西俄德乞求救济或企图再次挑起诉讼。《工作与时日》这首长诗就是赫西俄德在这一境况中受到刺激开始创作的，既是为了训诫兄弟，也用以劝谕世人。

通常认为，赫西俄德的《神谱》问世后，古希腊以宙斯为中心的奥林波斯诸神的谱系得以统一。因为赫西俄德的史诗《神谱》述说了宇宙的起源、众神之首宙斯及"奥林波斯山十二神"的诞生。没有赫西俄德的《神谱》，以宙斯为首的奥林波斯诸神也就如同"无源之水"，不知身世如何，来自何方。

据赫西俄德所述，奥林波斯众神是第三代神，他们的祖先是最早的神盖亚和乌拉诺斯。

不过，研究者认为，这个故事和美索不达米亚地区的传说非常接近，可能源自东方。[①]

赫西俄德的《神谱》共计1022行。开篇就说到，奥林波斯山上有九位美丽而智慧的少女（缪斯，Muses），她们是万神之主宙斯和记忆女神摩涅莫绪涅结合而生的女儿，九位女神分司爱神、智慧、音乐、诗歌、戏剧、舞蹈、哲理、天文、数学，人们统称之缪斯女神。

她们是卡利俄佩(calliope，雄辩和叙事诗)，克利奥(cleio，历史)，乌拉妮娅(urania，天文)，墨耳珀墨妮(melpomene，悲剧)，塔利亚(thaleia，喜剧)，忒耳普赫瑞(terpsichore，舞蹈)，厄拉托(erato，爱情诗)，波吕海姆妮娅(polyhymnia，颂歌)，厄忒耳佩（euterpe，抒情诗）。

缪斯女神时常漫游于赫利孔山和帕尔纳索斯山（Parnassus Mount，靠近科林斯海湾，在赫利孔山的北面。此山的南面是德尔斐神庙。与赫利孔

① Sarah B.Pomeroy, Stanley M.Burstein, Walter Donlan, Jennifer Tolbert Roberts: *Ancient Greece: A Political, Social, and Cultural History* ,Oxford: Oxford University Press, 1999, p.34、p.64.

山均为古希腊的名山）。

第115至1020行是全诗的主体部分，述说宇宙诸神和奥林波斯诸神的诞生，以及他们之间的亲缘关系，描绘他们的形象性情等。

最先产生的确实是开俄斯（Chaos，混沌），其次便产生盖亚（Gaia）——宽胸的大地，所有一切［以冰雪覆盖的奥林波斯山峰为家的神灵］的永远牢靠的根基，以及在道路宽阔的大地深处的幽暗的塔尔塔罗斯（Tartarus）、爱神厄洛斯（Eros）——在不朽的诸神中数她最美，能使所有的神和所有的人销魂荡魄呆若木鸡，使他们丧失理智，心里没有了主意。……①

《神谱》第1020至1022行是全诗的尾声。

以上就是那些与凡间男人同床共枕、为凡人们生育了神一样后代的神女们。

现在，奥林波斯的歌声甜美的缪斯，神盾持有者宙斯的女儿们，下面请你们歌唱一群凡间的妇女吧。②

话题一转，预示另一诗篇的创作。

《神谱》列举近300位神的族谱，包括人格化的概念，如大地、海洋、天空等。这一系列神话以宙斯成为众神之王而终结。由此统一奥林波斯诸神谱系，确立了以宙斯为中心的奥林波斯神系。

新神谱系是表现以宙斯为中心的奥林波斯神崇拜的神话内涵。主要传承的神话是以第三代神系为核心。荷马史诗《伊利亚特》《奥德赛》是新神谱系的基础。

希腊人的宗教观念和诸神信仰直接秉承于《神谱》和《荷马史诗》，正如前5世纪的希腊史家希罗多德所云，正是赫西俄德与荷马创造了统一的希腊诸神谱系，并赋予诸神以形态与名字。从这个意义上讲：赫西俄德和荷马也是希腊最早的神学家。

荷马的两部史诗不仅是脍炙人口的文学作品，也是古今学者皓首穷经

---

① Hesiod, *Theogony*, 115–125. 文中引用古典文献未注明具体出处者，皆据洛布古典丛书（The Loeb Classical Library）希腊文和英文对照本。下同。

②Hesiod, *Theogony*, 1020–1022.

钻研考据的对象。西方古典学研究出现了一门"显学",即所谓的"荷马学"(Homeric Scholarship)。

当然,荷马是否有其人,他的家乡在哪里?两部史诗是何时产生的?是否出自同一作者?历史存疑,形成所谓的"荷马问题"。最早提出荷马问题的学者是德国语言学家沃尔夫(Friedrich August Wolf,1759—1824)。

古典学者大多相信,荷马就是迈锡尼文明时代的人物,大约生活在爱琴文明时代的后期。荷马是一位天才的口传诗人。由于他的史诗语言主要采用古希腊语爱奥尼亚方言,学者们据此推测,荷马可能是小亚细亚海岸爱奥尼亚地区附近的希腊殖民者,属于爱奥尼亚人,其家乡可能在开俄斯岛,那里在历史时期曾有个职业世袭的诗人歌手家族,以荷马后裔自居,被称作"荷马家族"(Homeridae)。

荷马史诗的突出主题是展现以宙斯为最高统治者的众神体系,被称作新神谱系。这里所谓的新神,就是以宙斯为首的奥林波斯十二个主要神祇和无数的小神祇。同样以奥林波斯山为据点,但神话的叙事重点则是以宙斯为主的奥林波斯神系。

按照新神谱系,奥林波斯主神之所以赢得诸神间的超然地位,关键在于宙斯与他的兄弟姐妹合力战胜了提坦巨神一族。所以,在十二主神中,宙斯与他的兄弟姐妹占据了不少位子;而其余的主神大多数是宙斯与其他女神所生的子女。

在新神谱中,奥林波斯神系反映了父权社会的等级关系,以宙斯为首的十二主神,很像一个古希腊人的大家庭。

奥林波斯神系的十二主神:

1.宙斯(Zeus)

克罗诺斯与瑞亚的儿子。奥林波斯神界之主,掌管天界。天王,宇宙之王。罗马人称作朱庇特(Jupiter)。

2.赫拉(Hera)

宙斯的妻子。神后,天后。婚姻的保护神。罗马人称作朱诺(Juno)。

3.波塞冬(Poseidon)

宙斯的兄长。海神。罗马人称作尼普东(Neptune)。

4.哈德斯（Hades）

宙斯的兄长。掌管冥界。罗马人称作普鲁托（Pluto）或奥尔库斯（Orcus）。

5.德墨忒尔（Demeter）

克罗诺斯和瑞亚的女儿。宙斯的姐姐。农业之神。罗马人称作萨雷斯（Ceres）。

6.阿瑞斯（Ares）

宙斯与赫拉的儿子。战神。罗马人称作马尔斯（Mars）。

7.雅典娜（Athena）

宙斯与美狄斯的女儿。智慧女神和战争策略女神。罗马人称作密涅瓦（Minerva）。

8.阿波罗（Apollo）

宙斯和勒托的儿子。与阿耳忒弥斯是孪生兄妹。太阳神。罗马人称作福波斯阿波罗（Phoebus Apollo）。

9.阿芙洛狄忒（Aphrodite）

爱与美之神。罗马人称作维纳斯（Venus）。

10.赫尔墨斯（Hermes）

宙斯与凡间女子迈亚（Maia）的儿子。众神中的信使。罗马人称作墨丘利（Mercury）。

11.阿尔忒弥斯（Artemis）

宙斯与勒托的女儿。与阿波罗是孪生兄妹。狩猎女神。罗马人称作狄安娜（Diana）。

12.赫斐斯忒斯（Hephaestus）

宙斯与赫拉之子。相貌丑陋，但娶了阿芙洛狄忒为妻。火与锻造之神。罗马人称作伏尔甘（Vulcanus）。

至此，奥林波斯诸神谱系确立的基本历程可以概述如下：

1.赫西俄德的《神谱》确立旧神谱系的基础。《神谱》的产生，最早明确了奥林波斯诸神的源起及其世系，以及其与外来神祇的关系。这无疑有助于奥林波斯诸神地位的巩固和提升。（诸神的源起）

2.《荷马史诗》确立了新神谱系——奥林波斯诸神之间的关系。（新旧神的世系传承）

3.《神谱》和《荷马史诗》都是以奥林波斯神系为神话叙事的中心和归宿，从而把诸神纳入了一个单一的世系，由此确立以宙斯为中心的奥林波斯诸神谱系。（多神一体）

希罗多德说："正是荷马和赫西俄德为希腊人提供了神谱，为神灵们命名，给它们分配了地位和技艺，描绘了它们的外形。"[1]得益于史诗传承，奥林波斯诸神最终成为全体希腊人的主要神祇。奥林波斯山成为希腊人的最高圣地。

三、奥林波斯诸神谱系的特点

（一）体系化

以宙斯为首的奥林波斯诸神谱系具有完整的体系。

其一，诸神的源流与世系清晰。

1.从混沌中开天辟地，宇宙万物的形成。

2.诸神的诞生。

3.三大神系时代：乌拉诺斯神系、克罗诺斯神系、宙斯神系。

4.以宙斯为首的奥林波斯神系。

其二，诸神的家族庞杂。居住在奥林波斯山上的众神（包括十二主神、次要的神）、地上众神（盖亚等）、冥界众神（哈德斯等）、水域众神（波塞冬等）、家庭守护神等等。还有各种怪物异类和被神化的英雄。

其三，诸神的神话史诗完备。诸如特洛伊战争系列、阿伽门农与奥瑞斯忒斯系列、奥德修斯系列、阿耳戈英雄系列、夺取金羊毛系列、忒拜系列、埃涅阿斯系列等。

---

① Herodotus, II.53.

第一讲 神话传说与宙斯神系

（二）人性化

奥林波斯诸神谱系的人性化特点主要体现在两大方面。一是众神皆以人的形态出现，既体现或夸张了人类的体魄与神情（男性的阳刚之美，女性的娇柔妩媚，体态丰韵），又具有超越普通人类的气质与力量。二是众神都具有人类的各种典型的性情取向及心理特征，诸如虚荣、嫉妒、猜疑、权力欲望等等。

（三）多元性

尽管荷马史诗和赫西俄德的《神谱》作为相对权威的奥林波斯诸神谱系的奠基性材料，但是，诸神的神话叙事并没有局限于荷马史诗和《神谱》，更没有排斥其他的神话叙事，从而呈现诸神谱系的多元性叙事版本，既有荷马和赫西俄德传统的叙述，也有传统以外的叙述，许多神话传说以多种叙事版本流传于世。

例如，荷马史诗《奥德赛》的主人公奥德修斯〔Odysseus，拉丁文中是尤利西斯（Ulysses）〕是伊达卡（Ithaca）岛的国王，帕涅罗佩（Penelope）的丈夫。至于他本人，常见的说法认为他是拉尔忒斯（Laertes）的儿子，母亲是阿提柯雷亚（Antikleia）。而另一种说法认为他是科林斯（Corinth）国王西绪福斯（Sisyphus）的儿子，母亲仍是阿提柯雷亚。

荷马传统叙事中的奥德修斯是个好丈夫，帕涅罗佩也是位好妻子。他们的家庭是荷马极力推崇的模范家庭。但在荷马之外的叙事中，奥德修斯和帕涅罗佩的形象非常复杂。例如，有说法是，奥德修斯返回伊达卡后再度出海远航达 16 年之久。他在途中引诱伊庇鲁斯（Epirus）国王的女儿埃瑞帕公主，使她怀孕后生下了儿子欧律俄勒斯（Euryalus）。帕涅罗佩也非贤淑忠贞的女子。她在答应奥德修斯的求婚之前已经同海伦（Helen，帕涅罗佩的表姐）的众多求婚者们有着暧昧关系，还与神使赫尔墨斯（Hermus）结合生下了牧神潘（Pan，森林之神、牧神）。

至于奥德修斯的结局，荷马史诗只留下一个开放性的结尾。而荷马之外的叙述则是多样的。一说他返回家园后，再度出发远航，不知所终。一说德尔菲的神谕昭示，奥德修斯终将被他的亲生儿子所杀。

再例如，荷马史诗中最骁勇善战的希腊英雄阿喀琉斯的唯一致命弱点"阿喀琉斯的脚踝"（Achilles's heel）就是经过多种创作资源的补充与发展而逐步形成的神话故事。

阿喀琉斯的母亲是海洋女仙忒提斯（Thetis），父亲是凡人英雄珀琉斯〔Peleus，埃吉纳岛国王埃阿科斯（Aeacus）的儿子，皮提亚（Phthia）的国王〕。

婚前，忒提斯曾被凡人英雄珀琉斯穷追不舍。不管忒提斯怎样变形，最终还是被珀琉斯制服，被迫屈尊嫁给了这位凡人。他们的婚姻极其隆重，诸神都来送礼，结果引出金苹果和帕里斯（Paris，特洛伊王子）裁判的故事，以致特洛伊战争爆发。

在最初的故事里，骁勇的阿喀琉斯（皮提亚的国王，特洛伊战争中希腊远征军最伟大的英雄，荷马史诗《伊利亚特》的主角）有一个致命弱点，但这个致命弱点具体何所指，并不明确。在荷马史诗《伊利亚特》中，阿喀琉斯的致命弱点是他的骄狂和傲慢。在后来的叙述中，他的致命弱点是他对于特洛伊公主波吕西娜（Polyxena）的爱恋。在奥维德的《变形记》中，提到阿喀琉斯的身体有一个容易受伤的部位。

最先明确指出阿喀琉斯的致命弱点就是其脚踝的叙事版本，源自古罗马诗人斯塔提乌斯（Statius，大约生活在前1世纪中期）。斯塔提乌斯根据希腊神话传说著述了《阿喀琉斯记》和《忒拜战记》。在斯塔提乌斯的叙述中，阿喀琉斯的母亲、海洋女仙忒提斯曾经将婴儿阿喀琉斯浸泡在冥河〔斯提克斯（Stex）〕水中，为的是使儿子的身体获得神力，百毒不侵，刀枪不入，免受任何武器的致命伤害。然而，忒提斯没有想到的是，她用手捏住阿喀琉斯双脚脚踝的地方没有浸泡到冥河水中，所以，那里就成为阿喀琉斯的唯一致命弱点。

（四）神谕秘密

奥林波斯诸神是无所不知、无所不能的。在谱系的神话叙述中，人们总是不遗余力地发现、理解和阐释来自神祇的各种"神意"和昭示，这些神意和昭示通常称作"神谕"（Oracle）。神谕的表达复杂隐晦，难以理解，充满神秘。因此，往往需要借助于预言家或先知这样的专业人士来进行阐述、传达和沟通。预言家和先知是介于神祇和凡人之间的媒介。他们被认为是通神的具有天赋的人，是神祇旨意的代言人。在希腊和罗马的不少地方都有特设的神庙或者神圣的场所，可供获取和解释神谕。这样的地方被称为"神托所"或"神示所"。根据获取神谕的方式不同，一般将神谕分为三类，即"信号神谕""格言神谕""梦境神谕"。

最古老的神谕所是位于伊庇鲁斯地区的多多纳的宙斯神庙（Oracle of Zeus at Dodona）。宙斯对询问者的回答直接通过一棵古栎树（别名橡树、柞树）的婆娑声来显示。祭司根据婆娑的树声来探明神意，然后对询问人进行解释，传达神意，这样的神谕方式叫做"信号神谕"。

最重要的格言神谕出自德尔菲的阿波罗神庙。女祭司皮迪亚（Pythia）往往以深奥诡秘的语言念诵一首诗文，作为对信徒或咨询者的答复，此乃格言神谕。据历史学家希罗多德记载，前480年，波斯大王薛西斯率大军攻打雅典，雅典人向阿波罗神庙寻求神谕，女祭司的解答是，雅典处于危急之中，但"木城墙不会倒塌，将保护你们和你们的儿女"。众人对阿波罗神谕的理解不尽相同，大多数人认为"木城墙"可能是指雅典拥有的木船舰队。而有人认为"木城墙"是指雅典卫城周围的篱笆护栏墙。结果当波斯人发起攻击时，那些后撤到卫城周围篱笆护栏墙的人们都遭遇了不幸的命运。

梦境神谕的典型是神医神谕所。在古希腊的厄庇道罗斯（Epidaurus，古希腊著名的风景区），有一座神医阿斯克勒庇俄斯（Asclepius）的神谕所。阿斯克勒庇俄斯是阿波罗的儿子，医术精湛，医德高尚，疗伤治病，拯救了很多人的生命。前来这里求医的病人经常由祭司和医生所接待，他们躺在阿斯克勒庇俄斯神庙里，等待神医在梦中传授治病的方法。此乃梦境神谕，将医术与宗教信仰因素结合起来。

图1-1　希腊美塞尼地区厄庇道罗斯的神医神殿遗址

解读神谕而出名的先知或预言家非常多。诸如先知泰瑞西阿斯（Tiresias，知晓过去，预测未来）、凶事预言家卡桑德拉（Cassandra，特洛伊公主）、随军占卜师卡尔克斯（Calchas）、特洛伊战争的预言家赫勒诺斯（Helenus）以及希腊罗马神话中的众多女先知［统称"西比尔"（Sibyl）。已知古代传说中最早的西比尔是赫洛菲勒（Herophile）。最著名的西比尔是库迈的西比尔（Sibyl of Cumae）。这些女先知"西比尔"类似德尔菲神庙里的皮提亚］。

西比尔神谕书历经岁月传承，如今留下来的十几部内容驳杂，其中含有希腊化犹太教和基督教原典的内容。正因如此，西比尔们最终获得了与《旧约》诸先知平等的地位，时常与《旧约》中的先知们一起融入基督教文化中。

结　语

至此，可以得出这样几点认识：西方诸神和神谱是人为构建的结果，超人化特点明显；神创造了人类是奥林波斯神话的主题之一，神创论是其谱系的基础；奥林波斯神话体系是以史诗形式传承的关于神的世系；赫西俄德的《神谱》生成了旧神谱系，荷马的史诗生成了新神谱系，进而形成诸神一体的奥林波斯神话体系。

最后，引用德国学者奥托·泽曼的一段话结束这一讲：

众神最后都凝聚成了一个大家庭——这一点也与人类相同，他们的首领和中心人物是人类之父、众神之王——宙斯，他真正的统治权仅限于天庭诸神，而海域和水域众神则听命于波塞冬，尘世与阴间众神则受哈德斯（普路托）的统治。①

---

① [德]奥托·泽曼：《希腊罗马神话》,周惠译,上海：上海人民出版社,2005年,前言,第5页。

第二讲　古传英雄与英雄崇拜①

　　许多人都知道19世纪英国文学家托马斯·卡莱尔的名作《论历史上的英雄、英雄崇拜和英雄业绩》。其实，文化中的英雄叙事主题，并非只是近代以来的事情，也并非西方文化的特有产物。

　　颂扬能力和禀赋超凡的英雄故事或史诗，在古代并不少见，如古巴比伦的《吉尔伽美什》、古印度的《腊玛衍那》、古希腊的《伊利亚特》和《奥德赛》等等。

　　虽然西方古典历史叙事中的基本主题之一就是"英雄"。但是，古希腊历史上作为一个历史时期的"英雄时代"，确实是上古历史时期其他民族很少有的历史时代。对拥有英雄史诗的民族而言，因史诗形成的时期各异，其历史上的"英雄时代"也不尽相同。古希腊的"英雄时代"得名于"荷马史诗"。"史诗是歌颂古代伟人和英雄功绩的歌谣"。荷马史诗经世代传诵变成文字并定型的时间是前750至前720年。而歌颂英雄的功绩可能更早就有。自青铜时代以来，这样的歌谣在古希腊一唱再唱，并在与外族交往中融入古代近东等地区的歌谣。②

　　因此，尽管古希腊的"英雄时代"得名于"荷马史诗"，但并不能因此认为"英雄时代"就是"荷马时代"。无论是荷马还是赫西俄德并没有给出"英雄时代"的确切时间表。

---

　　① 本专题重点参考文献为王以欣：《神话与历史：古希腊英雄故事的历史和文化内涵》，北京：商务印书馆，2006年。

　　② 参见：Sarah B. Pomeroy, Stanley M. Burstein, Walter Donlan, Jennifer Tolbert Roberts: *Ancient Greece:A Political, Social, and Cultural History* ,Oxford: Oxford University Press, 1999, p.53.

按照荷马和赫西俄德等诗人的说法，英雄种族大都死于残酷的忒拜（Thebes）①战争和特洛伊战争，只有少数人被宙斯安置在大地边缘的福岛上。②对于许多古希腊人而言，"英雄时代"就是"远古时代"，包括特洛伊战争前的一两个世代和战后一个世代，大约持续四五代人，随着赫拉克利斯（Heracles）③子孙的回归希腊而终结。④如此推算"英雄时代"大约是前13世纪。

古希腊历史学家们往往利用希腊显贵家族的谱系来推算"英雄时代"，试图把"英雄时代"置于准确的年代框架中。推算的结果："英雄时代"大致是前14至前12世纪，与考古学上的迈锡尼时代晚期基本一致。然而，现代学者多有异议，有人主张"英雄时代"是"黑暗时代"，有人认为是"迈锡尼时代晚期"，也有人相信是"古风时代初期"，等等。⑤

本文对"英雄时代"时间表的划定，基本倾向于前13世纪。

这里主要谈五个方面的内容：一、英雄意象：古希腊历史语境下的解读。二、英雄业绩：建城、战争、立法及其他。三、古传故事：文化记忆中的英雄。四、敬畏英雄：英雄崇拜的兴起。五、英雄悲剧：雅典民主制的缺憾。

一、英雄意象：古希腊历史语境下的解读

古往今来，人们崇拜并渴望成为英雄。英雄品质、英雄形象、英雄业绩、英雄故事的传承等，形成一种英雄意象或英雄模式（Hero Image）。

但凡英雄，都有如此共性：非凡或奇特的出生，降生时常有奇异征兆，即使被父母遗弃也能奇迹般地获救；成人后英武异常，具有超人的能力和禀赋；具有高贵的血统；具有强烈的使命感并历经磨难或考验而建功

---

① 古希腊中部城邦，又译底比斯。因易与埃及古城底比斯混淆，学界也译忒拜。

② Hesiod, *Works and Days*, 161-169.

③ 宙斯与迈锡尼公主阿尔克墨涅所生之子，平生完成了十二项英雄伟绩，死后成神。有"大力神"之称。相当于罗马神话中的赫丘利（Hercules）。

④ 参见王敦书：《古希腊"英雄时代"辨析——古希腊史研究之一》，《世界历史》1985年第12期。

⑤ 详见王以欣：《神话与历史：古希腊英雄故事的历史和文化内涵》，第17页注释②。

立业；追求不朽的荣誉。无论结果是成功或失败，英雄竭尽所能追求目标的努力和执着最终赢得不朽的荣誉，这是英雄们的最高追求。

关于英雄的传承记忆，逐渐形成一套所谓的"英雄准则"，包括生活目标、行为规范、荣誉观念、价值取向等。基本的准则是追求荣誉、炫耀勇武。这也是英雄的基本素质和基本目标。所以，英雄与武士类似，"武士"和"英雄"可以看作是同类群体，构成武士文化主旨的基础也是勇武和荣誉。

英雄与品行密切相关。据研究，人类最初的英雄产生于史前时代或原始社会。那时，人们的世界观受各种超自然神秘力量的束缚，祭司和巫术主宰着人们的精神生活，因而，最初的英雄时常是一位巫师或法师。他们以斗智斗法的巫术和祭祀赢得荣誉，被视为英雄。

随着社会的进步，人们认识自我、自然和社会能力的增强，赋有人本因素的英雄诞生。例如，苏美尔英雄吉尔伽美什是女神宁苏恩（Ninsun）①之子，"三分之二是神，三分之一是人"②。古希腊传说中的英雄经常被描述为"宙斯之子"或"神的后裔"。

对古希腊人而言，"英雄"大多属于史诗或传说中的人物，也有被认为历史上实有其人。这些英雄就生活于古代的"英雄时代"，被赫西俄德称为"半神"（demigod），并把他们描绘成宙斯创造的第四代人类，是一个高贵的种族，即"英雄种族"。他们最后毁灭于忒拜战争和特洛伊战争。

历史时期的希腊名门望族以著名英雄的后裔自居，把他们当作直系祖先膜拜。城邦兴起后，英雄崇拜不仅仅是家族或氏族的行为，而是城邦全体公民的崇拜行为。有的英雄成为跨地域的泛希腊英雄。

历史时期的非凡人物死后也常常被尊为英雄，受到祭奉，如立法者，政治家、创建新殖民地的领袖人物、泛希腊赛会的优胜运动员和某种神圣制度的创立者等。

无论是口头传说，还是历史记忆，古希腊的英雄基本上是凡人，而不是神。神是永生的，而凡人是必然走向死亡的。当然，有时候"英雄"和

---

① 苏美尔女神，在乌鲁克城库拉伯（Kullab）区享有庙宇。

② 赵乐甡译：《吉尔伽美什：巴比伦史诗与神话》，南京：译林出版社，1999年，第5页。

神的界限很难清晰，有些真实的历史人物也时常被奉为英雄，接受祭神一样的英雄式的祭礼。

古希腊的英雄大致分为七种类型：

1. 祭礼型的"英雄神"（hero-gods）或"女英雄神"（heroine goddesses）。他们是传说中的英雄或女英雄，也是被崇拜的对象，其名号或传说都显示出与宗教崇拜的关联。他们的事迹，或属于神祇神话，或属于史诗英雄类型的故事。这类"英雄神"或"女英雄神"均源自史前崇拜的神灵。例如，女英雄欧罗巴（Eruopa）①和阿里阿德涅（Ariadne）②的名号表明，她们的前身是米诺女神。③

2. 领有神职的英雄或女英雄，在传说中充当某位神祇的祭司或侍从。这类英雄人数不多。例如，阿尔忒弥斯（Artemis）④的女祭司伊菲格涅亚（Iphigeneia）⑤、德尔菲神托所的先知安菲阿劳斯（Amphiaraus）等。⑥

3. 既是英雄，同时也是神，具有世俗性的传说故事，在祭礼上兼有英雄和神的特征。例如，赫拉克利斯、狄奥斯库里兄弟（Dioscuri or Dioskuroi）⑦、古希腊神医阿斯克勒皮俄斯（Asclepius）。

4. 文化或功能性的英雄，指希腊宗教中某类崇拜对象（cult-figures），不具备实质性专有称谓，只有描述性绰号。他们通常没有相伴的传说故事或家谱，属于形单影只的角色，往往表示某种自然或社会力量，如"带来谷物丰收的英雄""犁铧英雄""豆子英雄""孩子的保姆"和"漂亮子女的赐予者"等。

5. 史诗和传说故事中的凡人英雄们，如阿喀琉斯、埃阿斯（Ajax or

---

① 通常说法是腓尼基国王阿金诺尔之女。荷马《伊利亚特》(14.321)谓之腓尼克斯之女,被化身白牛的宙斯劫持至克里特,为宙斯生下米诺三兄弟。

② 克里特国王米诺斯之女,酒神狄奥尼索斯之妻。

③ 王以欣:《神话与历史:古希腊英雄故事的历史和文化内涵》,第6页。

④ 希腊神话中的狩猎女神,阿波罗的姐姐。

⑤ 阿伽门农之女。

⑥ 神话中的著名先知,阿德拉斯图斯的姐夫(或妹夫),攻打忒拜的"七雄"之一。

⑦ 宙斯和勒达的双生子,海伦之兄,其名义上的父亲是斯巴达国王廷达瑞斯。

Aias)①、阿伽门农（Agamemnon）②、奥德赛（Odysseus）③、赫克托尔（Hector）④和提秀斯（Theseus）⑤等。他们是真正意义上的英雄，在希腊各地享受英雄的祭礼，虽有神的血统，但却是必将走向死亡的凡人。

6.家族、氏族、部落、村镇和地域的名祖英雄，如伯罗奔尼撒的名祖帕罗普斯（Pelops）⑥和庇奥提亚南部的卡德美亚人的名祖卡德莫斯（Cadmus or Kadmos）⑦等，但多数明显是晚期虚构的。

7.历史时期被奉为英雄的真实人物。他们是立法者、政治家、阵亡武士、战争英雄、诗人、运动员和殖民地创建者等。例如，斯巴达人崇拜立法者来库古（Lycugus），尽管其历史性至今存疑。雅典的立法者梭伦（Solon）也在萨拉米岛享受英雄祭礼。温泉关战役中最勇敢的两位斯巴达武士阿尔菲俄斯（Alpheius）和马龙（Maron）⑧被斯巴达人立庙供奉。马拉松战役的雅典阵亡者也受到祭拜。斯巴达将军伯拉西达（Brasidas）⑨被安菲波利斯人当作英雄祭奠。著名的文学家也在各地受到崇拜，如荷马在斯米尔纳、赫西俄德在俄尔科墨诺斯、萨福在莱斯波斯岛、品达在德尔菲、索福克勒斯在雅典等。伟大的竞技家提阿哥尼斯（Theagenes）⑩则在家乡塔索斯岛受到英雄式的崇拜。雅典刺杀僭主的两位贵族青年也被雅典人奉为英雄。雅典的老米尔提阿德斯（Miltiades the Elder），是色雷斯克尔

① 萨拉米斯岛国王忒拉蒙(Telamon)之子，常被称作"大埃阿斯"(the Great Ajax)，以区别于罗克里斯人的国王小埃阿斯(the Lesser Ajax)。古希腊仅次于阿喀琉斯的高大威猛的英雄。

② 神话中迈锡尼国王阿特柔斯(Atreus)之子，神话中的迈锡尼国王，特洛伊战争中的希腊联军统帅。

③ 神话中的伊达卡岛国王，特洛伊战争中"木马计"的策划者，荷马史诗《奥德赛》的主人公。

④ 特洛伊国王普利阿姆斯的长子，特洛伊军队统帅。

⑤ 也译忒修斯，神话中的雅典国王，埃勾斯之子，历史时期雅典城邦的民族英雄。

⑥ 神话中的皮萨(Pisa，伯罗奔尼撒西北部城镇，前570年并入伊利斯)国王，南希腊最有势力的统治者，伯罗奔尼撒半岛("帕罗普斯之岛")即得名于他。其后代称为帕罗普斯家族(Pelopidae or Pelopids)，神话中的伯罗奔尼撒半岛各邦统治家族和王朝。

⑦ 腓尼基国王阿金诺尔之子，欧罗巴的兄弟，神话中忒拜卡德美亚城堡的创建者，忒拜卡德莫斯王朝的开创者。

⑧ 温泉关战役中阵亡的两位最勇敢的斯巴达战士。见波桑尼阿斯《希腊纪行》3.12.9。

⑨ 前422年阵亡于安菲波利斯战役。

⑩ 塔索斯岛运动员，奥林匹亚赛会优胜者，在其家乡享受英雄祭祀。

索尼斯①半岛的雅典殖民地的创建者，在当地受到膜拜。②

二、英雄业绩：建城、战争、立法及其他

（一）创建城市的英雄

以卡德莫斯和凯克罗普斯（Cecrops）为例。卡德莫斯是传说的忒拜史前部落卡德美亚人（kadmeioi）的名祖，忒拜卫城卡德美亚城堡（Cadmeia）的创建者。

在史诗《伊利亚特》中，荷马称忒拜人为"卡德美亚人"，暗示他可能知道卡德莫斯其人，但从未提及他的名字及其建城故事。在史诗《奥德赛》中，荷马提到卡德莫斯，称他是伊诺（Ino）③的父亲，但仅此而已。④赫西俄德在其《神谱》的最后部分提到卡德莫斯的妻子及其四女一子，但对其事迹只字未提。⑤

总之，前5世纪以前的文献没有留下有关卡德莫斯事迹的记载。至前5世纪，有关卡德莫斯身份和事迹的记载显著增多，历史家佩里基德斯（Pherecydes）、赫兰尼库斯（Hellenicus）⑥、希罗多德和悲剧诗人们都曾提到卡德莫斯，但完整的叙述没有保留下来，如欧里庇德斯的悲剧《卡德莫斯》已失传。佩里基德斯和赫兰尼库斯的记载也仅存残篇。完整的叙述都是晚期作品，如阿波罗多洛斯的《文库》（Apollodorus, *The Library*, 3.1.1,

---

① 色雷斯的一个狭长半岛，即今天的加里波利（Gelibolu）半岛，构成达达尼尔海峡的欧洲部分。自前8世纪起，该半岛上建起很多希腊人的殖民城邦，并先后被雅典、马其顿和罗马所控制。

② 以上七种英雄类型的讨论，详见路易斯·法奈尔：《希腊英雄崇拜与永生信仰》（Lewis Richard Farnell , *Greek Hero Cults and Ideas of Immortality*），牛津1921年版，第19页。转引自王以欣：《神话与历史：古希腊英雄故事的历史和文化内涵》，第6—8页。

③ 卡德莫斯的幼女。俄尔科墨诺斯国王阿塔马斯的妻子。后来成为海洋女神琉克提亚（Leucothea）。

④ Homer , *Odyssey*, 5.333.

⑤ Hesiod, *Theogony*, 937, 975–978.

⑥ 来自勒斯伯斯岛的希腊地方编年史家和神话编纂者。

3.4.1）①、狄奥多洛斯的《历史文库》（Diodorus Siculus, *The Library of History*, 5.48）②、奥维德（Ovid）的《变形记》③和许金努斯（Hyginus）④的《寓言集》等。

按照早期资料的描述，卡德莫斯是腓尼基国王阿金诺尔的儿子、腓尼克斯的兄弟。腓尼克斯的女儿欧罗巴是卡德莫斯的侄女。

然而，前5世纪后的文献却把卡德莫斯和欧罗巴描述为手足关系，同为阿金诺尔的子女。据说宙斯曾化身白牛劫走欧罗巴，卡德莫斯奉父命寻找失踪的妹妹，偕同母亲与族人四处寻访，途经多个地方。

按照众多晚期资料的记述：卡德莫斯葬母后，沿希腊半岛南下德尔斐，向阿波罗神求取神谕。遵照神谕，他放弃了寻找欧罗巴的计划，而是追随一头有奇异特征的母牛，在其停歇处（庇奥提亚南部）定居，并随后创建了一座以自己的名字命名的城堡，即"卡德美亚堡"。卡德莫斯的随从们到附近的"阿瑞斯泉"取水，却被看守泉水的毒龙吞噬。卡德莫斯怒杀毒龙，并遵照雅典娜女神之命播种龙牙，大地顿时生出众多戎装武士。卡德莫斯投石其中，引得武士们相互误解，彼此厮杀，仅五人幸存。这些幸存的武士们被称作"被播种者"（Spartoi ,the Sown Men），据说是历史时期忒拜五大显贵世家之名祖。

因毒龙乃战神阿瑞斯之子。为平息神怒，卡德莫斯被迫为阿瑞斯服役八年。服役结束后，他被拥戴为所建城市的国王，并娶哈尔门尼娅（Harmonia）为妻（爱与美之神阿芙洛狄忒与战神阿瑞斯之女）。诸神均出席其隆重婚礼并馈赠礼物。卡德莫斯与哈尔门尼娅共生育四女一子，各有其事迹。⑤

　　① 阿波罗多洛斯，即"雅典的阿波罗多洛斯"。前2世纪著名学者。神话手册《文库》系伪托于其名下。

　　② 狄奥多洛斯，即"西西里岛的狄奥多洛斯"。1世纪希腊历史学家。著有40卷《历史文库》，仅15卷完整存世。

　　③ 古罗马诗人。现存作品为《爱诗》（*Amores*）、《女英雄书信集》（*Heroides*）和《变形记》（*Metamorphoses*）等。

　　④ 拉丁文著作《寓言集》（*Fabulae*）和《星变记》（*De Astronmia*）的作者。

　　⑤ Hesiod, *Theogony*, 975–978; Euripides, *Phoenissae*,638–689; Apollodorus , *The Library*, 3.4.1–2; Pausanius, *Description of Greece*, 9.10.1,9.12.1–3; Ovid, *Metamorphoses*, 3.3–137.

第二讲　古传英雄与英雄崇拜

卡德莫斯还被视为文化英雄，曾有多项发明施惠于臣民，且被说成是腓尼基字母的携入者。[①]晚年，卡德莫斯将忒拜王位让与外孙彭透斯（Pentheus）。按欧里庇德斯（Euripides）[②]的悲剧《酒神信徒》（*Bacchae*）所述故事，彭透斯因抵制对酒神狄奥尼索斯[③]的崇拜，被疯狂的酒神女信徒们撕成碎片。狄奥尼索斯也被说成是卡德莫斯的外孙，彭透斯的表兄弟。

卡德莫斯夫妇有个非常奇怪的结局。欧里庇德斯在悲剧《酒神信徒》中借狄奥尼索斯之口预言，卡德莫斯夫妇将变成蛇，驾牛车至北方蛮族人的国度，被拥戴为首领，率领蛮族军队攻陷多座希腊城池，但受阻于德尔斐。阿瑞斯前来救助并将夫妇二人送往福岛。[④]诗人品达也说福岛为其最后归宿。[⑤]阿波罗多洛斯所述更详细：卡德莫斯夫妇晚年离开忒拜北上伊利里亚，被蛮族厄克里亚人（Encheleis）拥戴为领袖，与周邻部族战斗，最终成为伊利里亚全境的统治者，并生子伊利里俄斯（Illyrius），后者成为伊利里亚人的名祖。卡德莫斯夫妇临终前变身为蛇，被宙斯送往福地（Elysium），获得永生。[⑥]

再说凯克罗普斯，他是传说中的雅典第一位国王，神话中的雅典卫城被称作凯克洛皮亚（Cecropia），就是其所建。据说，凯克罗普斯是大地所生，地母盖亚之子，阿提卡半岛的土著，人身蛇尾形象。凯克罗普斯在雅典传说中也充当着文化英雄角色：他创建了战神山法庭；发明了文字和葬礼，废止了人祭风俗；并将阿提卡分成12个城镇。在其执政期间，海神波塞冬和战争策略女神雅典娜为争夺雅典统治权而争吵。凯克罗普斯在众神法庭上提出对雅典娜有利的证据，使其成为雅典的护城女神。[⑦]

---

① Herodotus, *The History*, 5.58–59.

② 雅典三大悲剧诗人之一。

③ 古希腊的酒神和葡萄种植神。

④ Euripides, *Bacchae*, 1330–1339, 1354–1360.

⑤ Pindar, *Olympian Odes*, 2.78.

⑥ Apollodorus, *The Library*, 3.5.4.

⑦ Herodotus, 8, 55; Euripides, *Ion*, 1163–1164; Apollodorus, *The Library*, 3.14.1–2, 3.14.5; Strabo, *Geography*, 9.1.16; Pausanius, *Description of Greece*, 1.2.6, 1.24.5, 1.26.5, 1.27.1–2, 8.2.2–3.

（二）战争英雄

古希腊的英雄生活在远古的"英雄时代"。古希腊的英雄不仅具有鲜明的地方性和族群性，而且总是和具体的城市、部落以及著名的家族、战争联系在一起。

荷马史诗所表现的所有男性行为准则都与战争有关。荷马史诗中采用古希腊语αγατηos（好的）①修饰男性，特指战斗或运动中体现的勇气和技巧。尽管一个好男人的要求比较多，诸如膜拜神祇、遵守诺言、忠于朋友、怜悯穷人等，但是其关键就是做一名"勇士"。

《伊利亚特》中，特洛伊英雄赫克托尔在家人团圆的场合，高举幼儿向神祈愿，希望儿子长大成为比父亲更卓越的勇士，"当他从战场凯旋，让他带着战利品，掠自被他杀死的敌人，宽慰母亲的心灵"②。每一个身强力壮的男子都要为捍卫部落而战。首领尤其要骁勇善战，而且还必须具有出众的演说才能。战争英雄大都有良好的政治前途。城邦时代的雅典，既无总统也无首相，将军们主要依靠名声掌握政权。在伯里克利逝世以前，一个人如果不曾在军事方面有所作为，他是不太可能成为政治领袖的。③

荷马笔下的英雄非常好斗，竞争精神强烈。男人必须赢，必须被人称作"最好的"。例如，某某地区最杰出的弓箭手、跑步无人能及者、投标枪杰出者、骑战马杰出者等。赢者的最主要目的就是为了获得荣誉和尊重。在应得的时候没有得到荣誉，甚至还受到玷污，这对希腊人而言是奇耻大辱。因此，在《伊利亚特》中，阿伽门农收回奖给阿喀琉斯的战利品——女俘虏布里塞伊斯（Briseis），这对阿喀琉斯不啻是莫大的侮辱，两人的争斗最终导致了希腊人的灾难。希腊最庞大的英雄故事体系主要是围绕忒拜战争和特洛伊战争展开的。特洛伊战争和忒拜战争是"英雄时代"

---

① αγατηos的反义词κακos(坏的)，表示在战斗中表现懦弱、拙劣、毫无用处。

② Homer, *Iliad*, VI.478-481.

③ 伯里克利死后发生了很大变化，雅典的政治和军事之间产生明确的分化，政治家就是政治家，将军就是将军。随之而来的是，政权不再集中于少数有权势的家族手中。各种缘由，值得探究。而伯里克利连任多年将军职位的雅典民主政治，也多有诟病，甚至被认为是暴政。

两次规模最大的战争。两大战争造就无数英雄。

忒拜战争是希腊内部的战争，是南希腊阿果斯（阿哥利斯）的王公们对希腊中部的大邦忒拜先后发动的两次战争，尤以第一次的"七雄攻忒拜"战争最为惨烈。

忒拜战争是神话中的忒拜国王俄狄浦斯（Oedipus）的双生子因争夺忒拜王位所引发的。按照波桑尼阿斯（Pausanius）援引的《俄狄浦斯》：俄狄浦斯与其第二位妻子曾生育二子二女，他们分别是俄特奥克勒斯、波吕尼克斯、安提戈涅和伊斯墨涅。①忒拜战争的传说十分遥远，曾被荷马史诗提及，前7至前6世纪被编成史诗，形成所谓的"忒拜诗组"（Theban Cycle）。忒拜诗组由三部相互关联的史诗构成：首部为《俄狄浦斯记》（Oedipodia），据说是拉西第梦人辛尼冬（Cinaethon of Lacedaemon）的作品，讲述俄狄浦斯的传奇事迹。第二部为《忒拜记》（Thebais），托名荷马，讲述"七雄"攻打忒拜的故事。第三部为《后辈英雄》（Epigonoi），也托名荷马，讲述"七雄"后代为父辈复仇夷平忒拜的故事。

遗憾的是，这些史诗只遗残篇存世。我们现在了解的忒拜战争故事主要来自悲剧诗人、史家和神话编纂者的作品。其中最重要的资料来源是埃斯库罗斯（Aeschylus）②的《七雄攻忒拜》（Septem Contra）、索福克勒斯③的《安提戈涅》（Antigone）、欧里庇德斯的《腓尼基妇女》（Phoenissae）以及阿波罗多洛斯、狄奥多洛斯和波桑尼阿斯（Pausanius）等古典作家的作品。

特洛伊战争为希腊人对海外发动的联合军事远征。在古希腊人的记忆中，特洛伊战争是"英雄时代"结束前最重大的事件，是希腊人首次联合发动的海外军事远征，远征对象是小亚细亚北部达达尼尔海峡附近的特洛伊王国，起因是特洛伊王子帕里斯劫走斯巴达王后海伦。战争持续10年，最后希腊人依靠奥德赛的木马计攻取特洛伊，夺回海伦，并将特洛伊城付之一炬。

---

① Pausanius, *Description of Greece*, 9.5.10–11。

② 雅典三大悲剧诗人之一。

③ 雅典三大悲剧诗人之一。

早在古风时代，有关特洛伊战争的故事就已经形成系列史诗。该系列史诗由八部构成，荷马的《伊利亚特》和《奥德赛》只是其中最优秀的两部，其余的都已经散佚，只是在后期的作家笔下有所提及。特洛伊战争中的各路英雄不计其数，如阿喀琉斯、奥德赛（奥德修斯）、赫克托尔等。

按照诗人赫西俄德的说法，特洛伊战争与忒拜战争曾使无数将士的英魂奔赴哈德斯冥府，导致英雄种族的灭绝。

（三）立法者（政治英雄）：提秀斯

在古典时代的雅典，提秀斯是备受敬仰的民族英雄，被推崇为雅典国家的缔造者和民主制度的奠基人。他的美德和政绩是政治家效仿的楷模，也是戏剧诗人和艺术家们钟爱的主题，时常出现在公共建筑的造型艺术作品和戏剧作品中。关于提秀斯的出生地有诸多争论，马丁·尼尔森（Martin Nilsson）认为，提秀斯是阿提卡的地方英雄，赞同此说的学者居多。[①]

如果追溯提秀斯的崇拜史，我们会发现，他的地位跃升主要是在前6世纪末和前5世纪前期实现的。此前，他只是阿提卡地区的马拉松和阿菲德纳崇拜的地方英雄。其原型是个无法无天的强盗、"杀妖怪者"和"劫掠妇女者"，既没有值得彪炳的政绩，也缺乏道德感召力。阿提卡地区没有他的坟墓和祠堂，也没有重要的祭礼；荷马史诗很少提及他，少数描绘他的诗句也常常被怀疑是后期雅典人篡改增添的。

然而，这位声名并不显赫的地方英雄，何以在百年之间演变成政绩卓著、英武开明的英雄和民主政治的奠基人？成为近几十年来学术研究的热点。

关于提秀斯的英雄神话中最古老的部分是他在克里特的冒险，其核心是进入迷宫杀死牛怪并劫走公主阿里阿德涅。据马丁·尼尔森推断，斗牛曾是米诺人最痴迷的公共娱乐活动，有如罗马人迷狂于竞技场的角斗。关于米诺怪牛的造型"人身牛首"最早出现于前8世纪的希腊造型艺术中，

① M.P. Nilsson ,*The Mycenaean Origin of the Greek Myth*, Berkeley , Los Angele and London, 1971, pp.166-167.有关该问题的详细讨论，参见：Henry J. Walker, *Theseus and Athens*, Oxford, 1995, pp.9-15.

第二讲 古传英雄与英雄崇拜

比荷马史诗可能要早。与牛怪搏斗的主题最早出现于前650年左右，后来反复出现于前6世纪的阿提卡瓶画上。最早涉及克里特斗牛冒险主题的文学作品是女诗人萨福（Sappho）①的诗作。②提秀斯的声名提升，主要得益于克里特的冒险故事。不过，关于他的神话既有古传部分，更有创新成分。他的很多传奇故事是前6世纪末和前5世纪前期新增加的内容。提秀斯成为雅典民族英雄的故事，大多出自前6世纪初的梭伦时代；该世纪发生的很多历史事件都在提秀斯的故事中留下印痕。例如，传说提秀斯曾从麦加拉（Megara）手中夺取厄琉息斯（Eleusis，阿提卡西部村镇）；提秀斯和梭伦都被说成是雅典民主制的创立者；提秀斯铸币和创立泛雅典娜节等。

提秀斯在梭伦时代备受推崇的原因值得研究。有一点可以参考：梭伦改革创造了一个崭新的雅典，其国力和国际影响力开始增强，民主和平等的观念也开始萌生。此时的雅典需要一位民族英雄来引领时趋，提秀斯被有幸选中，逐渐成为新时代精神和价值观的代表。所以，提秀斯可能是雅典杜撰的"政治神话"的例证。他是时势发展所造就的雅典民族英雄，是为雅典国家的政治利益服务的。正如马丁·尼尔森所言："提秀斯的神话名声及其荣耀与雅典国家的实力和光荣及其人民的自我意识一起发展演变。"③

随着古典时代的结束，雅典国家的政治不复存在，提秀斯的政治意义也不再重要。但是，他的故事被史家记录下来，成为一种文化遗产，被后世所珍视和传承，尤其是对希腊化时代的君主和罗马皇帝们而言，提秀斯仍是君主的楷模。罗马帝国前期的普鲁塔克（Plutarch）④仍把他当作历史伟人写进《名人传》中。

---

① 前7世纪后期爱琴海岛屿勒斯博斯（Lesbos）岛女抒情诗人。勒斯博斯岛，伊奥尼亚人殖民岛屿，历史上曾存在5座独立城邦。

② T.Gantz, *Early Greek Myth: A Guide to Literary and Artistic Sources*, 2 voles., Baltimore and London, 1993, p.262、p.265.

③ M.P. Nilsson, *The Mycenaean Origin of the Greek Myth*, Berkeley , Los Angele and London, 1971, p.163.

④ 1至2世纪古希腊哲学家和史传作者, 凯克罗尼亚人。其存世名著有《道德论集》（*Moralia*）和《名人传》（*Parallel*）。

（四）雅典早期诸王：缔造的英雄先祖

雅典早期诸王，皆是历史时期雅典编年史家们缔造的英雄先祖。为什么这样说呢？

雅典所在的阿提卡地区，在青铜时代晚期曾是迈锡尼文明波及的地区，因而可能存在古老的地方传说资源。然而，阿提卡地区并不属于迈锡尼文明的核心地带，其传说体系与庇奥提亚和阿果斯等地区的地位相比，呈现相对匮乏的状态，而且十分零散和孤立。泛希腊史诗中几乎没有阿提卡传说的位置。这种史诗传说极度匮乏的状态，与历史时期雅典的辉煌和强盛很不相称，也"无法提供一个基础或框架来连续地陈述历史"，这就迫使雅典的诗人们和地方史家们不得不在零散的地方传说资料基础上重新构拟阿提卡地区的早期神话历史，以弥补当地英雄传说的先天不足，并与泛希腊史诗的谱系架构保持同步。有学者认为，雅典"前梭伦时代"的历史是雅典地方史家利用零散资料重新构建的，在治史方面不是采用"批评或辨析的方法"，而是更具"创建性"。①因此，阿提卡地区的英雄传说虽然有一些古传遗产，但更多的内容是历史时期新创造的，是出于阿提卡当地的社会和政治需要而故意编造的，属于典型的"伪历史"。雅典神话属于典型的"政治神话"，是社会精英们出于实际功利目的，善于利用古传故事，编造的雅典英雄和古代历史。阿提卡神话几乎都是阿提卡地区特有的，城市的起源和典章制度构成其主题。雅典人借此塑造出民族英雄。在荷马史诗中，有关阿提卡地区及其中心雅典的传说基本没有。荷马似乎只知道早期的雅典国王俄瑞克透斯；在整个古风时代，除了可能在前6世纪末出现的《提秀斯传》以外，甚至连一部英雄史诗的名字也没有流传下来。赫西俄德的《田功农时》也仅仅提到雅典国王潘狄翁（Pandion）的名字。②前5世纪的雅典编年史家们开始记述早期雅典传说，悲剧诗人们也从事创作，如欧里庇德斯的作品《伊翁》（Ion）等。

前5世纪的历史家赫兰尼库斯可能是首位将零散纷乱的古代雅典传说

① Felix Jacoby, *Atthis: The Local Chronicles of Ancient Athens*, Oxford, 1949, pp.134-135.

② Homer, *Iliad*, 2.547-548; *Odyssey*, 7.80-81;Hesiod, *Works and Days*, 568.

第二讲 古传英雄与英雄崇拜

进行系统整理的人，后期的雅典编年史家们大都追随他的模式。我们今天所知道的雅典早期传说大多保留在晚期神话编纂者根据赫兰尼库斯模式编写的作品中。

值得注意的是，历史时期的雅典编年史家为弥补雅典传说历史的先天不足，曾构拟了一份雅典王表。该王表将雅典的王族世系分成两个王朝。第一王朝的开创者是凯克罗普斯，凡历15代，各有其事迹。第二王朝的创建者是从派罗斯（Pylos）迁徙而来的涅琉斯王族（Neleidae）的成员墨兰托斯（Melanthus）。

由此，凯克罗普斯（雅典第1任国王）、凯克罗普斯一世（雅典第2任国王）、凯克罗普斯二世（雅典第8任国王），潘狄翁一世（Pandion Ⅰ，雅典第6任国王）、潘狄翁二世（雅典第9任国王）、俄瑞克透斯（Erechtheus，雅典第7任国王）、埃勾斯（雅典第10任国王）等雅典早期诸王，皆是历史时期雅典编年史家们缔造的英雄先祖。

如前所述，凯克罗普斯家族是古代雅典著名的王族，凯克罗普斯是雅典的建城英雄。凯克罗普斯有三女一子，子早夭，三女分别是阿格劳洛斯（Aglaurus）、赫耳塞（Herse）和潘德洛索斯（Pandrosus）。家族传人凯克罗普斯一世和二世，分别是神话中的雅典第2任国王和第8任国王。潘狄翁一世和二世分别是神话中的雅典第6任国王和第9任国王，其身世同样富有神话般的传奇色彩。

神话传说中女神雅典娜与工匠神赫淮斯托斯（Hephaestus）有子厄里克桑尼乌斯（Erichthonius）。女神将婴孩时的厄里克桑尼乌斯置于箱中，委托凯克罗普斯的三个女儿照看，叮嘱她们不要打开箱子看。三位公主好奇，开箱窥视，但见箱子中有婴孩被蛇缠身（或半人半蛇）。公主们因惊吓致疯，坠城而死，或云被蛇咬死。雅典娜将婴孩带至卫城亲自抚养。厄里克桑尼乌斯成年后，驱逐篡位者而成为雅典国王。在位期间推崇雅典娜，在卫城为其立庙，供奉木像，并创建泛雅典娜节（Panathenaea）。厄里克桑尼乌斯死后升天为御夫座，王位传于其子潘狄翁一世（雅典第6任国王）。①

潘狄翁一世有二女二子。儿子是双生子：俄瑞克透斯和布特斯（Butes）。前者继承了雅典王位；后者成为雅典卫城祭祀雅典娜和波塞冬的祭司。雅典历史时期世袭的祭司家族——布特斯家族（Butadae）据说就是他的后裔。②

俄瑞克透斯，神话中的雅典第7任国王。雅典传说中的著名英雄，曾被荷马史诗所提及。在《奥德赛》中，他是雅典卫城宫殿的主人；在《伊利亚特》中，荷马称雅典人是"豪爽的俄瑞克透斯的臣民"，大地是她的母亲。宙斯之女雅典娜是他的养母。古今很多学者认为，俄瑞克透斯和其祖父厄里克桑尼乌斯原本是同一人。

俄瑞克透斯子女众多。诸子中有凯克罗普斯二世继承其王位（雅典第8任国王）。凯克罗普斯二世传位给自己的儿子潘狄翁二世。但是，潘狄翁二世很快就被其叔父的诸子联合驱逐，流亡至麦加拉，被麦加拉国王皮拉斯（Pylas）招为驸马，生四子：埃勾斯、帕拉斯（Pallas）、尼索斯（Nisus）和吕库斯（Lycus）。后来，帕拉斯因杀叔父而被流放，潘狄翁二世获得麦加拉王位。他死后，其子尼索斯继承王位。潘狄翁二世其余诸子则返回雅典，驱逐叔父家族，夺回王权。长子埃勾斯继承雅典王位(雅典第10任国王)。③

传说埃勾斯两度结婚均无子。遂前往德尔斐问卜，求神谕。归途中在特罗曾（Troezen，古希腊城邦，位于阿果斯东南）停留，与该国国王皮透斯（Pittheus）的女儿埃特拉（Aethra）酒后同居。翌日清晨，埃勾斯启程回国，临别时留下宝剑和凉鞋于巨石下面，嘱托埃特拉，如果生子，可持此信物来雅典认父。埃特拉生子提秀斯，后者成人后，持父王所留信物经科林斯地峡前往雅典认父。途中杀死不少强盗，最后来到雅典。适时女巫

① Herodotus, 8.55; Eruipides, *Ion*, 1163–1164; Apollodorus , *The Library*, 3.14.1–2, 3.14.5; Strabo, *Geography*, 9.1.16; Pausanius, *Description of Greece*, 1.2.6, 1.24.5, 1.26.5, 1.27.1–2, 8.2.2–3; Ovid, *Metamorphoses*, 6.70–82.

② Apollodorus, *The Library*, 3.14.7–8; Pausanius, *Description of Greece*, 1.5.3–4, 1.41.8.

③ Apollodorus, *The Library*, 3.15.5 6; Strabo, *Geography*, 9.1.6; Pausanius, *Description of Greece*, 1.5.3–4, 1.39.4.

第二讲 古传英雄与英雄崇拜

美狄亚（Medea，科尔吉斯公主，伊阿宋①之妻）在雅典避难，为埃勾斯所宠爱，并为其生子。美狄亚认出提秀斯为埃勾斯之子，因而怂恿埃勾斯除掉这个危险的陌生人，打发提秀斯去擒获凶猛的马拉松公牛，但提秀斯凯旋归。美狄亚又让埃勾斯在席间用毒酒害死提秀斯，而就在此刻，埃勾斯认出儿子所佩之剑，父子在惊喜中团聚，女巫美狄亚则畏罪驾云逃离雅典。

后来，提秀斯自愿充当雅典进贡给克里特牛怪的人牲，跟随雅典使团前往克里特，在克里特国王米诺斯之女阿里阿德涅的帮助下，杀死迷宫中的牛怪，与伙伴们凯旋。但是，当船驶入雅典附近海域时，提秀斯却忘记父亲嘱托，未将象征悲悼的黑帆换成胜利的白帆。埃勾斯日日登临城楼或海边悬崖翘首企盼儿子归来，却望见一片伤心的黑帆，误以为爱子已经身死异域，于是，在极度绝望中坠城或坠海而死，此海遂得名爱琴海（Aegean Sea，意为"埃勾斯的海"）。②

三、古传故事：文化记忆中的英雄

神话（myths）、传说（legends or sagas）、民间故事（folk-tales），三者都是民间自古流传的故事（traditional tales），简称"古传故事"。三者相互融通，彼此传承，很难分别给予清晰的学术界定。

通常认为：神话是被原始先民视为神圣和真实的故事，其叙事主角是神和图腾动物。传说是带有历史真实性的英雄传奇，叙事主角是英雄。民间故事是虚构的事件，以娱乐消遣为目的，兼有教谕意义。

这里的重点也非是为了厘清三者的关系，而是在于探究"古传故事"与英雄崇拜的关系。

---

① 伊阿宋（Jason），伊奥尔库斯王子，阿尔戈英雄们的领袖，美狄亚之夫。"阿尔戈英雄"（Argonauts），希腊神话中乘"阿尔戈号"（Argo）船前往黑海东岸科尔吉斯（Colchis）王国夺取"金羊毛"的希腊众英雄。科尔吉斯在黑海东岸地区，被高加索山环抱，即今天的格鲁吉亚（Georgia）。在神话中是战神阿瑞斯之子埃厄特斯（Aeetes）统治的科尔吉斯王国。自前6世纪起，科尔吉斯海岸成为希腊米利都人的殖民地。

② Euripides, *Medea*, 663-758; Apollodorus, *The Library*, 1.9.28, 3.15.5-3.16.1; Plutarch, *Theseus*, 3, 12-17, 22; Pausanius, *Description of Greece*, 1.5.2-4, 1.22.5, 1.27.8, 1.39.4, 2.3.8.

英雄故事和英雄崇拜都是一种传承记忆。这种记忆的载体主要是"古传故事"。例如，荷马史诗是在民间故事长期传唱的基础上逐渐定型的。荷马传诵的特洛伊战争所提及的俄狄浦斯、伊阿宋、赫拉克利斯等英雄故事，时常穿插许多古老的地方传说。这些故事或神话、传说又以讲故事等多种形式在民间流传。历史学家们也常常把这些古传故事当作古代历史陈述，从而使英雄故事和英雄崇拜具有传承性和延续性。这使得多形式的古传故事，最终形成内容丰富，体系庞大的古希腊英雄神话体系。

史诗和早期史话家们在传承英雄故事的同时，也完成了对英雄谱系的构建，从另一层面记忆远古时代的英雄和英雄崇拜。英雄谱系的书写，大致自贵族当权开始。每个有声望的家族都很重视谱系书写，试图将家族的世系追溯到古代的"英雄时代"，与史诗和传说中的英雄人物关联上亲缘关系，并最终追溯到某位神祇，从而光耀门庭，显示其高贵的血统，强化其社会地位。

为迎合贵族家系的需要，诗人和早期史话家们开始利用古传故事，帮助显贵们构拟家族谱系，并将这些谱系相互联结，形成庞大的谱系群。由此，谱系把古代的英雄和现实中的每个贵族家系联结起来，同时也借助这些谱系，把古希腊古传故事中的每个英雄故事彼此关联，形成谱系神话或体系神话。

在荷马诗歌中，每位英雄都有家世、身世，有父有子。有三代相传，甚至六代相传。如特洛伊英雄埃涅阿斯，其家世被诗人追溯了六代。①从古典作家的记述中，我们可以了解古典时期的少数显贵家族可能保留着较长的谱系，上溯数十代人。若按照每世纪三代人计算，至多上溯至前10世纪。

雅典历史学家佩里基德斯讲述的菲莱俄斯家族（Philaedae）：该家族的成员老米尔提阿德斯，即指挥马拉松战役的雅典将军米尔提阿德斯的叔父，佩里基德斯曾将其世系向上追溯了13代，直至名祖菲莱俄斯（Philaeus）。传说，菲莱俄斯是宙斯之曾孙。

希罗多德记载的斯巴达两王族的谱系，是希腊最古老的家谱。这两个

---

① Homer, *Iliad*, 20.215–241.

第二讲　古传英雄与英雄崇拜

家族谱系分别从希波战争时期的斯巴达国王列奥尼达（Leonidas）和列奥提基达斯（Leotychidas）算起，各自向上追溯14代至两王族的名祖阿基斯（Agis）和欧瑞丰（Euryphon）；再追溯6代至始祖赫拉克勒斯。[①]

简言之，古希腊人的谱系就是"古传故事的叙事体系和传承记忆"。神话是谱系的叙事，谱系是神话的构架。需要说明的是，由于古希腊的谱系多是构建的，古希腊的家族谱系需要更多考证，凭此推算出来的传说事件和人物及其年代是不足为据的。当然，构建谱系不仅仅是为了延续家族史的记忆。谱系对家族、城邦乃至希腊民族都有非常重要的实际功用和意义。贵族为炫耀门庭和高贵血统，巩固其社会地位而不遗余力地编造谱系；诗人们会借助谱系建立神话的年代体系，进而将零散的神话凝聚成一个整体。历史学家借助谱系推算传说人物与事件及其年代，将远古的"英雄时代"与历史时期相联结，把神话变成可供考察的"历史"。谱系还可以加强部落、城邦乃至全民族的凝聚力，为希腊的族群、方言和政治划分提供依据。例如，古典希腊人以"赫楞"（Hellen，希伦）的直系子孙自居；其三子被说成是希腊三个方言族群的祖先。其他族群（如马其顿人等）被说成是希伦姐妹与宙斯的后裔。[②]

四、敬畏英雄：英雄崇拜的兴起

英雄在世时，其品德和人格令人敬仰。英雄不同凡响的死亡，也会被认为具有超凡的力量，同样有资格受到崇敬和抚慰。古希腊人相信，英雄们的亡灵有能力影响他们的生活。当亲族、后代和城邦处于危难时，英雄们的灵魂总会相助。敬畏英雄是英雄崇拜的根本原因。

诚然，这样的敬畏英雄灵魂观念与荷马笔下的灵魂观念差异很大。按照荷马的描述，死者的灵魂（psyche）不分贵贱，统统被赫尔墨斯引领到冥王哈德斯统辖的地府。他们是不具有实体的飘忽的影像，虚弱得连说话和思考的能力都丧失了，只在饮用祭牲之血的时候才暂时恢复讲话和思考

---

① 参见王以欣：《神话与历史：古希腊英雄故事的历史和文化内涵》，第26—28页。

② 详见王以欣：《神话与历史：古希腊英雄故事的历史和文化内涵》，第29页。

的能力。冥府是有去无归之所，人鬼阴阳两隔，两个世界互不打扰。

所以，有研究者认为，荷马的灵魂观念摆脱了对鬼魂世界的恐惧，代表着希腊人的乐观精神，反映的是爱奥尼亚殖民地的灵魂观，不是希腊本土的民间信仰。荷马的观念可能受到巴比伦人和迦南人的来世观念的影响。[1]因此，英雄可能产生较早。但是，作为一种普遍的历史现象，英雄崇拜可能形成时间较晚。希腊各地出现以各种手段表达对英雄时代的怀念和崇敬的现象，大约开始于前750年。人们向无数座曾在黑暗时代被忽视的古墓供奉祭品，表明墓中无名的主人如今被当作"英雄"崇拜。前8世纪末，其他类型的英雄崇拜仪式也开始成形。

英雄崇拜有其特定的祭礼场所，或为英雄墓，或为英雄祠（heroon）。坟墓多为迈锡尼时代遗留下来的古墓，被后期希腊人视为古代英雄的墓。当地人时常拜谒这些古墓，献上食物和供品。这种崇拜被称为"坟墓崇拜"（tomb cult）。墓主多为匿名英雄，有些则与传说的英雄相附会，如厄琉息斯的一群迈锡尼古墓，被当地人视为攻打忒拜的"七雄"之墓。不管墓主是否匿名，历史时期的希腊人对之敬畏有加，视之为先祖的坟墓。

英雄祠的规模和豪华程度远逊于神庙，其选址也未必靠近古墓，但希腊人却把英雄祠等同于英雄的坟墓，认为英雄祠是供奉英雄骸骨之所。其实，很多英雄祠只有伪造的"衣冠冢"或"空冢"（mnemata kena）；有些则供奉着"回迁"的英雄"骸骨"，因此成为名副其实的坟墓。某些著名的英雄有多处祠堂，因而也有多处"埋葬地"。例如，俄狄浦斯拥有四座坟墓，其一在忒拜；其二在厄特奥诺斯（Eteonos）的德米忒尔女神圣殿内；其三在阿提卡的科罗诺斯；其四在雅典。

少数泛希腊化的英雄，如赫拉克勒斯，其祠堂遍及希腊各地。著名英雄的圣祠常建于城市中心的显眼处，如市场区（agora）或市政厅（prytaneion），某些护城英雄的圣龛甚至建在城门旁的城墙里，或建于边关地带，以履行守土之责，御敌于国门之外。有的英雄祠建在神庙的圣地里，如俄狄浦斯和珀罗普斯，后者的祠堂坐落于奥林匹亚的宙斯圣

---

① 有关幽灵世界的状况,《吉尔伽美什》史诗、《旧约》和乌伽里特文献等均有描述,参见王以欣:《神话与历史:古希腊英雄故事的历史和文化内涵》,第9页。

地里。①

将英雄祠和英雄墓等同看待反映了古老的民间信仰，即坟墓是英雄灵魂的居所，而英雄只保护其坟墓所在的地区和国度。客死他乡的英雄，坟墓就需要设法回迁，使其落叶归根，护佑家园。所以，回迁骸骨的事例在希腊历史时期屡见不鲜。斯巴达人从忒革亚秘密回迁英雄俄瑞斯忒斯的骸骨，以确保其在战争中战胜对手忒革亚；雅典将民族英雄提秀斯的骸骨从斯库洛斯（Scyros）岛（爱琴海北部岛屿）迁回到雅典，立庙供奉。如果英雄的遗骸无迹可寻，就建立一个衣冠冢，履行相应的祭祀仪式，也可以赢得英雄的护佑。

在祭祀方面，每位英雄在宗教年历上都有特定的祭日。"英雄祭"（enagismos）与祭祀下界神灵和鬼魂的仪式相似，但与"天神祭"（thusia）形成对照。例如，祭祀天神要在白天举行，但祭祀英雄却要在黄昏或黑夜举行；祭祀天神要设祭坛，祭祀英雄则无须祭坛，只须在地上掘祭坑（bothros），以便让祭牲之血渗入地下以飨亡灵。祭祀英雄的祭牲要选深色皮毛的动物，祭祀完毕要在坑旁烧掉，不能食用。某些祭祀场合还举办纪念英雄的祭祀餐，邀请英雄与生者共享之。

英雄崇拜更为久远的影响莫过于英雄被神话后的星座故事。例如，南船座与夺取金羊毛的英雄故事有关。

"南船座"即由英雄们乘坐的航船"阿尔戈号"而来。英雄们为何要夺取金羊毛呢？这里首先涉及到金羊毛的来历。相传，金羊毛源自一只神奇的公羊，号称金毛羊，原本是神使赫尔墨斯赠送给忒拜城的礼物。这只公羊不仅浑身长着黄灿灿的金毛，而且能够说话，还能在空中飞行。忒拜国王阿塔马斯（Athamas）是风神艾奥洛斯的儿子，他与妻子云彩女神涅斐勒生育了儿子弗里克索斯（Phrixus）和女儿赫勒（Helle）。后来，阿塔马斯背弃了涅斐勒，另娶了卡德莫斯的女儿伊诺为妻。这位继母嫉恨丈夫前妻的儿女，千方百计要害死他们，以便为自己的子女继承王位扫除障碍。她让当地的妇女把种子晒熟以后再拿去播种，结果使一向丰产的大地颗粒无收。然后她又假传神谕，要国王将他与前妻所生的儿女献祭给众

---

① 王以欣：《神话与历史：古希腊英雄故事的历史和文化内涵》，第10页。

神，以解除饥荒灾难。国王无奈只好同意。就在这危急关头，国王的前妻云彩女神涅斐勒派来了金毛羊，于是，国王的儿子弗里克索斯和女儿赫勒当即骑上金毛羊飞上天空，朝着遥远的北方飞去。金毛羊载着兄妹俩一路飞越田野、高山、森林。然后在飞临波涛汹涌的大海以后，妹妹赫勒由于惊恐而坠入大海，为海浪所淹没。后来，赫勒被淹死的地方就叫做赫勒之海（赫勒斯滂陀斯）。悲痛不已的弗里克索斯独自骑着金毛羊飞到了位于黑海东岸的科尔吉斯王国，为国王埃厄忒斯所收留。立了大功的金毛羊被献祭给主神宙斯。国王埃厄忒斯则把金毛羊的金羊毛悬挂在战神阿瑞斯的圣林之中，由喷火毒龙看守。这就为后来的阿尔戈英雄夺取金羊毛留下了伏笔。

话说希腊英雄伊阿宋，是名祖克瑞透斯（Cretheus）的孙子、伊奥尔库斯国王埃宋（Aeson）的儿子。当年正是克瑞透斯在帖撒利的海湾建立了爱厄尔卡斯城邦，并把王位传给其儿子埃宋治理。埃宋是个贤明的君主，但好景不长，他的同母异父的弟弟帕里阿斯（Pelias）篡夺了王位，并把埃宋父子驱逐出境。埃宋把儿子交给了马人喀戎教养，使他成长为一个英俊魁梧、武艺超群的年轻人。成年后的伊阿宋决定返回自己的祖国伊奥尔科斯，夺回他继承王位的正当权利。在赶路途中，伊阿宋将一位体弱无助的老妇人背过了一条大河，但不慎将一只鞋子丢失在河中。当伊阿宋穿着一只鞋子出现在叔叔帕里阿斯的面前时，叔叔不禁大惊失色，因为德尔菲阿波罗神庙的神谕告诉他，必须提防一个只穿一只鞋的不速之客。当伊阿宋提出要其归还属于自己的王位时，老谋深算的帕里阿斯想出了一招毒计：他许诺说，只要伊阿宋能够寻取到金羊毛，他就把王位还给伊阿宋。帕里阿斯坚信，要找到并带回金羊毛是绝不可能的，伊阿宋如果答应兑现此事，必然死路一条。年轻气盛、渴望建功立业的伊阿宋不知有诈，没有多加考虑就接受了这一任务。伊阿宋召集50位英雄参加了这一行动，其中包括著名的英雄赫拉克勒斯、阿喀琉斯的父亲珀琉斯和雅典的英雄提修斯、音乐家俄耳甫斯（Orpheus）、航船的建造者阿尔戈斯（Argos）①等等。英雄们乘坐着阿尔戈号船前往位于黑海的科尔基斯去寻找金羊毛。

---

① Argos 的意思是"轻快的船"。

第二讲　古传英雄与英雄崇拜

阿尔戈号出海了，虽然航程困难重重，险情不断，但是英雄们一路上过关斩将，最终抵达了科尔吉斯。国王埃厄忒斯得知他们的来意，大为不满，因为金羊毛是他的传国之宝，决不能让别人取走。于是，国王动了杀机，准备将来者置于死地。

为了使伊阿宋和他带领的英雄们获得金羊毛，天后赫拉和女神雅典娜决定请爱与美之神阿芙洛狄忒出马，让她安排自己的儿子赶到科尔吉斯，用金箭去射中科尔吉斯王国的公主美狄亚的芳心，使她深爱伊阿宋。精通魔法的美狄亚果然一往情深地爱上了伊阿宋。在美狄亚的帮助下，英雄们最终盗取了被严密看守的金羊毛。之后，伊阿宋带着美狄亚登上阿尔戈号航船，载着金羊毛，历经千辛万苦返回到伊奥尔库斯。主神宙斯被英雄们远征的壮举所感动，于是将金羊毛和阿尔戈号船都提升到天界，成为白羊座和南船座。而金羊毛被伊阿宋取走后，阿瑞斯神林里那条毒龙的使命也宣告终结。宙斯觉得应该对它多年来尽心尽责的看守劳动进行肯定，便把它提升到天上——这就是有关天龙座的另一个版本。

伊阿宋完成了叔叔帕里阿斯交给他的任务，但是，狡诈的帕里阿斯背信弃义，拒不交出王位。于是精通魔法巫术的美狄亚心生一计，她让帕里阿斯的几个女儿亲眼看着她将一只又老又病的羊杀了，然后放进一口装有魔法神液的大锅，只一会儿工夫，这只老羊变成了一只活蹦乱跳的小羊。帕里阿斯的女儿们被眼前的情景惊呆了，她们也想让年迈多病的父王返老还童。美狄亚答应了她们的请求。不知中计的孩子们兴奋地跑回父王的宫室，趁父王熟睡之机将其扔进美狄亚安排好的已经沸腾的大锅里。等这些孩子们醒悟过来后，一切都已经结束了。帕里阿斯再也不会醒来。帕里阿斯虽然有错，但美狄亚的做法过于残忍。宙斯担心美狄亚还会使用这只魔锅害人，便将这只魔锅提升到天界，相传这就是巨爵座的由来。

古希腊罗马神话中的英雄与星座故事影响至今，相关的神话故事成为现当代科幻小说与奇幻小说家的创作基础和源泉。例如，获得2007年诺贝尔文学奖的英国女作家多丽丝·莱辛的科幻小说五部曲《南船座的老人星：档案记载》（*Canopus in Argos: Archives*），以丰富的想象力描述了善良的老人星座和天狼星上的外星人等，以科幻小说的形式写出了对人类历史和命运的思考与忧虑。①

五、英雄悲剧：雅典民主制的缺憾

（一）悲剧事件一：阿吉纽西审判

阿吉纽西审判：雅典人以民主方式处死得胜立功的将领。

前406年，雅典及其盟友与以斯巴达为首的伯罗奔尼撒海军在阿吉纽西群岛附近海面爆发海战。伯罗奔尼撒同盟损失了70余条战船，雅典共25艘船被击沉，战役以雅典获胜告终。但雅典沉船上的大多数人在随后的风暴中溺亡。战后，雅典将军们不但未能获得任何奖励，反而因为未能及时打捞落水船员和阵亡者遗体遭遇审判，6名将军经公民大会表决后被处死，史称阿吉纽西审判。

（二）悲剧事件二：苏格拉底审判

苏格拉底审判：雅典人以民主方式处死哲学家苏格拉底。

前399年，莫勒图斯（Meletus）代表诗人，阿努图斯（Anytus）代表匠人和政治家，卢孔（Lycon）代表演说家，共同对苏格拉底提出了指控，控告苏格拉底"不敬神""蛊惑青年"。由抽签、随机选出的501人组成的陪审法庭两轮投票，第一轮决定被告是否有罪；第二轮投票决定对有罪者如何量刑。审判原则是少数服从多数。第一轮投票以281票对220票宣判苏格拉底有罪。第二轮投票，以361票对140票宣判苏格拉底死刑。

雅典民主制的缺憾：

雅典民主政治是一种城邦公民直接参与性民主。作为国家最重要象征之一的暴力强制手段分散在所有公民之中，并未集中于政府。城邦政治的有效运作，很大程度上依赖公民的支持以及对法制的敬畏，缺乏权力制衡机制。一旦世家大族和党派或政敌决心行动，并且拥有足够的支持者，在

---

① 舒伟：《希腊罗马神话的文化鉴赏》，北京：光明日报出版社，2010年，第188页。

没有强有力反对者的情况下，加之公民群体表决意见不统一，很难与之
对抗。

结　语

兴起于前8世纪后期的古希腊英雄崇拜，很大程度上是古老的祖先崇
拜的传统复兴。英雄崇拜的活动主要围绕史前匿名古墓和英雄祠展开。兴
起的原因，学界尚不清楚。一般认为，可能与祖先崇拜的古老习俗、荷马
史诗的广泛传播和城邦的兴起有直接关联。贵族家族的祖先崇拜希冀扩展
为城邦的英雄崇拜。①其中，伯罗奔尼撒的多利亚人表现突出，他们为荷
马的英雄们建造祠堂，如迈锡尼附近的"阿伽门农庙"（Agamemnoneion）
与特拉波涅（Therapne）供奉海伦和墨涅拉俄斯夫妇的"墨涅拉俄斯庙"
（Menelaion）。

此后，英雄崇拜始终呈现活跃和发展的态势。大神的名单渐趋固定，
但英雄的名单却日益扩充，新的英雄层出不穷。只要亲族、宗教团体或城
邦通过决议，赋予某位死者以英雄称号，新的崇拜就诞生了。例如，新殖
民地的创建者被赋予英雄称号（heros klistes），其坟墓建在城市中心的市场
区。克里斯提尼改革时建立的10个新的地域部落，经咨询德尔斐神谕，选
定10位荷马史诗中的英雄为部落名祖。各城邦争相回迁客死他乡的英雄遗
骸并建庙供奉。在希腊化时期，赋予死者英雄称号和祭礼的做法
（apheroizein）则成惯例。

英雄总是与伟大的时代相关联，并服务于社会需要。就希腊而言，英
雄崇拜在希腊长盛不衰是因为社会和时代的需要。无论是史前还是历史时
期，都有造就英雄的社会环境。此外，在古希腊社会，英雄崇拜对家族、
部落和城邦都有着非常实际的功用。"祖先崇拜是对死者的服侍，但已形
成惯常的固定的形式并定期地重复；由家族成员履行并代代延续。当这种
惯常的死者崇拜与家族分离而成为公众的关注点时，英雄崇拜就产

---

① 关于英雄崇拜的起源讨论，参见王以欣：《神话与历史：古希腊英雄故事的历史和文化内涵》，
第12—26页。

生了。"[1]

英雄自古以来是品性非同凡人的人，近似于神。英雄崇拜很大程度上是古老的祖先崇拜的传统复兴，可谓是祖先崇拜的公众化。英雄是民族和国家历史发展中的杰出代表，是民族精神的脊梁。英雄崇拜是民族信仰的源泉。英雄崇拜，崇拜的是精神，而不是英雄个人以及英雄的事迹本身。英雄崇拜的根本在于英雄精神和价值导向。人人都应该有英雄情怀和英雄主义精神，但不提倡个人崇拜和个人英雄主义。

① M.P. Nilsson, *Minoan−Mycenaean Religion and Its Survival in Greek Religion*, Laud, 1950, p.586.

第三讲　修昔底德历史叙事中的人性思考[*]

◆◇◆

修昔底德的写作并非仅仅为了保存有关伯罗奔尼撒战争的历史事实，在他的历史叙事中蕴藏着对人性和人类处境的思考。本讲将为大家分析和揭示，修昔底德如何运用高明的修辞技巧以引导读者领会他的旨趣。在精心写作的"密提林反叛""密提林辩论""米洛斯对话"和"西西里远征前的辩论"等文本片段中，可以发现修昔底德始终关注着"运气""希望""恐惧"与"爱欲"等人类处境中的基本问题，历史叙事中人物的行为（ergon）和话语（logos）巧妙地传递着他对这些问题的探索。

一、"密提林反叛"：战争叙事中的运气、希望与恐惧

前428年夏季，伯罗奔尼撒战争进入了第四个年头，雅典人已饱受战争和瘟疫之苦。而此时列斯堡岛上的城邦，除了美图姆那（Methymna）外，都在密提林的带动下准备叛离雅典。①在雅典控制下的提洛同盟内，当时只有列斯堡岛和希俄斯岛上的城邦不向雅典缴纳贡赋，且拥有自己的舰队，具备比别的城邦更多的自治权。所以，当雅典人得知他们的叛意并劝说无效后，就更加惊恐和愤怒。他们立即派出40艘战船前往密提林。有

---

* 本讲主要内容已发表于《运气、希望、恐惧与爱欲：修昔底德历史叙事中的人性思考》（《古典学评论》第1辑，上海：上海三联书店，2015年，第104—118页），并收入《苦难与伟大：修昔底德视野中的人类处境》（北京：北京大学出版社，2015年，第三章）。

① 列斯堡岛上共有5个城邦，密提林是其中最大的一个。见Thucydides, 3.18.1。它们和雅典的关系在一定程度上受政体影响，美图姆那采用的是与雅典一样的民主政体，而密提林是寡头制。

人告诉雅典人，在密提林城外将有一个庆贺马洛埃斯的阿波罗神（Apollo Maloeis）的节日，届时所有的密提林人都会参加。如果他们行动迅速的话，会有突袭战胜密提林人的希望。为了防止走漏消息，雅典人扣留了当时正协助他们的10条密提林战船，还把船上人员监管起来。但不料仍有一个知情者迅速地把雅典人海上出征的安排泄露给了密提林人。因此，密提林人没有庆祝节日，而是加固尚未完工的城墙和港口，并采取了防卫措施。不久后，雅典舰队抵达了密提林附近的海域，发现了这种情况。雅典的将军们只能放弃突袭，转而要求密提林人遵守他们的命令。密提林人不肯听从，将军们便开启了战事。密提林舰队仓促应战，被雅典人追击折返。他们不得不向雅典人提议停战。雅典的将军们也害怕没有足够的力量与整个列斯堡岛作战，就接受了密提林人的请求。之后，密提林人派出代表团去雅典，希望或许能劝说雅典人撤走舰队，并相信他们没有叛乱的意图。但他们对此缺乏信心，又暗中派出使者前往拉凯戴孟寻求援助。去拉凯戴孟的使者们与斯巴达人达成约定，获得了一些帮助。而去雅典的代表团却无功而返。于是，除了美图姆那人外，密提林人与其余列斯堡岛人便一起向雅典人宣战了。[①]

图3-1　密提林中世纪城堡遗址（古代密提林城大致也在这一区域内）

　　这大致是修昔底德笔下"密提林反叛"的爆发过程，可以看作是他叙述战争的一个典型范例。我们发现，在这场雅典人与密提林人的博弈中，超出原先预计和判断的因素层出不穷，双方都一再被新发生的情况推入新

　　① 详见：Thucydides，3.2—5.

的希望与恐惧之中。而且，正如拉根比尔（Robert D. Luginbill）所指出的，"希望与恐惧，作为两种影响历史活动的基本心理状态，在修昔底德的著作中无处不在，并且对他所记述的几乎每一个决策都起到了重要影响"①。事实上，希望与恐惧虽然相对，但是同源，它们都来自对未来的某种不可知感。修昔底德曾担任过将军，很可能因此而深刻体会到一点：人不仅具有对其所处环境的认知能力，而且还需持续调整自己的判断以适应变化的形势。但是，人仍然面临着他所无能为力的"运气"，尤其在极度变化的环境中（如战争、内战、灾难等），即使具有高度判断能力和丰富经验的智慧之士也无法完全预料形势。例如，据修昔底德观察，在克基拉内战中，判断力弱的人更多地存活下来，而那些深思熟虑却不及时采取行动的人更容易毁灭。足见在需要依靠武力时仅有认知能力并不能改善情况。而被公认为具有杰出智慧的伯里克利也无法预计到"突如其来、出乎意料和最在算计之外"的瘟疫。②康福德不仅较早地观察到修昔底德在其历史叙事中时常将当事者们的认知判断能力与其无法确知的运气联系在一起，而且他还将修昔底德的写作解读和还原为一系列的基本观念，诸如"运气""暴戾""希望"和"爱欲"等。他认为，修昔底德是对历史有了这些基本观念后才去收集相关事实的。③看来，长期思索人性的修昔底德试图通过他的历史叙事来解析人类的行为动机，并将其传授给他心目中的读者。

　　正如我们所知，修昔底德将其历史叙事分为两大部分：历史事件中人们的行为和话语。相应地，他主要运用的修辞技艺也有两类。一类是以尽可能紧凑而细致的笔法直接叙述他精心选取的历史事件中的行为，并且他自称这些行为都是他"尽力审核清楚的"。霍恩伯劳尔（Simon Hornblower）指出，修昔底德对事件的叙述含有两种目的，一是尽量全面地记录有关战争的各个具体事件，二是要揭示这些事件中带有普遍性的内涵。修昔底德的写作力图

① Robert D. Luginbill, *Thucydides on War and National Character*, Boulder: Westview Press, 1999, p.65.

② Thucydides, 3.83.3–4; 2.34.6, 61.3. 关于修昔底德如何看待运气和人的认知，参见：Lowell Edmunds, *Chance and Intelligence in Thucydides*, Cambridge, Mass.: Harvard University Press, 1975, pp.174–204.

③ 详见：F. M. Cornford, *Thucydides Mythistoricus*, London: Edward Arnold, 1907, chapter 6、7、8、11、13, 尤见pp.104–108、123–124、221–222.

平衡这两种看似对立的倾向。①如我们所见，在"密提林反叛"中修昔底德所采用的正是这种叙事手法：他成功地通过具体的叛乱事件反映出人类在不可知的运气下所普遍存在的希望与恐惧。我们从中能领略到一种类似于现代小说的写作技巧：表面上客观而逼真的记述暗含着修昔底德对人性的洞察，而且他善于不动声色地引导读者思考人类历史处境的深层次原因。②另一类是通过某些特定场合中的历史人物之口（演说、辩论和对话等）来阐述他想引起读者思考的内容。关于这些话语，修昔底德说，它们是"尤其符合每个讲话者在当时场合的需求下应说的内容"，同时又"最为接近实际所说内容的大致思想"。③这两者显然存在着矛盾。而且，在修昔底德的文本中众多演说辞的文风极为相似。今天大多数的学者相信，在通常情况下，修昔底德应保留了讲话者的大意，但其中只有一些语句取自他所记忆的原先内容，而大部分都出自他本人的手笔。④值得关注的是，修昔底德不仅在书写"行为"时提示出"运气"和"希望"等要素对人类处境的影响，而且他还将这种观察更直接地表达在他文本的"话语"之中。

二、"密提林辩论""米洛斯对话"和"西西里远征前的辩论"：演说辞和对话录中的运气、希望与爱欲

（一）"密提林辩论"

在密提林人最终投降之后，雅典将军帕克斯（Paches）向城邦请求处置他们。起初，雅典人出于愤怒想处死所有密提林的成年男性，将妇女和

---

① 详见：Simon Hornblower, *Thucydides*, London: Duckworth, 1987, pp.34-44, 尤见 p.43.

② 对于修昔底德这种修辞技巧的分析，详见 W. Robert Connor, *Thucydides*, Princeton: Princeton University Press, 1984, pp.16-18.

③ Thucydides, 1.22.1.

④ 关于修昔底德写作演说辞的技艺，参见：K. J. Dover, *Thucydides* (*Greece & Rome, New Surveys in the Classics*, no. 7), Oxford: Clarendon Press, 1973, pp.21-27; Simon Hornblower, *Thucydides*, pp.45-72; Christopher Pelling, "Thucydides' Speeches," in *Literary Texts and the Greek Historian*, London and New York: Routledge, 2000, pp.112-122; John Marincola, *Greek Historians* (*Greece & Rome, New Surveys in the Classics*, no. 31), Oxford: Oxford University Press, 2001, pp.77-85.

儿童变为奴隶，并派出了传达命令的船只。但在第二天，他们中的许多人又感到这个决定过于严酷了，于是再次召开公民大会以重新商讨决策。①据修昔底德记述，克里昂（Cleon）和狄奥多图斯（Diodotus）是其中两个发言者，代表了两种不同的处理密提林人的意见，他们在前一天的大会上都已发过言，各自观点也没有改变。②克里昂与狄奥多图斯两篇演说辞的结构是基本一样的，都有一段关于演讲和领导权的开场白（3.37-38，42-43），均包括对雅典人性格的一些严厉批评，之后是对具体处理密提林人以及将来对待所有叛乱的政策建议（3.39-40，44-48），可以认为它们主要出自修昔底德的手笔，但应包含着当时演说内容的要点。③他们辩论的核心问题是惩罚密提林人的方式将如何影响未来的雅典霸权和同盟者，而两者强调的都是对"希望"的理解和运用。

图3-2　雅典，普尼克斯山，古代公民大会所在地

---

① 详见：Thucydides，3.36.1-5.

② Thucydides，3.36.6，41. 修昔底德没有记述前一天的演说内容和其余人的发言，可见他叙事的选择性和典型性之强。

③ 详见：Simon Hornblower, *A Commentary on Thucydides* (以下简称 *CT*), 3 vols, New York: Oxford: Oxford University Press, 1991-2008, vol. 1, pp.420-421.

克里昂认为，密提林人发动反叛是由于他们自认为有好运和希望。[1]所以，他强调必须使意欲反叛者失去成功的希望，否则将对雅典的霸权带来危害：

他们（指密提林人）怀着对未来过度的信心，并具有一种超出自己实力却还未能满足其欲求的希望，挑起了战争，认为将强力置于正义之上是合适的。……在巨大而突发的好事不期而至之时，城邦通常会变得傲慢。在大多数情况下，计算之内的好运要比超出预想的对人更安全。……你们想一想：如果你们施予同盟城邦中被敌人胁迫者和本身想要反叛者以同样的惩罚，那么当成功了就能获得自由而失败了也不会遭受致命的损害时，还会没有人不以最小的借口反叛吗？……

因此，无论谁想凭借话语来取得信任，还是利用金钱来作为补偿，我们都必须让他们不再对犯了人性的过错还能得到宽恕这一点抱有希望。[2]

狄奥多图斯提出处置密提林人的意见与克里昂针锋相对，但他宣称这绝非出自"怜悯"和"宽容"。[3]他向雅典人指出不必讨论如何惩罚密提林人是"正义"的，而是要考虑怎样才能确保雅典城邦的"利益"。[4]因为在此次叛乱中，密提林的平民们后来是站在雅典人一边的，而同盟各邦内的平民派也大多支持雅典人。如果将有惠于雅典的密提林平民们同寡头派一起处死，那么以后再发生叛乱的话，平民们也将被迫和寡头派一同反对雅

---

[1] 克里昂是伯里克利逝世后雅典主要的领导人之一，他属于第一批雅典的"新政治家"（即并非出身于旧贵族阶级的政治人物），父亲可能是一位富裕的制革匠。修昔底德出身于雅典有重要影响的贵族家庭，他对雅典民主政治中如克里昂这样的民众领袖（demagogue）感到反感。"密提林辩论"是修昔底德在其叙事中第一次记述克里昂出场的片段，而他在这里径直评价克里昂为"最暴戾的公民"。而且，修昔底德在前424年安菲波利斯战役后遭到流放也很可能与克里昂有关。现代学者们已基本倾向于否认修昔底德对克里昂描述的客观性，而怀疑他的叙事中带有较多个人的憎恶。参见：W. Robert Connor, *The New Politicians of Fifth-Century Athens*, Princeton: Princeton University Press, 1971, pp.91-98.

[2] Thucydides, 3.39.3-4, 39.7, 40.1.

[3] Thucydides, 3.48.1. 关于狄奥多图斯，除了修昔底德在"密提林辩论"中提到他外，其余情况我们就一无所知了。他很可能在雅典的政治生活中并不活跃，但由于对密提林人的处置关系到雅典霸权的命运，他才直接对雅典人进行劝导。参见：*CT*, vol. 1, p.432.

[4] Thucydides, 3.44.1-4. 关于狄奥多图斯反驳克里昂的策略，参见：W. Robert Connor, *Thucydides*, p.84、pp.88-91.

典人。这必然会对雅典的霸权构成威胁。可以说，狄奥多图斯是站在完全相同的"强权政治"的立场上来反驳克里昂的。① 而他反对的理由也是基于对人性的观察：

> 在一些城邦里，死刑被施予在许多并不能与此（密提林人的反叛）相较而是程度较轻的过错上。尽管如此，人们被希望引诱着仍然会去冒险，至今没有人在涉险时会认定他的计划将失败。……在私人和公共生活中，所有人本性上都是要犯错的，没有法律可以禁止这一点。……在古时候，处置最大的恶行好像都使用较温和的惩罚方式。但随着时间流逝，恶行还在继续，许多惩罚方式都逐渐发展到了死刑。尽管如此，恶行却仍在继续。因此，要么就需要发现一种比死刑更可怕的恐怖手段，要么就承认死刑不能禁止这些恶行。贫穷使人被迫具有勇气，而富足使人在放纵和骄傲中变得贪婪。由于有激情，人们在其余每一类环境中也会让某种无法抗拒的力量战胜自己，而被引入危险之中。希望与爱欲到处都在；爱欲引导，希望跟随；爱欲想出计划，希望则提议会有容易得到的好运——这会造成最大的危害，而且它们是看不见的，比看得见的危险更具威力。此外，运气也没有少增添刺激。……简而言之，当人性被激发想热切地去做某些事的时候，不可能（过于天真的人才会认为能够）用法律的力量或任何其他的恐怖手段将其阻止。②

经过再次表决，雅典人最终采纳了狄奥多图斯的意见，派出了第二艘船向帕克斯传达新的指示。他们成功阻止了之前发出的更严酷的命令，仅处死了直接与叛乱有关的密提林人。③

从两篇演说辞中可以发现，克里昂和狄奥多图斯都认为人性充满了欲望而极易犯错。而密提林人是在运气和希望的诱使下反叛雅典的，他们不

---

① Thucydides, 3.47.1–5. 之后米洛斯人中就没有平民派支持雅典人，雅典人便处死了他们所有的成年男人，并将妇女和儿童变为奴隶。参见：Lawrence A. Tritle, "Thucydides and Power Politics," in Antonios Rengakos and Antonis Tsakmakis (eds.), *Brill's Companion to Thucydides*, Leiden and Boston: Brill, 2006, pp.482–485.

② 详见：Thucydides, 3.45.1–7.

③ 详见：Thucydides, 3.49–50.

顾危险和惩罚只是源于对摆脱控制、获得自由的欲求。在某种意义上，处理密提林人的方式将成为雅典对同盟城邦的立法，两人争论的焦点在于哪一种处置密提林人的方式更符合雅典人的利益。狄奥多图斯不同意克里昂政策的关键一点在于如何对待人性的错误：所有人本性上都是要犯错的，任何法律和措施（包括死刑）都无法将其彻底禁止。要防止叛乱，处死所有的密提林男人不仅徒劳，而且还会削弱雅典自身对同盟城邦的控制力。为了巩固雅典的霸权，需要给同盟城邦中的平民派以希望。即使他们曾犯过错，也要努力将他们的欲求重新引导到与雅典人利益一致的方向上去，而非像克里昂所说的"让他们不再对犯了人性的过错还能得到宽恕这一点抱有希望"（这将意味着他们也不再具有对惩罚的恐惧感）。① 通过"密提林辩论"，修昔底德引发读者反思人性和人的处境：激情和爱欲属于人的本性，而希望本质上是由爱欲引起的（"爱欲引导，希望跟随"）。人在其所处的各种环境中都会被希望和爱欲影响（"希望与爱欲到处都在"），若再有运气引诱，刺激起人们去追求更大的目标，往往会使人和城邦走向痛苦和失败的命运。

（二）"米洛斯对话"

米洛斯人是从拉凯戴孟殖民而来的。伯罗奔尼撒战争爆发后，他们与提洛同盟内的其余岛屿居民不同，只是想保持中立而不愿参战。由于不肯屈从，他们与雅典人的关系日益紧张，最终变为了敌对状态。前416年，雅典调遣舰队进攻米洛斯。在尚未开战前，雅典的将军们派出使者与米洛斯人谈判。使者们没有被安排见米洛斯民众，而只是与城邦中的执政者和少数人对话。② 这意味着对话的环境是封闭的，过程也是不公开的。我们无法了解修昔底德是如何获悉对话内容的。③ 以往，安德鲁斯（A.

① 关于克里昂和狄奥多图斯政策分歧的根本点，参见：Clifford Orwin, *The Humanity of Thucydides*, Princeton: Princeton University Press, 1994, pp.149–150.

② Thucydides, 5.84.2–3.

③ 在古代，哈利卡纳索斯的狄奥尼修斯就怀疑，"米洛斯对话"（尤其是其中雅典使者所说的关于暴力和正义的话）不可能是实际发生的对话内容。见：Dionysius of Halicarnassus, *On Thucydides*, in Stephen Usher (ed.), *Dionysius of Halicarnassus: The Critical Essays in Two Volumes*, Cambridge, Mass.: Harvard University Press, and London: William Heinemann, 1974, chapter 41.

第三讲　修昔底德历史叙事中的人性思考

Andrewes）等学者都倾向于认为，修昔底德很可能是挑选了这一历史场景而精心编撰了这篇对话，集中反映了他对雅典霸权的思考和批评。①而波茨沃斯（Bosworth）则指出，修昔底德写作对话的真实意图是以米洛斯人作为警示：他们没有认清强弱悬殊的现实形势，而是被不切实际的希望所迷惑，以致遭受被屠杀的惨祸。②我们发现，在"米洛斯对话"中，希望和运气确实再次成为修昔底德关注的焦点，而且，他通过雅典人之口似乎强调了希望对于强者和弱者的区别：

米洛斯人："但是我们知道，相比双方人数的多寡，战争有时更取决于不偏不倚的运气。而且对我们而言，屈服意味着立即陷入绝望，而若行动则仍有希望昂然地站着。"

雅典人："希望确实是人们身处险境时的慰藉。对那些拥有充足资源的人而言，它或许会造成损害，但不至于将其毁灭；而对那些将其全部用来孤注一掷的人(希望本性上就是挥霍的)，只有当他失败之际，他才知道希望为何物，但当他仍有保护自身的能力时，希望却不让他认清形势。"

……………

雅典人："我们觉得，虽然你们说过会考虑生存问题，但在你们所讲的那么多话中，没有一句令人相信那是想要活命的人该说的。你们最大的力量只不过来自对未来的希望，而你们现在所拥有的资源不足以抗衡当下所面临的压力。"

……………

雅典人："你们的决定使我们感到，你们是唯一把未来考虑得比眼前所见更清楚的人，还愿视尚不确定之事像已经发生了一样。你们越是冒险相信拉凯戴孟人、运气和希望，你们就越会失败。"③

① 详见：A. W. Gomme, A. Andrewes, and K. J. Dover, *A Historical Commentary on Thucydides* (以下简称 *HCT*), 5 vols, Oxford: Oxford University Press, 1945–1981, vol. 4, p.182–188. 参见：*CT*, vol. 3, pp.216–225, 尤见 pp. 223–224.

② Brian Bosworth, "The Humanitarian Aspect of the Melian Dialogue," in Jeffrey S. Rusten (ed.), *Oxford Readings in Classical Studies: Thucydides*, New York：Oxford University Press, 2009, pp.312–336.

③ Thucydides，5.102, 103.1, 111.2, 113.

在"伯里克利的国葬演说"中，希望对于为国捐躯的雅典将士曾是一种巨大的激励。①但对于不愿屈服的米洛斯人，希望被认为是逃避严峻现实的幻想。波茨沃斯认为，修昔底德意在表明希望带来的效果与其持有者的资源和力量有关。希望只对拥有优势的雅典人有利，而对于米洛斯人这样的弱者则是危险的。赫西俄德就警告过，"希望对于一个有所需求却闲散地坐着、没有获取自足生活手段的人是不会提供好处的"。②品达也批评过，有些人不顾及眼前的事却去追求不可能实现的希望。③此处，修昔底德很可能接受了希腊诗歌中的传统观念。④不过，修昔底德在这里让"拥有充足资源"的雅典人讥讽"只依赖希望和运气"的米洛斯人，其用意不是简单地重复这种劝诫。只有将"米洛斯对话"和紧接其后的"西西里远征"对读，才能进一步理解修昔底德对于希望的态度。波茨沃斯的解读尚不够全面。

（三）"西西里远征前的辩论"

前415年初，雅典人决定大举进攻西西里。当时许多雅典人对西西里的情况是无知的，他们对远征的欲望是被少数政客煽动起来的，带有盲目性。⑤起初，雅典人召开了公民大会，准备由尼西阿斯、亚西比德和拉克斯三人带领60艘战船去西西里。5天之后，又召开了第二次公民大会，讨论如何尽快准备船只和军需物资。尼西阿斯想要劝阻雅典人进行这一大规模的行动。⑥他认为，西西里过于遥远，叙拉古不会威胁到雅典，而雅典周边还有许多敌人，主要的对手仍是斯巴达。总之，雅典不应在此时扩大战争的规模。尼西阿斯还指出，有一人非常希望发动远征，但他太年轻，且放荡奢侈，雅典人不宜听信此人的话：

现在我看到这群被鼓动起来的年轻人围坐在这个人身边，我感到恐

① Thucydides, 2.42.4.

② 赫西俄德：《工作与时日》，第500—501行。

③ 品达：《皮西亚颂歌》，第3首，第21—23行。参见：Simon Hornblower, *Thucydides and Pindar: Historical Narrative and the World of Epinikian Poetry*, New York: Oxford University Press, 2004, pp.72-73.

④ 参见：Brian Bosworth, "The Humanitarian Aspect of the Melian Dialogue," pp.332-333.

⑤ Thucydides, 6.1.1.

⑥ Thucydides, 6.8.2-4, 9.1.

第三讲　修昔底德历史叙事中的人性思考

惧。我转而吁请那些年长者们的支持……不要像那些年轻人一样深陷到对遥远目标的痴迷之中，而是要知道成功最少来自热望，最多来自先见之明。为了正遭受空前危险的祖国，请举手反对（远征）……①

"dyserōtas"直译为"疾病般的爱欲"。尼西阿斯借此想说明许多雅典人的欲望此时已使城邦陷入危险，像患病一样，所以他请求会议主席担任"城邦的医生"，再次组织投票，决定是否出征。②而他批评的这位给雅典带来"疾病般的爱欲"的年轻人就是亚西比德。③

图 3-3　亚西比德像

在雅典，亚西比德的俊美体貌人所共知，且欲望过于强烈。④在公共事务上，亚西比德极善于军事，也精于演说术。⑤但在私生活方面，许多雅典人恐惧他放纵的生活方式，敌视他就像敌视一个具有野心的僭主。⑥

---

① Thucydides,6.13.1.

② Thucydides,6.14.

③ 亚西比德大约出生于前450年，他刚过30岁便被选为将军(前420/前419)，而尼西阿斯出生不晚于前469年。尼西阿斯比亚西比德年长一代。参见 Martin Hammond (trans.), *Thucydides: The Peloponnesian War*, New York: Oxford University Press, 2009, p.572、p.587.

④ 柏拉图暗示,亚西比德欲求成为像居鲁士和薛西斯一样的人物。见柏拉图:《大亚西比德篇》,105 b-c.

⑤ Demosthenes, *Against Meidias*, 145；Plutarch, *The Life of Alcibiades*, 10. 2.

⑥ Thucydides,6.15.3-4. 亚西比德也自知因赛马等奢侈之事而易受别人的嫉妒,并为自己的行为辩护。见：Thucydides,6.16.2-3. 康福德认为,柏拉图在描述由民主政治转向僭主政治的典型人物时, 就是以亚西比德为原型的。见柏拉图:《国家篇》,572-573; F. M. Cornford, *Thucydides Mythistoricus*, pp.207-208.

修昔底德说，正是这一点在很大程度上毁灭了雅典城邦。[1]但当时，亚西比德确实激起了雅典人征服西西里的欲望。他说，西西里人在政治上是软弱而不团结的，只是一群容易瓦解的乌合之众，而且当地还将有许多因憎恨叙拉古而愿加入雅典远征军的蛮族人。至于伯罗奔尼撒人，雅典人留守在国内的海军就足以对付他们的舰队。此次远征至少能挫败叙拉古的势力，或者还可能在征服西西里后，进而统治所有的希腊人。[2]亚西比德反驳尼西阿斯，认为年轻人未必与年长者对立。现在的父辈们当年也曾年轻，并与当时的年长者共同奋斗，才使雅典有了今日的力量。[3]雅典人此时不能采取无为政策，为了不让霸权覆灭，必须采取行动：

> 我们无法限定自己想要统治的疆域。但当我们已经达到了现在这种地位，必然要谋取更多的臣服者，并使已听命的同盟者不反叛。因为如果我们不统治别人，就有被别人统治的危险。你们不能指望像别人那样过宁静的生活，除非你们改换习惯，变得和他们一样。[4]

亚西比德使雅典人比之前更热切地渴望远征。但尼西阿斯仍想改变雅典人的想法，他转而用困难的远征准备来吓阻他们。他再次发表演讲称，既然雅典人已下定决心想远征，就应充分考虑到西西里岛上几个城邦的实力，尤其是塞利努斯和叙拉古，它们并非亚西比德所描述的那样易于攻取。鉴于西西里的力量之强和距离之远，雅典人必须同时派遣强大的海军和陆军，从国内和同盟城邦中征调大量的重装步兵、弓箭手和投石手，还要有运载大批粮食的商船。而且，令他恐惧的是，雅典人将进攻的是一个陌生而怀有敌意的地区，若不能在登陆后迅速控制那里，便会发现到处都是敌对的势力。对于远征，他宣称要"尽量少地依靠运气，做好各种可能

---

① Thucydides, 6.15.3. 雅典人对亚西比德的疑惧造成他先后两次流亡，这对雅典的战败有相当大的影响。参见：*HCT*, vol. 4, pp.242–245.

② 详见：Thucydides, 6.17.2–8, 18.4. 当亚西比德被放逐后，他向斯巴达人透露了雅典的战略构想：征服西西里并非雅典人的最终目标，而只是第一步。之后他们将占领意大利，而后是迦太基。如果这一切都成功了，他们准备征召控制下的全部希腊人，并雇佣许多蛮族人，一起再进攻并打败伯罗奔尼撒人，最终成为全希腊的统治者。见：Thucydides, 6.90.2–3.

③ Thucydides, 6.18.6.

④ Thucydides, 6.18.3.

的准备后再安全出征"。①不料，雅典人非但没有知难而退，反而增长了对远征的热情："对远征的爱欲相同程度地降临到了（enepese）每一个人身上。年长者期待能使航行所到之处臣服，或者凭借如此强大的军力至少不会失败；而年轻人则盼望着去海外亲眼见识一下，并且对幸存下来满怀信心。许多普通士兵不仅希望现在就获得饷银，而且想在扩大统治范围后拥有无尽的财源。因此，由于大多数人过度的热情，即使有人不赞同，也只能保持沉默，害怕若投票反对会显得不爱城邦。"②有人直接上前询问尼西阿斯远征军的规模，尼西阿斯不情愿地回答说，至少需要5000名重装步兵和100艘三列桨战船，还要有弓箭手和投石手等。③雅典人随即投票表示支持，并派遣出规模比第一次会议所决定的更庞大的远征军。尼西阿斯这位想规训雅典人的爱欲而又无能为力的将军得到的是与他的愿望完全相反的结果。最终，他在西西里获取的确实不是"好运"，而是一场彻底的灾难。

图3-4 前413年，雅典军队在西西里遭遇溃败

在修昔底德看来，亚西比德固然是西西里远征的诱因，但当时许多雅典人染上了强烈的希望和爱欲才是灾难降临的根源，而以尼西阿斯的能力

---

① Thucydides, 6.23.3, 详见：6.20-23.

② Thucydides, 6.24.3-4. 与尼西阿斯演说中使用"dyserōs"类似，"enepeson"(empiptō 的过去式)也带有病理上的隐喻，修昔底德再次暗示雅典人对远征西西里的爱欲类似于一种疾病。参见：Simon Hornblower, *Thucydides*, p.178.

③ Thucydides，6.25.1-2.

无法有效地节制这种爱欲。归根到底，对统治权力不可遏制的追求使雅典人的悲剧命运具有一种必然性。①同时，雅典人对西西里的远征恰好证明了米洛斯人并非"唯一"轻信希望和运气的人。"希望本性上就是挥霍的"，极易使人不自量力而被改变的运气所击倒，它将雅典人引向了惨痛的失败。修昔底德将"米洛斯对话"和"西西里远征"前后编排在一起具有明显的戏剧性效果。如果读者在读到雅典远征军在叙拉古的覆灭，尤其是发现尼西阿斯在面向溃退的雅典远征军作最后的演讲时竟然同样无可奈何地诉诸希望、运气和神意，他若回想起"米洛斯对话"，就应该会明白修昔底德所要揭示的内涵：当厄运降临之际，并非只有弱者才遭遇失败。即使原本拥有充足资源的强者，有时也无法抵御某些灾难。②

三、修昔底德的人性思考

通过之前的举例和分析，我们看到，在修昔底德的文本中"话语"和"行为"是如何有机地成为其历史叙事的组成部分，并且，历史人物"话语"的一个重要功能在于进一步阐明各种处境下人们"行为"背后的心理（如克里昂的讲话中对密提林人反叛动机的揭露，尼西阿斯和亚西比德的辩论逐层剖析了雅典人当时对霸权的渴求心态等）。③而修昔底德让相反立场的讲话者来辩论同一主题的方式无疑带有前5世纪智术师运动的烙印。

格斯里（W.K.C.Guthrie）在他的《希腊哲学史》中认为，要理解智术师们所处时代的精神风貌，最好从阅读修昔底德开始。④据德·霍米怡（Jacqueline de Romilly）的研究，修昔底德写作"相反论证"（antilogy）的

---

① 关于雅典霸权的扩张和随之而来的战争的必然性，参见：Martin Ostwald, *ANAGKH in Thucydides*, Atlanta: Scholars Press, 1988, pp.33-52, 尤见 pp.38-39.

② 关于雅典远征军在叙拉古撤退前的痛苦惨状，见 Thucydides, 7.75.1-7. 尼西阿斯在撤退中的演讲，见 Thucydides, 7.77.1-7. 关于"米洛斯对话"和"西西里远征"的对读，参见 W. Robert Connor, *Thucydides*, pp.154-155; Colin Macleod, "Form and Meaning in the Melian Dialogue," in *Collected Essays*, New York: Oxford University Press, 1983 (originally published in 1974), pp.58-62.

③ 关于修昔底德文本中"话语"阐明"行为"的功能，参见：John H. Finley, Jr., *Thucydides*, Cambridge, Mass.: Harvard University Press, 1942, pp.293-299.

④ W. K. C. Guthrie, *A History of Greek Philosophy*, vol. 3, Cambridge: Cambridge University Press, 1969, p.84.

演说辞显然受到了普罗泰戈拉的影响，他很可能是从安提丰（Antiphon）那里学会了这种技艺。修昔底德运用这种方法写作的许多组演说辞使主题在双方"话语"的竞争对抗中得到了更全面的阐发。① 例如，"密提林辩论"就是非常典型的"相反论证"，而"西西里远征前的辩论"则罕见地编排了三篇演说辞来全方位地交代雅典人远征西西里前的政治态势，"米洛斯对话"更是使用了对话体来展现双方逐句的论辩。他驾驭"话语"写作的娴熟技艺于此可见一斑。同时，相对于"行为"叙事的紧凑内敛，他对人性的思考也往往更直接地借由不同历史场合中的讲话者之口来表达。然而，他仿佛一位隐蔽自身观点的悲剧作家，令读者无法确认哪一位讲话者真正代表了他本人的态度。② 不过，文本中反复争论的概念正能反映出他的思考过程，足以引起注意。

"运气、希望、恐惧和爱欲"作为修昔底德历史叙事中一再出现的核心词汇，凸显出他对人性思考的主要路径。据统计，"erōs"及其派生词在修昔底德的文本中至少出现了8次，而且它们都与雅典人的霸权政策和政治心理有着重要的关联。③ 雅典的崛起和扩张过程给修昔底德观察爱欲在历史中所起的作用提供了绝佳的机会。在他笔下，不同的演说者（克里昂、狄奥多图斯、尼西阿斯和亚西比德等）争相设法劝诱雅典人支持他们的政策，他们陈说利害都基于顺应雅典人的统治欲望，因为他们深知这种强烈的爱欲源自人的本性（physis），只能引导，而难以遏止。在私密空间中，雅典使者对米洛斯人更不讳言这一点：他们实际期待的就是自身变为

---

① 详见：Jacqueline de Romilly, *The Mind of Thucydides*, trans. Elizabeth Trapnell Rawlings, Ithaca and London: Cornell University Press, 2012 (French original edition published in 1956), p.106–143; *The Great Sophists in Periclean Athens*, trans. Janet Lloyd, New York: Oxford University Press, 1992 (French original edition published in 1988), pp.198–199. 关于安提丰，尤其是三组《四论集》（*The Tetralogies*）对修昔底德的影响，参见：Michael Gagarin (ed.), *Antiphon: The Speeches*, Cambridge: Cambridge University Press, 1997, pp.9、16、25–26、32–33. 高尔吉亚和普罗狄科也影响到修昔底德的文风，见：Marcellinus, *The Life of Thucydides*, chapter 36.

② 关于修昔底德这种"话语"写作的技艺与前5世纪雅典悲剧（尤其是欧里庇得斯）的关系，参见：John H. Finley, Jr., "Euripides and Thucydides", in *Three Essays on Thucydides*, Cambridge, Mass.: Harvard University Press, 1967 (originally published in 1938), pp.1–54, 尤见pp.4–7、52–53.

③ Thucydides, 2.43.1; 3.45.5; 6.24.3, 54.1, 54.2, 54.3, 57.3, 59.1, 这还不包括尼西阿斯演说中所提到的"dyserōs"（6.13.1）. 参见：Steven Forde, *The Ambition to Rule: Alcibiades and the Politics of Imperialism in Thucydides*, Ithaca and London: Cornell University Press, 1989, p.31 and Note 24.

更强者，并使像米洛斯人这样的弱者臣服于他们。①但是，正如米洛斯人所言，随着雅典的扩张和对利益的不断追求，它的敌人势必将增多。而运气未必总偏向雅典人。当雅典人失去力量的时候，他们很可能遭到巨大的报复。②虽然雅典使者宣称，他们并不担心自己霸权的终结，可事实上，当西西里远征惨败的消息传到雅典时，人们还是变得惊恐万状。③所以，修昔底德笔下的雅典如同一位怀着巨大爱欲和希望的英雄，在一连串的胜利与荣耀之后，突然遭受到强烈的打击而陷入痛苦绝望的境地。这一叙事手法和其背后的思维浸透着希腊悲剧的精神。④并且，在修昔底德的观察中，这种悲剧性的命运不只属于雅典人。战争会改变城邦与人在和平繁荣时期的观念，使他们不得不与世沉浮，变得残酷起来。⑤而爱欲与希望的逐步增强终究会使战争和随之而来的苦难成为不可避免的局面。这在人类历史中并非个别现象，而是一再发生的场景（当然绝非简单的循环重复）。修昔底德的历史叙事具有前5世纪后期希腊理性思想的鲜明特征，乃是尝试认识人类处境中这种规律性情况的里程碑著作。

---

① Thucydides, 5.89, 91.2. 智术师运动所产生的思潮对修昔底德产生了深刻的影响，为他解析人的本性和欲望提供了理论基础。参见：P. J. Rhodes, Introduction to Martin Hammond (trans.) *Thucydides: The Peloponnesian War*, XLII–XLVI.

② Thucydides, 5.90, 98.

③ Thucydides, 5.91.1; 8.1.2. 前405年，当羊河战役惨败的消息传到雅典时，雅典人悲痛而恐惧，并想到他们对米洛斯人的暴行将可能发生在他们自己身上。见色诺芬：《希腊史》, 2.2.3.

④ 参见：F. M. Cornford, *Thucydides Mythistoricus*, pp.124–125; Colin Macleod, "Thucydides and Tragedy," in *Collected Essays* (originally published in 1982), p.141.

⑤ 见：Thucydides, 3.82.2.

第四讲　伯罗奔尼撒战争后希腊西部地缘政治的变化

希腊世界经过伯罗奔尼撒战争之后，整体上开始走向衰落。纵观希腊世界在战后的地缘格局，东面的波斯依旧强大，南部的埃及在冈比西斯时也成了波斯的领土，北面的马其顿在腓力二世的统治下迅速崛起。在战后的严峻形势下，希腊西部的地缘环境状况如何？

"地缘政治学"一词最早是由瑞士政治学家基伦在其所著的《论国家》一书中提出的，研究在国际政治关系中地理位置对各国关系的影响。地缘政治不仅是一个国家兴旺发达的必然因素，同时也是导致一个国家趋向末路的重要原因。伯罗奔尼撒战争结束后，希腊世界西部的地缘环境与战前相比发生了巨大的变化，希腊城邦走向衰落。

一、希腊西部的殖民活动

前5世纪之前，希腊西部相对安定，基本没有强大的对手。且从自然地理角度看，意大利半岛南端平原宽广，具有足够的被开发的价值。所以，自前8世纪开始，希腊人就在意大利半岛南端建立起西巴里斯、洛克里、克洛吞等几十个殖民城邦。此外，他们的势力还发展到西西里，在岛屿的东部和南部也开展殖民活动。

从事古希腊史研究的史家很早就对希腊人殖民的原因问题进行过探究，并在19世纪末形成了商业殖民说和农业殖民说两大比较成熟的观点。商业殖民说以迈歇尔、佩尔曼等为代表，他们认为商业利益是促使希腊人殖民的主要原因。但持农业殖民说的学者从希罗多德的著作中注意到昔兰尼的移民曾受到干旱和饥荒的驱赶，还发现修昔底德在著作中表明希腊人殖民只是想得到一块与失去土地意义相同的新地。英国学者奥斯温·默里也对"农业殖民说"表示支持，他认为："影响希腊殖民的主要经济因素无疑是对土地的寻求。"①虽然农业殖民说流行一时，但学者们仍然试图从其它角度分析问题，例如季饶德先生就尝试从财产组织来寻找答案。他认为财产是属于家族的而不是属于个人的，同一个家族中的兄弟们不能分产，继承不到财产的人被迫出走海外。但法国人杜丹觉察到荷马和赫西俄德所描绘的希腊社会是有个人财产的，并且一个家族中的财产也是可以分开的。还有持人地矛盾说的学者，他们认为多利安人入侵会造成人口猛增，原有土地无法养活激增的人口，便会引发人地矛盾，争地过程中失败的人被迫去海外殖民，寻找新的生存空间。支持这种观点的以汪子嵩为代表，他说："希腊的殖民运动……是解决城邦内部人口增多的一种办法"②，威尔·杜兰也承认殖民"可以形成剩余人口的出路"③。

受东方人奢侈习俗的影响，希腊人早在荷马时代就萌生了私有制观念，这种观念给希腊社会带来了很大的变化，它深刻改变了希腊人的组织形式，甚至影响到他们酒会时的一颦一笑。简单朴素的精神传统被不断膨胀的财富欲所取代，金银和土地一起成了财富的标志，希腊社会财产私有观念最终确立。财产私有观念的确立导致了一系列后果，"其中之一是财富的急剧增长和极大的丰富，以及社会贫富两极分化的加剧"，④贵族敛财，社会下层无以为生，被迫走上海外移民的道路。

不论农业还是商业，都是殖民运动的具体原因，究其根本还是财产私有制的确立。新萌生的财产观念促使希腊人到海外追求财富，通过贸易或土地的方式进行殖民，最终形成大规模的殖民运动，一个个的海外城邦被建立起来。

①[英]奥斯温·默里：《早期希腊》，晏绍祥译，上海：上海人民出版社，2015年，第259页。

②王子嵩等：《希腊哲学史》（第一卷），北京：人民出版社，1988年，第33页。

③[美]威尔·杜兰：《世界文明史》（第二卷），幼狮文化公司译，北京：东方出版社，1999年，第93页。

④黄洋：《古代希腊土地制度研究》，上海：复旦大学出版社，1995年，第79页。

初期殖民的希腊人建立起定居点之后，彼此间为了生存必然会发生客观的经济联系。随着交换范围不断扩大，沿商路产生的商站也就不断增多，久而久之形成"海上贸易商站网"。①商站是财富集中之地，商人们势必筑垒据守，新的殖民城市就此建立。如果说，财产私有制使希腊人迈出踏入西方世界的第一步的话，那么商业就使他们的路走得更宽、更远。

可是，虽然希腊西部土地广阔，子邦在经济、文化上也同母邦有着紧密的联系，民族和风俗上也同母邦保持着高度的一致，但他们仍保持彼此分立的状态，没有形成统一的政治体。他们之所以这样选择是因为其心中的城邦意识，他们坚信城邦是"至高而广涵的社会团体"②，认为人的价值只有在城邦中才能体现，"城邦是人的根本，忽视了城邦，个人生活就失去了意义"③。这种视城邦为生命的城邦意识在希腊人心中根深蒂固，尽管各邦摩擦频繁，但城邦意识让希腊人彼此间无意践踏对方的尊严，所以在希腊世界几乎没有吞并现象发生。城邦意识使希腊西部的各城邦实力均衡，发展空间有限，无论哪个城邦都不具备进行统一战争的实力和条件，所以希腊西部始终没有形成一个统一的政权。

城邦内部民主、自由，这固然是它的优点，但迦太基和罗马两大强敌崛起后，希腊西部城邦实力分散的弱点就暴露出来，希腊人在希腊西部再也不能肆意妄为，此处的地缘环境开始恶化，尤其是希腊人赖以为生的商业，不久就受到迦太基人的威胁。

二、迦太基造成的地缘政治变化

迦太基人的威胁是希腊西部地缘政治变化的一个重要因素，但在迦太基强大之初，他们只会和希腊人发生经济关系或少量摩擦，谈不上给希腊人地缘压力。迦太基商业历史悠久，前12世纪，迦太基人的祖先腓尼基人为打通驶向西班牙的航线，需要在北非建立提供补给的港口，遂出现在非

---

① 顾准：《希腊城邦制度》，北京：中国社会科学出版社，1982年，第54页。

② ［古希腊］亚里士多德：《政治学》，吴寿彭译，北京：商务印书馆，1997年，第1页。

③ ［伊朗］穆罕默德·哈塔米：《从城邦世界到世界城市》，马生贵译，北京：中国文联出版社，2002年，第3页。

洲的海岸线上。前814年，在当地土著贝贝尔人建设的基础上，腓尼基人在北非建立了迦太基城，作为其贸易的中转站。到了前8世纪，迦太基开始向西地中海和非洲内陆扩张，实力逐渐超过了母邦推罗。前5世纪初，迦太基人的海军战舰控制了地中海获取金、银、锡的交通要道，占领了西西里岛，逐渐成为一个强大的殖民帝国。

迦太基人的成就得益于商业的发达，"这种商业使迦太基掌握了整个西方的真正霸权"。①商人们凭借灵敏的嗅觉屯聚来自各地的珍奇异宝，他们将这些宝贝作为商品投放到地中海各地的市场，从而攫取了丰厚的财富。遵循此法，迦太基人和希腊人也建立了商业关系，并且有考古资料证实了这种关系的可靠性："在布尼克的（古迦太基的）各墓地，发掘者发现了希腊的瓶子……其出处无疑是希腊。"②

前5世纪后的迦太基凭借强大的海军和繁荣的商业逐渐成长为西地中海的一个重要力量，上文提到，迦太基此时还拥有西西里岛。虽然迦太基在发展过程中一直努力避免与希腊人发生军事冲突，但出于商业利益难免会与之产生矛盾。对希腊人而言，由于迦太基人的竞争，其殖民的脚步被迫放缓，他们开始感受到迦太基在西部的地缘压力。希腊人想要继续殖民就必须冲破迦太基人的阻碍，而西西里又是其在西地中海一个最坚固的堡垒，能否拿下西西里成了决定希腊命运的关键。于是，希腊人一鼓作气，发动了对迦太基人的进攻，双方直接的军事接触终于开始。可见，是希腊人打破了西西里岛原有的平静。

希腊人的进攻并没有伤及迦太基的元气，雄厚的财富和新募的士兵让迦太基人迅速恢复。他们以西西里岛上仅存的几个据点为中心，重新武装，集中兵力反扑，趁希腊世界陷于伯罗奔尼撒战争泥潭之际，摧毁了岛上的希腊城市塞林努斯和希米拉，征服了阿克拉加斯，希腊西部的局势再度紧张。面对迦太基人的反扑，希腊人纷纷凝聚在叙拉古僭主狄奥尼修斯旗下，组织力量，应付敌人的攻击。

叙拉古本实行民主制，但民主党和寡头党的纷争削弱了城邦的力量，

① [法]杜丹：《古代世界经济生活》，志扬译，北京：商务印书馆，1963年，第67页。
②《古代世界经济生活》，第67页。

从而使其难以应对敌人入侵。战争使叙拉古经济受到严重摧残，农民、手工业者相继破产，城邦失去了民主制的社会基础。残酷的现实要求一个铁腕人物出现，挽救希腊人，抵御敌人的进攻。城邦的灾难使狄奥尼修斯看到了民主政府的无能，也看到了政府目前有被推翻的危险，于是决定将其推翻。他将失业的农民和手工业者组成雇佣军，把没收来的贵族的土地分给他们，使之成为可以依赖的力量。前5世纪末，他凭借这支军队，推翻了民主制，夺取了叙拉古的政权。

狄奥尼修斯上台之后，迅速采取措施巩固僭主政权。政治上，打击寡头党，维护民众利益，把土地分给他的支持者和人民。财政上，狄奥尼修斯从东方引进了包税制，稳定了帝国的财政状况，拉拢了包税人阶层，使之成为新政权的有力支持者。军事上，狄奥尼修斯兴建军事堡垒，把整个岛变成了一座军事基地；重视海军建设，推动西西里海军事业的发展；对战术、武器、军需运输等也做了一系列的改进，发展了弩炮。狄奥尼修斯的改革使希腊人实力大增，他们迅速对迦太基人给予反击，两次大战后，希腊人取得了胜利。前392年，迦太基人被迫签订和约，希腊西部的地缘环境重新稳定下来。

战争的胜利给希腊人发展商业提供了便利，西西里"集中了地中海西部的一切商业"①。丰厚的商业利益吸引了许多来自东方的希腊人，他们给这里经济的发展注入了新的生机，西西里呈现出一片繁荣祥和的景象。

然而，西西里繁荣的表象下隐藏着许多危机，特别是希腊人的民主传统受到了破坏，正如安德鲁斯所言"叙拉古人屈服于他的代价是政治生活受到压制"②。果然，狄奥尼修斯一死,各种危机迅速激化。狄奥尼修斯二世继位后，妹夫狄翁同其他几个觊觎最高统治权的指挥官与之进行了多年内战，帝国迅速走向分崩离析的边缘。迦太基人重新发动战争，侵入西西里城市，僭主被迫逃亡，希腊西部再次受到威胁。前来救援的科林斯人替摩利翁重新颁布了民主宪法，期望用民主制来挽救希腊西部的颓势，但

---

① B.C.塞尔格叶夫:《古希腊史》,缪灵珠译,北京:高等教育出版社,1995年,第383页。
② [英]A.安德鲁斯:《希腊僭主》,钟嵩译,北京:商务印书馆,1997年,第152页。

"第四世纪中叶的西西里岛，已不再具有运用这种自由的活力了"[1]，雇佣兵取代了公民兵，公民大会形同虚设，政治权利的获得变为通过官僚行政或国家政变，民主制的幻想最终化为泡影。强盛一时的西西里帝国没有经受住迦太基人地缘压力的考验，希腊人再无力决定西部的地缘状况。

安定的地缘环境让希腊人有机会在希腊西部延伸自己的殖民触角，但迦太基的崛起是希腊人不得不面对的考验，西西里岛地位的关键性使其成为希腊和迦太基两大势力较量的中心。希腊人先胜后败，地缘环境的好坏也随战争的胜败而不断变化。狄奥尼修斯带来的繁荣让希腊人以为西部的安危可以永远掌握在自己手中，但内乱让希腊人主动放弃了在这一地区的主动权，迦太基人卷土重来，希腊西部的地缘环境终究难逃受制于迦太基的厄运。

三、罗马造成的地缘政治变化

罗马对伯罗奔尼撒战争后希腊世界西部地缘政治的变化同样起到了很大作用。但早期的罗马由于自身实力不足，以及受到周边高卢人、萨宾人、埃特鲁利亚人等民族的威胁，使他们不得不把更多的注意力放在意大利半岛北部和中部，很少与南边的希腊人发生联系。到前4世纪中期，罗马随着实力的增强，才逐步加入到与希腊人的利益争夺中。当时，萨姆尼泰人和罗马人因为领土问题引发纠纷，双方关系恶化。受萨姆尼泰人煽动，前4世纪末，希腊城邦拿波里加入到反对罗马人的战争中，它袭击了罗马的法莱尔努斯地区，罗马随即向拿波里宣战，实力的悬殊让罗马人轻松获胜，他们强迫拿波里签署同盟条约。从这时起，罗马成为希腊西部一个重要的地缘政治因素。

另一个被卷入战争的希腊城邦是他林敦。虽然，他林敦人本意不想同罗马人发生冲突。但罗马人的步步紧逼逐渐触碰到他林敦人的底线。前320年，罗马把其与萨姆尼泰的战火燃到他林敦人的地盘，加深了他林敦对罗马的仇恨。前282年，他林敦人首先发难，击沉了罗马的五艘军舰。

---

①《希腊僭主》，第153页。

罗马人愤怒异常，派出使团交涉，要求其交还俘虏，赔偿损失。但他林敦人对罗马使团百般侮辱，甚至将秽物涂在使团团长波斯都密阿斯的身上，波斯都密阿斯拿起被脏污了的衣服说："你们这些喜欢恶作剧的人，一定要用很多血来洗掉这些脏污。"①罗马人并不是危言耸听，他们中止了同萨姆尼泰人的战争，全力以赴投入到对他林敦人的复仇之战中。他林敦人看到浩浩荡荡的罗马军队，急忙向本土的希腊人求救，这样又一个历史的主角——皮洛士登上了希腊西部纷争的舞台。

事实上，皮洛士早就觊觎西地中海，他幻想在此建立一个西方大帝国。前280年，皮洛士率领约二万五千人来到意大利，在赫拉克里亚与罗马军队激战，皮洛士胜出，希腊人在南意大利的优势重新树立，各希腊城邦纷纷归附。皮洛士向罗马人开出条件，要求罗马人和他林敦人缔结和约，保证希腊城市的自治。但不识趣的罗马人拒绝了皮洛士的"好意"，集中兵力于次年与皮洛士在阿斯库努姆再战，虽然皮洛士又一次取胜，但惨痛的代价迫使他再提议和，这次他仅要求罗马保证希腊人的自由以及给予其同盟少量的赔偿。但即便这样，罗马人还是没有接受，因为他们得到了来自迦太基的保证。僭主统治结束后，西西里岛一直被迦太基人控制，那里的希腊人也希望自由独立，于是请皮洛士到西西里作战。迦太基害怕皮洛士到西西里会对自己构成威胁，便想利用罗马人牵制皮洛士，于是他们鼓动罗马人不要结束对皮洛士的战争。迦太基的支持让罗马人挺直了腰板，皮洛士的愿望还是没能实现。

皮洛士不愿再同罗马人纠缠，决定挥师西西里对迦太基人作战。战争中，希腊人先取得了主动权，他们一度将迦太基人围困在西端利利倍乌姆（Lilybaeum）这一据点内。可就当皮洛士准备渡海攻打迦太基本土时，他却失去了西西里希腊人的支持，原因竟然是他们不堪忍受皮洛士那副统治者的嘴脸。无奈，皮洛士只好放弃西西里战局，回到意大利，与罗马人再战。但这次战争没有前两次那么幸运，本以为能出奇制胜的皮洛士反在贝利温图惨败。前275年，心怀建立西方大帝国梦想的皮洛士狼狈退回希腊本土，持续5年多的战争以皮洛士的失败告终。皮洛士战争一度使罗马丧

---

① [古罗马]阿庇安:《罗马史》,谢德风译,北京:商务印书馆,1995年,第46—47页。

失了在西部希腊的地缘影响，战役转折后，罗马对此处才得以重新控制。

皮洛士败走后，罗马为巩固统治，给予了希腊城邦少量的自治权。但当它企图染指西西里时，却引起了迦太基人的不满，"迦太基为了占有西西里和希腊人斗争了数百年，不可能坐视罗马将它的触角伸进其势力范围，动摇自己在地中海的霸主地位"[①]。利益纷争霎时将昔日的盟友变成不共戴天的敌人，前264年，罗马执政官盖乌斯·克劳狄乌斯进攻西西里，两大强国间的战争由此拉开帷幕。岛上的希腊人虽无力主宰战局，但他们的态度足以对战果构成影响，叙拉古希罗的叛变就成为这场战争的转折点，它标志着罗马在希腊西部的地缘影响成功超过迦太基。前262年，罗马占领了岛屿南部的阿哥里根图姆，前260年和前254年罗马人又在海上两次大败迦太基人。经过一连串的沉重打击，迦太基人投降，其势力范围拱手让给罗马人。战后，罗马不仅有更多的力量来保护国土和商船的安全，还取代了迦太基的地位，成为希腊西部最重要的地缘政治因素。

可是，迦太基人并没屈服。前218年，汉尼拔进攻罗马，挑起第二次布匿战争。罗马人虽全力抵抗，但无奈迦太基人英勇顽强，几战皆败。坎奈战役后，汉尼拔继续向坎帕尼亚地区进军，试图攻下港口城市拿波里，以便从本土得到兵员和寄养。他对拿波里进行包围，虽然拿波里内部的确存在投降派，但它始终没有投降，原因在于罗马人的积极政策发挥了重要作用，罗马人坚持同盟条约，给拿波里很大的自由。此外，罗马人还向拿波里提供军事援助，汉尼拔即使对拿波里包围许久，但他一听到罗马军队即将来救援时，便立刻撤退，这足显罗马军事力量的强大威慑力。罗马的政策还应用到库麦、莱吉翁等希腊城市，守信和军事援助是罗马阵营没有崩溃的有力保障。

但不惧罗马的也有，比如洛克里。在皮洛士战争中，洛克里就一直支持罗马，而且它是少数几个在第一次布匿战争中为罗马提供海军的城邦，如此强邦的叛变与其城内亲迦太基派的鼓动有很大关系。他们与迦太基签订条约，保证城市时刻敞开，由迦太基驻军保护。克洛吞、他林敦等也是大致经历了类似过程，投入汉尼拔帐下。如此，汉尼拔也笼络了一批希腊城邦。

① 《罗马史》，第46—47页。

第四讲　伯罗奔尼撒战争后希腊西部地缘政治的变化

双方都在为未来的大战积极准备，但从前212年开始，胜利的天平开始向罗马倾斜。迦太基虽然在这一年控制了他林敦，但其卫城仍被罗马所据，汉尼拔命令他林敦的船舰封锁港口，欲切断罗马军的补给。但罗马一方面从当时还未背叛的图利伊调拨粮草，另一方面还从埃特鲁利亚紧急征粮作为军队的给养。此外，封锁港口的命令倒让他林敦人苦不堪言，他们因此消耗了大量的粮食和财富，一些人甚至抱怨这支船舰带来的伤害甚至比来自罗马人的还要严重，他林敦和汉尼拔的裂痕随之产生，该城防御也因之削弱。三年后，罗马的法比乌斯乘虚而入攻下他林敦，派遣了最高行政长官，取得了对他林敦的重新控制。

在此之后，形势逐渐转为对罗马人有利。先是海拉克莱阿主动归附，紧接着图利伊和洛克里也被罗马降服。前202年，汉尼拔在扎马惨败，第二次布匿战争进入最后阶段，汉尼拔失去了意大利的所有土地，被迫撤出战争，希腊西部至此被罗马人完全征服。

结　语

伯罗奔尼撒战争是希腊世界由盛转衰的分水岭，这场战争之后，希腊世界西部地缘环境发生了深刻的变化。迦太基兴盛以后，前4世纪，罗马人又加入到对希腊西部的利益争夺中。他们先教训了他林敦，紧接着又赶走了入侵意大利的希腊人皮洛士。前3世纪末，西部希腊人沦为罗马和迦太基的棋子，游离在两者之间，任凭摆布。随着罗马在第二次迦太基战争中的胜利，希腊西部彻底归罗马人掌控。

综上所述，以自治原则为核心的城邦意识，坚定了希腊人以生命维护城邦自由、独立的决心，但同时也导致希腊西部始终没有形成统一的政权。伯罗奔尼撒战争结束后，希腊西部城邦由于力量分散而形成的政权动摇、兵源匮乏、领导权分散、商业萎靡、经济衰退等一系列的弱点让他们无力应对来自两个新兴的统一政权——迦太基和罗马的地缘压力。迦太基出兵西西里，罗马统一意大利，以及两次布匿战争，使希腊人在西部的力量不断受到打击和削弱，其西部的地缘环境逐渐趋于恶化。

第五讲　雅典城邦的登籍制度与公民权

开讲之前，先看几段材料。

材料一　喜剧故事引出"雅典的女人"

传说，雅典的第一任国王凯克罗普斯，召集一个由所有男人和女人组成的公民大会，让他们就谁是雅典的保护神问题进行表决：雅典娜还是波塞冬？结果，男人们投海神波塞冬的票，女人们投智慧女神雅典娜的票。女人的票数恰好比男人的票数多一张，因此，雅典娜成为雅典的保护神。看似女人胜利了。但是，海神狂怒，令海水翻滚暴涨，毁坏了雅典的土地……为了平息海神之愤怒，女人们只好承受三种惩罚：永远不准参加投票；孩子永远不得姓母亲的姓氏；谁都不准称呼女人们为"雅典的女人"。其意是妇女不被认为是"属于城邦的人"。

问题：雅典城邦的女人与雅典的女人，有何区别？

材料二　伯里克利与异邦情人所生子女难以获得公民权

阿斯帕西娅祖籍今土耳其西部的米利都，大约在前450年后不久来到雅典。伯里克利规定，雅典公民与异邦女子结婚，所生子女不可获得雅典公民权。

问题：为何雅典公民与异邦女子所生子女不能享有雅典公民权？

材料三　现行教材中常见的历史叙述

根据传统，凡父母祖籍均属本城邦、拥有一定财产、能自备武器服兵役的成年男子，享有公民资格。城邦是具有共同血缘和地域的公民团体。

问题：如何确定父母祖籍均属于本城邦，以及同血缘同地域呢？

对这些问题的回答，都涉及一个非常关键的历史知识——古代雅典城邦的登籍制度。

为此，这里主要解答三个问题：雅典公民是指什么样的人？如何确定某些人为雅典公民？雅典公民有什么权利？

一、城邦语境下的公民：同城邦的人或同胞

古希腊语中的公民"波利忒斯"（πολίτηs），意为"同城邦的人"或"属于同一城邦的人"，其中包含波利斯（polis，中译为城邦）的词根。①

波利忒斯在法律上最早出现于雅典的第一部成文法《德拉古法》，意为"同城邦的人"②。在其后的法典中，"波利忒斯"逐渐普遍使用。

那么，什么样的人才可以称为"城邦的人"？为此，亚里士多德在《政治学》中用了较多的篇幅讨论公民的定义和概念。

亚里士多德在《政治学》中关于公民的释义及基本条件，概括而言，有这样八个基本描述：

①公民必须既能统治又能服从。②公民必须有闲暇。③公民属于城邦。④儿童和老人都非全权公民。⑤具备居住血统。⑥享有法权和治权，参加治理。⑦城邦所需一切人民，不全是公民，工匠、桡手等都不在籍内。⑧公民应有的品德和体格。③

概括而言，公民是属于城邦的人，具有同城邦同种族的血亲关系，只有成年人才可以成为全权公民。④公民权具有排他性。

其一，公民必须是同城邦的人且必须是同地域的人。

城邦是公民集体或公民共同体。判断城邦的本质，关键看其是否存在一个可以参与城邦事务、享有最高治权的公民团体。"城邦正是若干（许

---

①与πολίs音译为"波利斯"一致，πολίτηs音译为"波利忒"或"波利忒斯"似乎更为妥切。

②罗念生、水建馥编：《古希腊语汉语词典》，北京：商务印书馆，2004年，第700页，πολίτηs条。

③参见[古希腊]亚里士多德：《政治学》，吴寿彭译，北京：商务印书馆，1997年，附录三第478页。

④Aristotle, *Politics*,1275^b19.

多）公民的组合。"①

早自荷马时代，"公民集体"的雏形已经产生。在荷马时代（黑暗时代），随着迈锡尼王权的衰落，强大的中央集权再也无法建立起来。权力难以再次集中和专制。地方权贵、军事首领等由割据一方走向联合。一个联合的贵族统治阶层开始形成。于是，政治决策开始走向一定的程序化。集体议事成为习惯。首领、长老会议、民众大会的政治参与机制逐步成型。荷马时代之后，公民的集体意识和公民权观念逐步发展。公民集体议事的传统被设计为城邦中的权力机关（公民大会、四百人议事会、五百人议事会等等）。②

其二，公民必须是18岁以上的男性，而且具有同城邦同种族的血亲关系。

公民"波利忒斯"，首先是一种世袭身份，即父母都需要是本邦的自由人。即使在城邦居住，如果没有源自同氏族血亲关系的人，也不得为公民。诚如亚里士多德所言：

"一个正式的公民不应该由其住所所在而决定是当地的公民。侨民和奴隶有其住所，但他们不得称为公民。"③

此外，公民身份具有排他性：工匠、桡手等都不在籍内。

那么，如何确定同血缘、同地域的关系呢？

二、雅典城邦的登籍制度：确认同血缘同地域的身份

登籍制度，就是登记户籍确认公民合法身份的一系列规定。公民世袭血亲关系和同地域关系，通过"登籍"制度得以传承和维护。

《雅典政制》中关于登籍制度的描述：

凡父母双方均为公民者有公民权，公民在十八岁时在他们德莫的名簿中登籍。当他们登籍时，德莫成员对他们宣誓投票，作出决定。首先，他

---

①Aristotle, *Politics*, 1276ᵇ3.

②丛日云：《西方政治文化传统》，哈尔滨：黑龙江人民出版社，2002年，第36页。

③Aristotle, *Politics*, 1275ᵇ6-8.

们是否达到法定年龄，如果认为未到年龄，他们便复归于儿童之列。其次，这个候补人是否为合法出生的自由民。然后，如果投票结果认为他没有自由民身份，他得向陪审法庭申诉，从德莫中选出属于这个德莫的五个人对他辩论，如果判决他并无登籍权利，城邦便把他出卖，但如果他胜诉，同德莫的人便必须让他登籍。①

这就说明，居住在城邦的18岁以上的人，通过登籍制度确认具有同种族血亲关系，男女都一样。

尤为重要的是，公民登籍必须接受德莫大会对其年龄和自由民身份等进行审核和投票表决。如果村社成员投票结果认为其没有合法的自由民身份，他可以向陪审法庭申诉。村民从同一德莫中选出五人对其辩论。如果判决其并无登籍权利，城邦便将其出卖。如果其胜诉，村民必须让其完成登籍。

接下来是议事会检查登籍者的名单。如果发现任何人未满18岁而登籍，允许其登籍的村民便要受到罚金的处分。罚金数额可能由议事会讨论议定。

完成登籍的合法男性自由民，在登籍审核后，由其父亲引领，参加德莫会议，并在大会上宣誓。

接受登籍的男性在18岁至20岁当巡逻兵或守卫两年，两年期间，"他们豁免一切赋税；他们不得被人起诉，也不得起诉别人"。两年期满后，便成为全权公民。②

至于城邦的女孩达到登籍年龄，可能也经德莫大会，被介绍和登籍在其父亲所属的德莫。但是，通常情况下，审查一个妇女是否具有资格获得公民身份，主要调查她作为一个男孩的母亲和一个男人的妻子的情况。"作为女人，最大的光荣就是尽可能地不被男人评论，无论是赞扬还是批评"③。

上述材料提到"未到年龄"便"复归于儿童之列"。说明确认公民身

---

① Aristotle, *The Athenian Constitution*, XLII.

② Aristotle, *The Athenian Constituion*, XLII.1–5.

③ Thucydides.II.45.

份有严格的年龄区分。就公民而言，未成年的儿童是什么身份？老人又怎么办？

未及登籍年龄的儿童和已过免除兵役年龄的老人，不是"全权公民"。只有成年人是全权公民。

儿童是未长成的公民。儿童既未发育，要是也称为公民，就只是在含义上有所保留的虚拟公民。老人是超龄公民。

关于儿童与成年公民的登籍区别，亚里士多德在《雅典政制》中有较为详细的记载：

雅典儿童14岁时由德莫登籍于"德莫长保管的册籍"。17岁时为"及龄公民"。至18岁时为成年公民。公民18岁时在其德莫的名簿中登籍。当他们登籍之时，德莫成员对他们宣誓投票，作出登籍资格决定。①

上述材料说明，公民登籍主要关乎公民身份的资格确认，通过登籍制度，确认合法身份或者资格，以此保证公民祖籍世袭的合法性。

其一，确认是否达到法定年龄。如果认为没有达到法定年龄，将其重新归于儿童之列。只有达到法定年龄，才能称为全权公民。

其二，确认是否为合法出生的自由民。这种合法性是世袭的血缘关系和地域关系的结合。

一个雅典公民身份的合法性是由他源于父名的姓和德莫来确定的，由此确定其同血缘和同地域的身份，以便相异于异邦人。

由此可见，公民权，首先是指登籍制度确认的具有同血缘、同地域、成年人、自由民等合法身份资格的人所享有的权利。

经登籍具有合法公民身份的人，享有世袭的特权，如分享城邦共有土地、享受城邦对公民身份和权利的特殊保护政策等等。

至梭伦改革时期，公民的世袭特权与财产等级相结合。梭伦确立财产等级与公民权的关系，将公民权与财产等级联系起来。梭伦按照财产等级在公民之间分配政治权利。鼓励公民参与政治活动，诸如出席公民大会，参与国家政策的制定；出席新创设的陪审法庭，参与司法审判。梭伦改革

第五讲　雅典城邦的登籍制度与公民权

---

① 也有说公民年龄自17岁起。参见《政治学》，第111页注释②。在雅典，将17岁的男儿称作"及龄公民"或"年轻公民"。第333页注释③。

使雅典公民不仅是法律上的自由民，而且还因财产多寡而具有一系列不等的特权、荣誉和义务。简言之，梭伦根据财产多寡，把公民分为四个等级，财产越多者等级越高、权利越大。

自梭伦改革之后，雅典城邦的公民权不仅仅是世袭的身份特权，还因财产多寡而享有不同的政治、司法和军事权利。财产越多，等级越高，权利越多、越大。

此后，克里斯提尼的政治改革主要是公民权的充分适用。雅典创立了更加民主的新机构，为所有公民全面参与城邦的政治事务提供了新的机会。此时，异邦人移民雅典而获得雅典公民权变得十分困难。

那么，这些被称为公民的人，有何权利呢？

三、公民权

古希腊语中，公民权用以指称与公民身份相关的在共同体中所拥有的决策权（a power of decision）和参与权（a power of participating）。[1]

公民权是古希腊人最为重要的一种社会权利。城邦的本质是公民集体。所以，"城邦制度形成过程中的一个中心问题是对公民群体以及公民权的定义"[2]。

古希腊人的公民权，首先只是公民依据登籍制度的一种世袭身份特权。

公民身份不仅意味着政治上的统治权，也意味着占有土地的权利。土地是城邦和个人生活的重要基础，失去土地就失去了公民的权利。这种公民身份和军人身份也是一致的。保卫城邦的独立和安全，出征侵夺土地和财富，是公民的义务。作战所需的武器装备由公民自备。公民所尽军事义务的多寡或在军队中的地位，往往直接决定其所享有的政治权利。

就政治权利而言，拥有公民身份或资格的人具体享有哪些政治权

① Simon Hornblower and Antony Spawforth, edt. , *The Oxford Classical Dictionary*, Third Edition Revised.p.333."citizenship,Greek"词条。

② 黄洋：《古代希腊土地制度研究》，上海：复旦大学出版社，1995年，第11页。

利呢?

按照亚里士多德对公民权的阐释,主要是根据人们在参与政治生活中的三种情况或方式来定义的,即在公民大会上的投票权(表决权)、担任陪审员的陪审权(司法权)、担任政治职务或公职的执政权。也就是说,公民权,主要是基于公民身份或资格、参与城邦公共生活的权利。

古代雅典城邦的众多官职都是公民行使投票权、陪审权、执政权的表现和结果。

下面具体说说雅典公民的投票权。

投票权(表决权):在希腊城邦,都有推荐选举、抽签选举的选举制度。执政官、议事会议员、陪审员、十将军委员会的将军等大多数公职人员都是推荐或抽签选举产生的。公民在选举和被选举中所行使的权利就是投票权,或者叫表决权。

在民主制比较发达的城邦,基本的选举制度是抽签选举。例如,雅典的执政官9人,抽签选出。此外,雅典城邦还有众多的其他公职人员:

公卖官10人,每部落1人,抽签选出。

收款员10人,每部落1人,抽签选出。

收款官10人,每部落1人,抽签选出。

会计员10人,每部落1人,抽签选出。

查账员10人,每部落1人,每一个查账员有2个助理员,抽签选出。

港口监督10人,抽签选出。

街道建筑官5人,抽签选出。

神庙缮修官10人,每部落1人,抽签选出。

竞技裁判官10人,每部落1人,抽签选出。[①]

以上这些都是抽签选出的雅典城邦的官职。

虽然公民权在选举方面体现了民主和平等,但也有很多不平等。

公民权是阶级社会的产物,具有阶级社会的不平等性。这种不平等性

---

①参见:Aristotle, *The Athenian Constitution*, LVI.1-7; LVII.1-4; LVIII.1-3; LIX.1-7; XLVII.1-3; XLVIII.1-5; L.1-8; LI.1-3; LIV.1-3; XLVIII.1-5; LX.1-3; LXI.1-2。富民队起源于前377年。共20个队,列入其中的为1200名最富有的公民。他们交纳财产税,专供紧急战费之用。详见[古希腊]亚里士多德:《雅典政制》,日知、力野译,北京:商务印书馆,1959年,第64页注释①。

主要表现在两个方面。

其一，公民在城邦中的权利程度受财产等级资格的限制。

城邦形成之初，往往只有贵族和具有一定财产基础的人才能真正实现与身份资格相一致的公民权利。而基于经济地位不同，男性公民的责任和权利——如在公民大会选举或发言、担任公职、出任法官、参军打仗等诸多方面，也不尽相等。重要职权大多属于财产富足的富室。尤其在早期城邦，只有富人和贵族能够拥有充分的、全部的公民权。下层平民在城邦民主比较发达的时候才能获得充分的参与权。梭伦立法的基本原则就是："雅典城邦必须由全体公民共同治理。"①

因此，城邦在发展过程中，通过不断立法，按照每个公民不同的经济地位或承担义务的实力来分配相应的权利和义务，追求平等。

其二，公民权具有排他性。公民权的排他性主要是指在行政、司法等领域，对女性、奴隶和异邦人的权利排除。自梭伦开始的立法者的法律，明确表达了对女性的要求。女人可以拥有公民身份，但她们没有参与政治的权利，不具有全部的公民权利。②成年男性"全权公民"的妻女所具有的公民身份，只是为男性公民之妻并合法生育公民的资格条件，并有权参加宗教祭仪。妇女被完全排除在政治、司法、军事事务之外。这些领域仅仅属于成年男性。

因此，城邦经常被看作是"男性公民俱乐部"或"男人俱乐部"。因为男人组成公民大会，在公民大会上做出影响整个社会的决策。男人是法庭陪审员；城邦的几百个公职人员全部是男人。只有在神话或诸如阿里斯托芬剧作《公民大会中的妇女》的喜剧情节里，妇女们才能进入公民大会。

公民权的排他性不仅仅是对女性、奴隶和异邦人的排斥。公民权还有对职业的排他性。从事工匠、佣工等卑贱职业的人不可以成为公民，不具有公民权。

---

① Sarah B.Pomeroy, Stanley M.Burstein, Walter Donlan, Jennifer Tolbert Roberts, *Ancient Greece:A Political, Social, and Cultural History*, Oxford : Oxford University Press, 1999, p.169.

② Sarah B.Pomeroy, Stanley M.Burstein, Walter Donlan, Jennifer Tolbert Roberts, *Ancient Greece:A Political, Social, and Cultural History*, Oxford : Oxford University Press, 1999, p.169.

公民权的排他性，还表现在以城邦公民集体利益为依归，排斥其他一切危害城邦公民集体的自私自利行为。公民权是在同别人一起参与集体的政治职责中实现的权利与义务。这就是公民权的公共性和集体性。公民权的核心就是参加政治共同体。城邦对公职人员的资格审查、任期责任考核、卸任检查以及贝壳放逐法的适用，皆是以维护和保障公民集体的权利不受侵害为目的。任何危害公民集体利益的人都是不良的"人民领袖"或"蛊惑者"（demagogues）。

结　语

雅典城邦的公民权主要是依据登籍制度，通过不断改革而赋予成年男性公民的投票权、陪审权和担任公职的权利。公民权首先是世袭的身份特权。就身份而言，同血缘同地域的男女平等。历经改革而赋予拥有公民身份者政治、经济、军事、司法等权利。但男女有别，具有公民身份的雅典女人，被排除在这些权利之外。公民权因财产、年龄等限制而有所不同。就公民权而言，有全权公民和非全权公民之别。财产越多，等级越高，权利越多、越大。

第六讲　伯里克利时期雅典城邦的 软实力建设*

最初提出"软实力"（soft power）这一概念的是美国政治学者约瑟夫·奈（Joseph S. Nye, Jr.）。1990年，在冷战接近尾声之际，时任哈佛大学国际关系研究中心主任的约瑟夫·奈在美国著名的《外交政策》杂志发表了题为《软实力》的一篇论文，正式提出了"软实力"的概念。此后，他不断深化对这一概念的讨论和宣传，并将其运用到对美国、中国和俄罗斯等国国力的分析之中，他的研究引起了国际上的广泛讨论。[①]"软实力"当然是针对"硬实力"（hard power）而言的。"硬实力"是指国家的基本资源（土地、人口、自然资源）、经济实力和军事力量等有形力量，而"软实力"是指这些看得见、摸得着的国力之外的无形力量。根据约瑟夫·奈的定义，它主要包括文化吸引力、政治价值观的凝聚力和相应的外交政策。[②]

"软实力"概念很快在我国得到了积极的回应。早在2005年，时任浙江省委书记习近平就在《光明日报》上发表《弘扬"红船精神" 走在时代前列》的文章，其中就提到"要加快文化大省建设，增强构成浙江综合竞争力的软实力，为构建和谐社会提供智力支持和精神支撑"。[③]2007年，

　＊本讲主要内容已发表，详见于《伯里克利时期雅典城邦的软实力建设》（《人民论坛·学术前沿》2020年第3期，第80—87页）。

　① Joseph S. Nye, Jr. "Soft Power," *Foreign Policy*, no. 80 (1990), pp. 153-171; *Bound to Lead: The Changing Nature of American Power*, New York: Basic Books, 1991. 参见[美]约瑟夫·奈：《软实力》，马娟娟译，北京：中信出版社，2013年。

　② Joseph S. Nye, Jr. "Soft Power," p.167.

　③ 习近平：《弘扬"红船精神" 走在时代前列》，《光明日报》，2005年6月21日。

时任中共中央总书记胡锦涛在中国共产党第十七次全国代表大会报告中正式提出要"提高国家文化软实力"。[①]党的十八大以来，习近平总书记更是多次强调，要提升国家文化软实力。2013年12月30日，他在中共中央政治局第十二次集体学习时发表重要讲话指出："提高国家文化软实力，要努力提高国际话语权。要加强国际传播能力建设，精心构建对外话语体系，发挥好新兴媒体作用，增强对外话语的创造力、感召力、公信力，讲好中国故事，传播好中国声音，阐释好中国特色……增强做中国人的骨气和底气。"[②]目前，我国的媒体和学术界也在聚焦于如何提升文化软实力的问题，使这一问题需要得到进一步的研究和分析。[③]

运用"软实力"这一概念不仅有助于分析现代世界的国家力量和国际关系，同时也为审视古代文明提供了一个新的视角。例如，美国学者勒博（Richard Ned Lebow）和凯利（Robert Kelly）就观察到，雅典在波斯战争中获得了众多城邦的尊敬，并在之后的几十年内通过才智与文化上的成就积累了更多的声誉。[④]可以说，这一阶段雅典人在扩张霸权的同时也较注重自身的软实力建设，并在许多方面都取得了辉煌的成就。前431/前430年冬季，伯里克利发表《国葬演说》时自豪地称："我们的城邦是全希腊的学校。"[⑤]但伯里克利逝世后，雅典在伯罗奔尼撒战争中完全蜕变为奉行霸权主义的城邦而丢失了软实力。修昔底德在"米洛斯对话"（5.84–116）中展现了雅典人单纯基于暴力的统治如何不得人心，招致盟邦的愤恨与反叛，成为导致其战败的重要原因。[⑥]确实，相比斯巴达和其余希腊城邦，雅典人在软实力上显得更为复杂，也更值得关注。由此，我们认为，伯里

① 胡锦涛：《高举中国特色社会主义伟大旗帜，为夺取全面建设小康社会新胜利而奋斗——在中国共产党第十七次全国代表大会上的报告》，2007年10月15日，详见：https://news.cntv.cn/china/20120917/103613_6.shtml, 2021.8.28.

② 习近平：《习近平谈国家文化软实力：增强做中国人的骨气和底气》，https://cpc.people.com.cn/xuexi/n/2015/0625/c385474-27204268.html, 2021.8.28.

③ 参见骆郁廷：《文化软实力：基于中国实践的话语创新》，《中国社会科学》2013年第1期，第20—24页；胡键：《软实力研究在中国：一个概念演进史的考察》，《国际观察》2018年第6期，第119—133页。

④ Richard Ned Lebow and Robert Kelly, "Thucydides and Hegemony: Athens and the United States", *Review of International Studies*, vol. 27, no. 4 (2001), p.594.

⑤ Thucydides, 2.41.1.

⑥ Richard Ned Lebow and Robert Kelly, "Thucydides and Hegemony: Athens and the United States", p.596.

克利时期（约前461—前429）雅典城邦的软实力建设是一个值得深入研究的历史现象。具体而言，伯里克利时期是在怎样的历史环境下加强软实力的？当时雅典人的软实力建设具体有哪些类型和内容？他们在这方面的举措又有哪些得失？本讲将分析这些问题，并期待与同学们进行进一步的探讨。

一、雅典加强软实力建设的历史背景

如果说现代国家的软实力以硬实力为必要基础，那么古代雅典的历史也同样证明了这一点。早在僭主庇西斯特拉图（Pisistratus）和他的儿子们统治时期（前560—前510），雅典的农业和商业就发展迅速，橄榄树得到普遍种植，大量精美的阿提卡陶器出口海外，富有特色的猫头鹰银币被铸造，城邦经济得到显著提升。与此同时，庇西斯特拉图改进了泛雅典人节（Panathenaea，前566），命人编订《伊利亚特》和《奥德赛》，用于泛雅典人节的吟诵表演。他又创立了城市狄奥尼索斯节（City Dionysia，前534），促使阿提卡悲剧的产生与发展。[①]他的儿子希帕尔库斯（Hipparchus）邀请过西蒙尼德（Simonides）等诗人来到雅典。他们父子又兴修神庙、水利和道路设施，美化城邦并使居民生活更便利。[②]这些措施为之后雅典的文化软实力建设打下了基础。

图6-1　庇西斯特拉图时期的引水管

① Sarah B. Pomeroy et al., eds., *A Brief History of Ancient Greece: Politics, Society and Culture*, Second Edition, New York: Oxford University Press, 2009, pp.132-135.

② Thucydides, 2.15.3-5；柏拉图：《希帕尔库斯篇》，229a-b.

到了前5世纪，尤其是获得希波战争的胜利之后，雅典的硬实力更加强劲了。前483年，雅典人在铁（特）米斯托克利的劝说下，利用当时刚发掘的劳里乌木银矿的财富，建造了一支先进的三列桨战船舰队，规模达200艘之多。[①]雅典人主要凭此在萨拉米斯海战中击败了波斯帝国的舰队，取得了关键性的胜利。

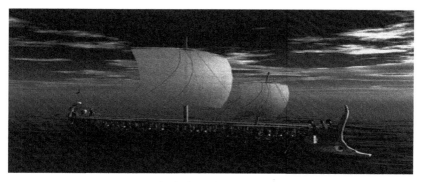

图6-2　古希腊三列桨战船（复原图）

波斯人战败撤离后，雅典人又在铁米斯托克利的指示下，瞒过了斯巴达人，迅速重修了雅典城墙。[②]铁米斯托克利为雅典奠定了霸权的基础。[③]到伯罗奔尼撒战争爆发前，雅典人已建成连接雅典城、庇雷埃夫斯与法利荣的三座长墙（北长墙、南长墙、法利荣墙），[④]三列桨战船增至300艘，[⑤]军事实力威慑到整个爱琴海域及周边地区，并使陆上强国斯巴达深感忧惧。[⑥]

---

① Herodotus, 7.144. 另一说为100艘战船，见亚里士多德：《雅典政制》，22.7.

② Thucydides, 1.89.3–91.7.

③ Thucydides, 1.93.4, 93.6. 参见宋慧娟：《评特米斯托克利的军事战略》，《史学集刊》2001年第4期，第57—63页。

④ Thucydides, 1.107.1, 108.3. Simon Hornblower, *A Commentary on Thucydides*, vol. 1, New York: Oxford University Press, 1991, p.167.

⑤ Thucydides, 2.13.8.

⑥ 早在前5世纪60年代后期，在斯巴达人镇压伊托米希洛人的战争中，客蒙带领前去援助的雅典军队就使斯巴达人心生畏惧，将他们遣散回国。Thucydides, 1.102.1–4.

西方古典文明论稿

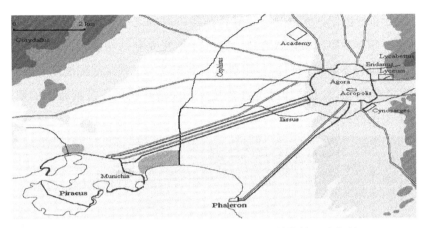

图6-3　连接雅典城、庇雷埃夫斯与法利荣的三座长墙

除了斯巴达人之外，地处希腊中部的雅典人在海上和陆上还有着较多竞争者和敌人，尤其是拥有强大舰队且距离雅典海岸较近的埃吉纳岛、阿提卡西部的麦加拉、西南部的科林斯和西北部的忒拜。而两次侵入雅典人土地的波斯帝国则更是巨大的威胁。阿提卡半岛本身三面环海的地形和相对贫瘠的土地更促使雅典人将发展重点放在海上。同时，雅典人并未停止介入希腊大陆上的事务，并一直在争夺利益。

前5世纪中期，雅典人在海上击败了埃吉纳人（前458/前457），[1]并发动对埃及（前460—前454）和塞浦路斯（前451）的远征，主动出击攻入波斯帝国所辖区域，虽未成功，但之后得以与波斯人达成协议（约前449），巩固了势力范围。在陆上，前460年，由于麦加拉人反叛了斯巴达人，转而与雅典人结盟，科林斯人和斯巴达人开始与雅典人正式交恶，由此引发的"第一次伯罗奔尼撒战争"断断续续持续了约15年之久。其间，雅典在麦加拉、帖萨利、波奥提亚、优卑亚岛等多处用兵。前446年，雅典人与斯巴达人及其盟友签订了条约，取得了暂时的和平。

到伯罗奔尼撒战争前，雅典男性公民人口约有4万人，城邦总人口在20万至30万之间，是希腊世界人口最多的城邦。[2]雅典人实际领导的城邦

---

[1] 前431年,伯罗奔尼撒战争爆发之初,雅典人强行驱逐了埃吉纳岛上的所有居民,以绝后患。Thucydides, 2.27.1.

[2] Sarah B. Pomeroy et al., eds., *A Brief History of Ancient Greece*, Second Edition, p.184.

达 179 个，覆盖大致 200 万人口，并将它们大致划分为 5 个区域进行管辖。[①]雅典通过强势的海军和提洛同盟体系，在爱琴海域和普罗波恩提斯（今马尔马拉海）建立了霸权，还不断加强对各同盟城邦的控制，获得了大量的贡赋收入，并保障了通往黑海和西西里等处的商道，确保粮食的供应，弥补阿提卡本土农业资源的不足。此时的雅典在基本资源、经济和军事力量等硬实力上都空前强盛，具备了进一步加强软实力的物质基础。

二、伯里克利时期雅典软实力的几种类型

前 5 世纪中期，雅典进入了一个新的阶段。较之前 5 世纪初期，它的内外环境都发生了较大的变化。经过多轮斗争，伯里克利领导的温和民主派控制了雅典政局。雅典在爱琴海域及周边地区的霸权得到了确立。伯里克利在《国葬演说》中回顾雅典的历史时指出：上一代雅典人的历史任务是"获得霸权"，而他们这一代雅典人的任务则是"大大地扩张这个霸权"。[②]这一总结的背后也包含着雅典软实力的建设和扩张。在伯里克利的领导下，雅典人主要在城邦节日和公共活动、修建大型标志性建筑、民主政治理念的仪式化展示，以及发展教育等四个方面提升了城邦的软实力。

首先，在古希腊，城邦举办大型节日和公共活动是传播文化的重要方式。公民们可以在其中接受熏陶，强化公民意识。有时外邦人也能观摩仪式、表演等，学习他邦的文化。古典时代雅典的节日和公共活动众多。我们认为，最能反映雅典城邦"软实力"的是大型泛雅典人节和城市狄奥尼索斯节。

"泛雅典人节"意为"全体雅典人的节日"，起源于传说中的雅典国王埃瑞克托尼奥斯和忒修斯，目的是给城邦保护神雅典娜庆贺生日，后来发展为全阿提卡居民的节日，也是雅典最为隆重的节日。[③]原先每年夏天举行一次。前 566 年之后，每四年举行一次大型泛雅典人节，其余三年则照

① Chester G. Starr, "Athens and Its Empire", *Classical Journal*, vol. 83, no. 2 (1987–1988), p.119.

② Thucydides, 2.36.2–3.

③ 邢颖：《论古希腊泛雅典人节中的城邦意识》，《历史教学》2014 年第 22 期，第 42—43 页。

旧举办普通泛雅典人节。大型泛雅典人节比普通泛雅典人节历时更长，规模更大，也更为热烈。节日活动主要包括三个部分：竞技赛会、盛大游行、百牲祭和大祭餐。泛雅典人节赛会的内容既有体育比赛，又有音乐和诗歌比赛。部分项目会邀请其他城邦的人参加。到了节日的最后一天，雅典人会举行游行。浩浩荡荡的队伍（除了步行者外，还有骑手和战车）从雅典城西北的迪皮隆城门出发，沿着泛雅典人节大道，通过市政广场，到达雅典卫城，沿途有大量观摩者。游行到高潮时，一条精心纺织的佩普洛斯长袍会献给卫城上的城邦保护神雅典娜古老的木刻雕像。最后，人们在雅典娜的祭坛前宰杀成百乃至几百头公牛，并举行盛大的祭餐。①

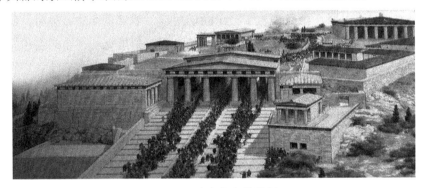

图6-4　泛雅典人节游行

　　在伯里克利时期，泛雅典人节不仅使雅典城邦的共同体意识得到强化，而且还向其他地区的受邀者展示了雅典人的虔诚与繁荣。在节日游行时，雅典男性公民和他的妻子、儿女，侨民（metics）与他的家人、外邦人、被释奴隶和提洛同盟城邦的代表都加入其中，充分印证了伯里克利所宣扬的"雅典是一个开放社会"②。而进入卫城的只能是雅典公民，这又增强了公民们的荣誉感。前5世纪中期，为了提升泛雅典人节音乐比赛的效果，伯里克利在卫城南坡主持修建了音乐厅。当音乐厅落成后，他又担

　　① 黄洋：《古代希腊的城邦与宗教——以雅典为个案的探讨》，《北京大学学报》（哲学社会科学版）2010年第6期，第92页。

　　② Thucydides，2.39.1. 参见邢颖：《论古希腊泛雅典人节中的城邦意识》，第46—47页。

任音乐比赛的裁判，足见他对城邦节日和文艺活动的支持不遗余力。[1]

同样，伯里克利也支持城市狄奥尼索斯节的发展，推动戏剧艺术的进步。在阿提卡，每年要庆祝两种酒神狄奥尼索斯节，一是起源甚早的乡村狄奥尼索斯节（Rural Dionysia），一是被庇西斯特拉图从阿提卡西北部的埃留忒莱（Eleutherae）引入雅典的城市狄奥尼索斯节。城市狄奥尼索斯节在早春时节举行，庆祝地点是卫城南坡的狄奥尼索斯圣所和剧场。此时，冬季结束，大海通航，有许多外邦人来到雅典城内，所以节日游行和戏剧演出的场面也非常热闹。进入前5世纪后，阿提卡悲剧和喜剧都在城市狄奥尼索斯节中得到发展。[2]

图6-5　雅典卫城南坡的狄奥尼索斯剧场

在前472年的城市狄奥尼索斯节上，为了纪念希波战争取得的胜利，埃斯库罗斯的悲剧《波斯人》上演，而伯里克利本人是捐助人（choregos）。埃斯库罗斯在剧中刻画了波斯国王薛西斯远征希腊惨败后逃回王宫、与波斯长老们对话的场景。他的庞大军队已经覆灭，他自身的形象也狼狈不堪。悲剧最后的场景表现了波斯人仪式化的击胸痛哭。在薛西斯的命令下，这些波斯的老者们在痛哭中自虐身体，完成哀悼死者的仪

① Plutarch, *The Life of Pericles*, 13.5-6. 中译本参见［古希腊］普鲁塔克：《希腊罗马名人传》（上册），黄宏煦主编，陆永庭、吴彭鹏等译，北京：商务印书馆，1990年，第461—501页。

② Simon Hornblower, Antony Spawforth and Esther Eidinow (eds.), *The Oxford Classical Dictionary*, Fourth Edition, Oxford: Oxford University Press, 2012, "Dionysia", pp.458-459.

式。在埃斯库罗斯的笔下，所有的痛苦都是薛西斯违背神意、入侵希腊造成的。因此，埃斯库罗斯让雅典的观众们能够从中感到一种胜利感和优越感。[①]前458年，在埃斯库罗斯的《俄瑞斯忒亚》三部曲中，俄瑞斯忒斯为父亲报仇而不得不弑母。之后，他在复仇女神的追逐下逃往雅典。雅典娜让雅典公民作法官，并自任主审法官，最后她宣判俄瑞斯忒斯无罪。古老的神话故事又被用来赞颂当时雅典城邦的公正。[②]索福克勒斯和欧里庇德斯的一些悲剧也有类似的效果。通过城市狄奥尼索斯节的戏剧演出，雅典人爱国、团结、崇尚民主、追求正义的形象被艺术性地建构起来。[③]

在伯里克利时期，泛雅典人节和城市狄奥尼索斯节在先前的基础上得到了明显的提升。它们是雅典城邦众多节日的代表。对此，伯里克利在《国葬演说》中总结道：雅典举办贯穿全年的赛会和节日，以及提供给私人生活以美好的环境，使人们的精神在劳作之余得到最大程度的休息，并由此让每日的欢乐驱走困苦之感。[④]

其次，为了适应这些宗教节日和城邦公共活动的进一步发展，雅典在前5世纪中后期修建了大批相关建筑。前447年，在伯里克利的主导下，雅典重建了希波战争中被毁的卫城。重建的第一座也是最重要的建筑就是闻名后世的帕特农神庙。[⑤]"帕特农"（Parthenon）意为"处女的居所"，供奉的是雅典城邦的保护者处女神雅典娜。此时的雅典财政充裕，对这一工程不惜成本。帕特农神庙是由彭戴利山出产的洁白优质的大理石建造的，所以经久而美观。负责神庙设计的是建筑师伊克提诺斯（Ictinus）和卡利克拉忒斯（Callicrates）。卫城工程的主管人和总监工是伯里克利的好友菲迪亚斯（Pheidias）。[⑥]菲迪亚斯设计了帕特农神庙内殿中供奉的雅典娜黄金象牙雕像。他和徒弟们还负责神庙的雕塑装饰。帕特农神庙完工于前

---

① 参见黄洋：《古代希腊罗马文明的"东方"想象》，《历史研究》2006年第1期，第117页。

② 黄洋：《古代希腊的城邦与宗教——以雅典为个案的探讨》，第96页。

③ Jasper Griffin, "The Social Function of Attic Tragedy", *The Classical Quarterly*, vol. 48, no. 1 (1998), pp.48-49.

④ Thucydides, 2.38.1.

⑤ 前490年，雅典人在马拉松战役获胜后就打算在那里建造一座神庙，但这座神庙未能完工就遭遇到波斯人的再次入侵（前480）。

⑥ Plutarch, *The Life of Pericles*, 13.4.

438年，神庙上的装饰雕塑完成于前432年。这些雕塑反映了雅典城邦的宗教崇拜与政治意识形态，可以说是雅典人"软实力"在艺术上的直接呈现。

图6-6　雅典卫城遗址

　　帕特农神庙两面的山墙（pediments）雕刻了有关雅典娜的著名故事。东山墙描绘的是诸神见证雅典娜从宙斯脑袋中诞生的场景，而西山墙上描绘的是雅典娜与海神波塞冬争当阿提卡保护神的场景。这是为了凸显雅典得到了神的眷顾。东、南、西、北四面共有92块柱间壁（metopes），分别描绘了奥林波斯众神与提坦巨人之战（东面）、拉皮斯人与马人之战（南面）、希腊人与亚马逊女人族之战（西面）、特洛伊之战（北面），共同强调了"希腊文明战胜野蛮"的主题。内殿与后殿外墙上的浮雕饰带（frieze）总长160米，描绘的是一次大型泛雅典人节的游行盛况，上面共有12位希腊大神，约360个凡人和250个动物，包括骑马者和战车队伍。这次游行很可能是为了纪念马拉松战役中阵亡的雅典将士们。整个浮雕的中心场景（东面浮雕饰带第Ⅴ块）刻画了一位祭司和一名儿童正准备向雅典娜女神献上一条新织的佩普洛斯长袍，这一景象被雕刻得栩栩如生。在福勒顿（Mark D. Fullerton）看来，浮雕饰带直接将当时的雅典人与诸神刻画在一起，自信地表达了雅典人的优越感。① 总之，整个神庙的主题是感谢雅典娜和其余希腊诸神的信任与保护，纪念希腊人（尤其是雅典人）战胜

① Mark D. Fullerton, *Greek Art*, Cambridge: Cambridge University Press, 2000, p.83.

第六讲　伯里克利时期雅典城邦的软实力建设

来自东方的强敌波斯人。① 帕特农神庙在菲迪亚斯的设计下将宗教、政治与艺术完美地融合在一起，既是具体时代语境下的产物，也成为了古希腊建筑史上的最高成就之一。

图6-7　帕特农神庙东面浮雕饰带第Ⅴ块

此外，雅典市政广场上的赫淮斯托斯神庙（约前449年开工）、卫城南坡的伯里克利音乐厅（约前446年开工）以及苏尼翁海岬的波塞冬神庙（约前444年开工）、埃琉西斯的入教大厅（前450年后开工）等大型宗教和观演建筑也是这一时期修建的。这些都是伯里克利时代雅典软实力建设的成果。

图6-8　伯里克利音乐厅（复原图）

再次，伯里克利对于雅典民主政治进行积极展示和宣扬。他在克里斯提尼、埃菲阿尔忒斯等前人的基础上进一步改进了雅典的民主政治，约从

---

① 关于帕特农雕塑的政治内涵，详见：Mark D. Fullerton, *Greek Art*, pp.27-34、53-59、79-88. 雅典卫城上另一座胜利女神雅典娜神庙几乎在同一时期重建,也是为了纪念希波战争的胜利。

前451年开始给担任陪审员的雅典公民以津贴。①每天的津贴虽然很低（2个奥卜尔的钱币），但此举使贫民更有经济保障和闲暇来参与城邦政治。也正是在伯里克利时期，雅典人正式称他们的政体为"民主政治"，②表明这套制度在创立半个多世纪后已相对成熟。而雅典人为了彰显其民主政治的优越性，采用仪式化的典礼来展示其理念，最重要的是国葬典礼。

古典时期雅典的国家公墓坐落于城市西北部的凯拉米克斯（Kerameikos）。大约进入前5世纪之后，雅典城邦每年出资，为那些为国捐躯者在此举行国葬，以示悼念与哀荣。除了雅典男性公民和死者的女性亲属外，外邦人也可以参加。正如黄洋所指出的，这一每年举行的隆重仪式是一个"阐述城邦意识形态与核心价值观的重要场合"③。据修昔底德记载，在典礼上，当死者的尸体或骨灰罐入土后，一位被公认为具有杰出智慧和声誉的公民会被城邦挑选出来发表演讲，进行合适的赞颂。④在古希腊，国葬演说是雅典人独有的制度。⑤它的一项核心内容是赞颂雅典人的民主政治。代表城邦进行颂扬的雅典演说家都力图证明"阵亡者为了民主制度而牺牲是值得的"，以此强调雅典城邦的独特与优越。⑥例如，前431/前430年，伯里克利在他著名的《国葬演说》中宣称："我们采用的政治体制并不仿效邻邦的法律，我们是他人的榜样，而非模仿他人。"⑦国葬典礼和国葬演说强化了雅典的国家认同，可以视为与军事行动（硬实力）相配合的软实力手段。

① Aristotle, *The Athenian Constitution*, 27.3–4.

② Sarah B. Pomeroy et al., eds., *A Brief History of Ancient Greece*, Second Edition, p.165.

③ 黄洋：《古代希腊的城邦与宗教——以雅典为个案的探讨》，第97页。

④ Thucydides, 2.34.6.

⑤ Demosthenes, *Against Leptines*, 141.

⑥ Nicole Loraux, *The Invention of Athens: The Funeral Oration in the Classical City*, Translated by Alan Sheridan, New York: Zone Books, 2006, pp.60–61、102–103.

⑦ Thucydides, 2.37.1.

第六讲 伯里克利时期雅典城邦的软实力建设

图6-9　伯里克利胸像

　　在民主政治建立后，"刺杀僭主者"阿里斯托革同和哈尔摩狄奥斯在雅典被崇拜，他们的墓穴同样位于凯拉米克斯。在泛雅典人节日里，城邦的军事执政官会向他们在市政广场上的雕塑献祭。[1]这也是雅典城邦对民主政治的英雄表示敬意的公共仪式，类似于现在的国家公祭。

　　最后，前5世纪中期的雅典出现了教育的革新。事实上，除了斯巴达人强制少年、儿童进入军事学校接受教育和训练外，绝大多数希腊城邦并不提供公立学校教育。从古风时代到前5世纪初期，贵族们会送儿子去私立学校接受"音乐教育"和"体育教育"。而到了前5世纪中期，随着民主政治的深入发展，演说术和辩论术在雅典日益兴盛，精英文化中逐渐出现了新的内容。[2]约前450年，智术师普罗泰格拉来到雅典后给人们带来了新的思辨方式，教授人们如何追求美德。[3]在此前后，哲学家阿那克萨戈拉、历史学家希罗多德也来到雅典居住，讲学或著述。他们三人都与伯里克利

---

　　[1] Aristotle, *The Athenian Constitution*, 58.1. 参见 Julia L. Shear, "The Tyrannicides, Their Cult and the Panathenaia: A Note," *The Journal of Hellenic Studies*, vol. 132 (2012), pp.111-117.

　　[2] Werner Jaeger, *Paideia: The Ideals of Greek Culture*, Translated by Gilbert Highet, vol. 1, Third Edition, Oxford: Basil Blackwell, 1946, pp.286-298.

　　[3] Werner Jaeger, *Paideia: the Ideals of Greek Culture*, vol. 1, p.293.

有密切的交往。①在伯里克利时期，雅典发展成为希腊世界的教育和学术中心，软实力亦随之提升。②连当时最伟大的诗人品达都赞颂雅典。③

图6-10　红像陶上展现的古希腊教育活动

在这一时期，受教育群体也从传统贵族向普通公民扩展。摩根（T. J. Morgan）指出，随着雅典民主政治的深入发展和霸权势力的确立，雅典人在神庙、议事会、法庭都会使用书写文字，此外，他们在标识地界、公布法律、放逐政客，记录献祭、合同、财务、买卖、同盟的贡赋，以及缔结国家和个人之间的关系时也都会大量使用书写文字。雅典人的识字率很可能在这一阶段有所上升（虽然不是大幅度的）。④这也可以算是文化软实力建设的结果。

三、雅典软实力建设的得失

国家的软实力不同于硬实力那样直接，但也能从一些层面考察其效果。具体而言，文化软实力建设对内部要起到凝聚力，尤其要能够阐明和强化核心价值观；对外部的友好和中立势力要产生吸引力，使之心向往之，有归顺或合作的愿望；对外部的敌对势力，要能配合硬实力起到威慑

---

① 在同一时期，苏格拉底也开始活跃，在雅典与人讨论道德和知识问题。

② Sarah B. Pomeroy et al., eds., *A Brief History of Ancient Greece*, Second Edition, p.215.

③ Isocrates, *Antidosis*, 166.

④ T. J. Morgan, "Literate Education in Classical Athens," *The Classical Quarterly*, vol. 49, no. 1 (1999), pp.53–54.

效果，使之有所顾忌，不敢轻举妄动，或真到交战时，能对其精神起到削弱甚至瓦解的作用。本讲无法全面评价伯里克利时期雅典软实力建设的得失，仅尝试作一些简要的分析。

我们以为，当时雅典的文化软实力建设较好地提升了城邦公民的凝聚力。伯里克利在《国葬演说》中曾鼓舞雅典人要"每天注视着城邦在行动中的力量，并且成为她的爱人"①，要为雅典获得伟大和荣耀而奋斗。在他的主导下，前5世纪中期雅典多方位的软实力建设在很大程度上起到了团结、振奋雅典人的作用，雅典获得空前繁荣的局面与此不无关系。这一点在当时和后世都是有目共睹的。

同时，雅典这种大规模的软实力建设对希腊其他的政治势力（尤其是伯罗奔尼撒同盟）也确实产生了一定的威慑力。修昔底德评论说，雅典城市辉煌的外观会使后人觉得它有比实际多出一倍的国力，而斯巴达由于没有华丽庄严的神庙和公共建筑，看上去不免大为逊色，很容易让人怀疑他们的声名是否与实力相匹配。②而在当时，即使偏向斯巴达而敌视雅典的科林斯人也坦白地承认：雅典人勇于革新，积极进取；而斯巴达人行动迟缓，缺乏创新精神。③对于雅典和斯巴达这两大希腊世界内的竞争城邦，无论从城市景观和公共活动等外在方面，还是从两个城邦公民的精神风貌上观察，雅典人无疑更为丰富而有魅力。即便如此，伯里克利为了避免过早与斯巴达人发生大规模冲突，在他主政时每年还秘密向斯巴达的当权者赠送黄金，用这种策略争取发展国力的时间。④这也可算是城邦软实力建设的一种特殊手段。

不过，雅典对提洛同盟的领导方式存在着严重的问题。雅典的软实力建设对同盟城邦（尤其是他们中的民主派）有一定的吸引力，但仍有明显的不足之处，并埋下了一些隐患。这些隐患在伯里克利过世之后非但未消弭，反而被扩大了，导致盟邦此起彼伏的反叛行为。前454年，雅典人在远征埃及失败后，以"防止提洛岛上的金库遭受波斯人或海盗侵袭"为借口，将同盟金库从提洛岛迁至雅典。伯里克利用提洛同盟的公共钱款重建

① Thucydides, 2.43.1.

② Thucydides, 1.10.2.

③ Thucydides, 1.70.2–4.

④ Plutarch, *The Life of Pericles*, 23.1.

雅典时，曾激起了城邦内反对派的严厉批评。①但这并没有阻止雅典强迫大多数盟邦继续向其缴纳贡赋。雅典人时常派出舰队去征收钱款，还向其控制下的一些地区派出移植民（cleruch），而这些移植民往往起到监控附近同盟城邦的作用。邢颖指出，在当时的泛雅典人节和城市狄奥尼索斯节中都会举行仪式，让提洛同盟的其余城邦向雅典进贡。同盟城邦在泛雅典人节上提供牛和盔甲，在城市狄奥尼索斯节上缴纳贡金。②仪式的政治含义明确——就是为了彰显雅典人的荣耀，突出雅典城邦的政治影响力。但长期举办这些仪式很可能增添同盟城邦的反感，激起他们的愤懑。

图6-11　雅典贡赋表

伯里克利本人就亲自带兵镇压过优卑亚岛（前446）和萨摩斯岛的反叛（前440—前439）。③他在临终前发表的演说中也坦诚，雅典人对同盟的统治引起了憎恨，"像僭主一般拥有着霸权"④。可以说，雅典虽重视城邦的软实力建设，但未能进一步扩大众多同盟城邦对雅典的认同感。霸权政策在伯里克利时期已激起同盟城邦的诸多不满，树敌不少，在伯罗奔尼撒战争爆发后愈演愈烈。雅典人最终的战败是多方面原因导致的，他们对提洛同盟的领导和整合方式缺少弹性，在这方面的软实力建设不足是其中一个重要的因素。

---

① Plutarch, *The Life of Pericles*, 12.1–2.

② 邢颖：《论古希腊泛雅典人节中的城邦意识》，第47页。

③ Thucydides, 1.114; Plutarch, *The Life of Pericles*, 25–28.

④ Thucydides, 2.63.1–2.

结　语

前5世纪中期，伯里克利主导的软实力建设对雅典城邦的繁荣有着重要的意义。雅典加强软实力的基础是其硬实力，尤其是强大的海军和充足的财政。伯里克利和围聚在他身边的文化精英们充分发挥了各自的才能，在雅典民众的广泛支持下将城邦的软实力提升到了新的高度。各项大型公共活动、仪式和标志性建筑都服务于当时民主政治的运行与霸权影响力的扩张。但在领导提洛同盟的过程中，雅典的软实力建设又显得不足，而且时常显露出霸道的色彩，导致其对爱琴海域及周边地区的整合努力受挫。这其中有值得进一步考察和分析的内容。

总之，伯里克利时期的雅典为西方文明开创了国家软实力建设的最初范式，影响深远，其经验和教训都应当引起我们的重视。

第七讲　亚里士多德基于贫富差别的
城邦政体构想

◆◆◆

关于雅典民主政治的历史研究，时常需要结合财产等级、贫富差别等，解读公民政治权利。诚然，古希腊人创造了表达政治统治方式的各类术语，诸如王政、君主制、贵族政治、寡头政治和僭主等，其中的主要术语大体上都出现于前5世纪后期。①有关政体的研究，最早可追溯到古希腊政治学家亚里士多德。政体（πολιτεια）是亚里士多德政治哲学的核心概念。探究什么是最好的城邦政体，可谓是西方政治学的元问题。②早在前5世纪，亚里士多德与柏拉图等古典哲学家关于政体的论述已经产生。至前4世纪，雅典城邦的政治实践尤其是民主政治的发展历程，引发思想家们对城邦政体的更多思考。对不同政体孰优孰劣的激烈争论持续达半个世纪以上，进而推动了西方政治学的发展。亚里士多德堪称是"城邦制度的全面观察者与系统阐释者"，鲜明地提出了不同于柏拉图的政体研究方法，尤其是不把理想政体作为研究的重点，而侧重于如何将现有的政体改造为适合于该城邦的"最好"政体。③近代以来，学界的希腊史研究领域相当广泛，包括早期希腊史、雅典民主政治、奴隶制、城市史、法律史和战争史等，但鲜见从贫富差别的视域对亚里士多德的政体学说进行专门研

---

① 参见晏绍祥：《古代希腊民主政治》，北京：商务印书馆，2019年，导言。
② 参见董波：《亚里士多德论民主》，《世界哲学》2019年第6期。
③ 徐大同主编，王乐理分卷主编：《西方政治思想史》第1卷《古希腊罗马》，天津：天津人民出版社，2005年，第283页。

究。①因此，有必要对财产等级、贫富差别与雅典民主政治乃至城邦政体的相关问题予以适当的历史解读。

亚里士多德一生著述颇丰，所留存下来的作品400余卷，②其政治思想主要体现在《政治学》《雅典政制》《家政学》《修辞学》《尼各马科伦理学》等著作之中。③亚里士多德搜集了当时希腊158个城邦的政治和法律制度方面的资料，将政体分为王制、贵族和共和正宗政体以及偏离于正宗政体的僭主、寡头和平民政体等变态类型的政体，力图在比较分析中阐述各类城邦兴衰成败的原因。基于对贫富差别的认识，亚里士多德认为：最公正的政体应该不偏于少数富室，不偏于多数平民。最优良的城邦应该以全体公民的共同利益为依归。

一、城邦的富人与穷人品性有别

富人和穷人是社会分化的产物。在私有制社会，二者并存是历史的必然。④"在希腊城邦中，相互敌对的至少有两种，一种是穷人的城邦，一种是富人的城邦，各自还可以分成许多部分。"⑤但由于缺乏相关的人口、财产等详细的统计文献，对古希腊社会穷人与富人的划分并不精确，其标准也不尽一致。例如，关于有产阶层的划分，柏拉图和亚里士多德师徒二人的观点就不一样。前者主张卫国之士的军人和军官不应有财产，而农民则可各有其田亩。农民必须按时缴纳收获物的赋课，以供养卫国之士。后

① 详见马永康、谭杰：《"亚里士多德学说在中国"国际学术会议综述》，《现代哲学》2013年第4期；仝彬：《国内亚里士多德政治思想研究综述与展望》，《淮海工学院学报》（社会科学版·学术论坛）2010年第4期；《关于国外学界近三十年的相关研究》，晏绍祥：《古典历史研究史》（下卷），北京：北京大学出版社，2013年，第285—341页。

② 苗力田主编：《亚里士多德全集》（第一卷），北京：中国人民大学出版社，2016年，序，第6页。

③ 徐大同主编，王乐理分卷主编：《西方政治思想史》第1卷《古希腊罗马》，天津：天津人民出版社，2005年，第256—257页。

④ Aristotle, *Politics*, 1328ᵇ10–22. *The Loeb Classical Library*, Cambridge: Harvard University Press, 1990.文中引用古典文献未注明具体出处者，皆据洛布古典丛书（The Loeb Classical Library）希腊文和英文对照本。下同。

⑤ Plato, *The Republic*, Book IV, 423A.

者则认为土地应该属于公民，军政人员都是"有产阶层"。[1]当然，有产阶层不一定就是富裕阶层。古希腊乡村的穷人可有一头耕牛作为其财产，但非富裕阶层。[2]

早在迈锡尼时代，古希腊已经出现了社会分层。线性文字 B 中记录了不同的职员，以及祭司、劳作者和奴隶。更有学者认为，少数的富有者统治阶层和多数相对贫穷的人的产生，以及富人和穷人的互动关系是迈锡尼文明衰亡的内在因素。迈锡尼文明之后，富有者的代表瓦纳克斯和巴塞琉斯等随之成为"黑暗时代"（约前 12 世纪至前 9 世纪）新的地方实权人物。[3]

界定"富人"和"穷人"的标准也非一成不变，影响"富人"和"穷人"社会地位的因素较为复杂。古希腊社会的主要财产是土地，而土地的耕作者和产品的生产者是一些固着于土地之上的被剥削的非自由民或动产奴隶（Chattel slaves），其债务负担极其严重。因此，富人的财富状况主要体现为对土地和动产奴隶的占有，富人可谓是占有土地较多并控制较多动产奴隶的人。[4]穷人则是指没有或很少有这些财产的人。偶见乡村穷人可能有一头耕牛，但总体而言，穷人的财产十分有限。没有任何财产的人属于极度贫穷的人或赤贫的人。[5]

无论是穷人或富人皆是维系城邦的重要力量。在亚里士多德看来，真正的财富就是家庭所必需的各种物品，就供应一家人的良好生活而言，不应该是无限度的。[6]城邦必须考虑赖以存在的职能条件，诸如粮食供应，日常生活必需的工艺，用以镇压叛乱、维持境内秩序和抵御外侵的武器装备，相当丰富的库存财产，以及祭祀、议事和司法职能。因此，"邦内应当有若干农民从事农业生产；工匠；武装部队；有产阶级；祭司；一个裁

---

① Plato, *The Republic*, IV. 419—421; III. 464C; Aristotle, *Politics*, II.V.1264ᵃ32.

② Aristotle, *Politics*, I.II.1252ᵇ12.

③ 参见：Peter W. Rose, *Class in Archaic Greece*, Cambridge: Cambridge University Press, 2012. pp.56-60.

④ G.E.M.De.Ste. Croix, *The Class Struggle in the Ancient Greek World from the Archaic Age to the Arab Conquests*, London: Duchworth, 1981, p.33.

⑤ Aristotle, *Politics*, 1291ᵇ9, 1295ᵇ25-30.

⑥ Aristotle, *Politics*, 1256ᵇ32.

第七讲 亚里士多德基于贫富差别的城邦政体构想

决有利于公众的要务并听断私事的团体。"①

就职业而言，城邦的农民勤于耕作，无暇他顾，"这类人的财产都不大，终年忙于耕耘，就没有出席公民大会的闲暇。一家衣食并无余裕，所以终岁辛勤，早晚不舍耒耜；他们习于知足，不贪图他人的财物，不作非分之想；总之，他们乐于田亩之间的作息，参政和服务公共事务既没有实际的收获，他们就不想染指。群众爱好实利而不重名位或荣誉。"②古希腊农民希望过上富裕而体面的生活，"一个人看到别人因勤劳而致富，因勤于耕耘、栽种而把家事安排得顺顺当当，他会因羡慕而变得热爱工作。"③"让他们安于耕耘，他们不久就能自脱于穷乏，或者竟然仓廪充盈，达到小康。这些群众即使有时感到政治地位和权利的需要，如果给予他们以选举行政人员和听取并审查这些行政人员的政绩和财务报告的权利就会感到满足了。"④因此，普通劳动者或一般群众的政治期望不高，对于更小的权利也可能感到满足，例如议事的权利。相对于农民而言，在亚里士多德看来，工匠、商贩和佣工这些市廛群众，各操贱业以糊口，他们的种种劳作都无可称尚。这些人相对散居于各村落，鸡犬相闻，很少互相往来，但工匠、商贩和佣工等这类人聚集而徘徊于市区和商场之间，乐于并便于参加公民大会。⑤

从城邦人口的数量和比例来看，城邦到处有穷人。穷人多，富人少。⑥在一切城邦中，所有公民可以分为三个部分——极富、极贫和两者之间的中产阶层。极富阶层时常代表寡头势力，中产阶层则为民主势力。作为自由民中产阶层的代言人，亚里士多德认为，富有阶层"狂暴""暴戾"。贫穷阶层"下贱""狡诈"。富有阶层和贫穷阶层，这两者对于国家

---

① Aristotle, *Politics*, 1328ᵇ10–15.

② Aristotle, *Politics*, 1318ᵇ10–15.

③［古希腊］赫西俄德：《工作与时日　神谱》，张竹明、蒋平译，北京：商务印书馆，1997年，第1页；Paul Millet, "Hesiod and His World", *Proceedings of the Cambridge Philological Society*, No. 210, new series, No. 30 (1984) pp.84–90.

④ Aristotle, *Politics*, 1318ᵇ25.

⑤ Aristotle, *Politics*, 1319ᵃ25–30.

⑥ 由于缺乏可靠的城邦人口统计资料，学者们基本上是根据各个城邦出动的军队数字来估算城邦人口。前500年时，雅典城邦的总人口约90 000—120 000人，其中，公民人数约3万人。详见晏绍祥：《古代希腊民主政治》，北京：商务印书馆，2019年，第178—180页。

都是有害的。富人可以免于饥寒，不会因饥寒而犯罪，但也顾虑因参加公务而妨碍治产。富室较穷人更为放肆，并往往因为自幼失教而流于奢侈，易于覆亡。此外，富人自幼在奢纵的环境中成长，"不知道纪律为何物，他们在讲堂内和操场上也从没有养成循规蹈矩的品性"，常常逞强放肆，致犯重罪。极贫的人缺乏物质财富，太自卑而自甘暴弃，往往懒散无赖，易犯小罪。大多数的祸患就起源于放肆和无赖。因此，极富的人只愿意发号施令，不肯接受任何权威的统治，所有人犹如主人。①极贫的人仅知道服从而不堪为政，犹如一群奴隶。这样的城邦是主人和奴隶所合成的城邦而非自由人的城邦。惟有中产阶层"最不会逃避治国工作，也最不会有过分的野心"。在军事和文治机构中，有了野心的人，对于城邦常会酿成大害。②"中产阶层比任何其它阶级都较为稳定。他们既不像穷人那样希图他人的财物，他们的资产也不像富人那样多得足以引起穷人的觊觎。既不对别人抱有任何阴谋，也不会自相残害，他们过着无所忧惧的平安生活。"③

由此可见，贫富差别是阶级社会不可避免的历史现象。就品性而言，富人和穷人阶层永远是彼此互不信任的。贫富双方时常相仇，中产阶层可以是富人和穷人的"仲裁者"，"只有在中产阶层较其他阶层之一或较两者都占上风的地方，政府才能够稳定"，所以，"最好的立法者都是中产阶层的人"。④出身于中产家庭的梭伦以立法抑制最富有的阶层，扶持最贫困的阶层，强化中产阶层，以最优良的立法，拯救了雅典城邦。⑤正是从这个意义上说，梭伦的目标不是民主政治，而是国家的稳定和双方的平衡，"这样，人民就会好好追随领袖，自由不可太多，强迫也不应过分；富厚

---

① Aristotle, *Politics*, 1295ᵇ1–20.

② Aristotle, *Politics*, 1295ᵇ10–15.

③ Aristotle, *Politics*, 1295ᵇ25–30.

④ Aristotle, *Politics*, 1295ᵇ25, 1296ᵃ21, 1296ᵇ34.

⑤ 解光云：《古典时期雅典城邦对贫富差距的制度调适》，《安徽史学》2006 年第 4 期。亚里士多德在《雅典政制》中似乎暗示，公民等级并不是由梭伦新划分的，他只是因袭德拉古的制度。普鲁塔克则非常明确地认为梭伦首次对公民进行分等。现代学者大多接受普鲁塔克的意见，参见晏绍祥：《古代希腊民主政治》，北京：商务印书馆，2019 年，第 323 页。

第七讲　亚里士多德基于贫富差别的城邦政体构想

如属于没有教养的人，餍足就要滋生不逊。"①

二、贫富差别影响城邦政体的变革

政体，意为城邦最高统治权力的执行者所组成的公务团体。②换句话说，政体就是对城邦中的各种官职，尤其是拥有最高权力的官职的某种安排。基于如此安排的团体，既可以是一个人，也可以是少数人，又可以是多数人。"这一人或少数人或多数人的统治，如果旨在照顾全邦共同的利益，则由他或他们所执掌的公务团体就是正宗政体。反之，如果他或他们所执掌的公务团体只照顾自己一人或少数人或平民群众的私利，那就必然是变态政体。"③政体以一人为统治者，凡能照顾全邦人民利益的，通常就称为"王制"或君主政体，凡政体以少数人为统治者则为"贵族政体"，政体以群众为统治者而能够照顾到全邦人民利益的，则为"共和政体"。王制、贵族和共和政体为正宗政体，相应于上述各类型政体，僭主政体为王制政体的变态，寡头政体为贵族政体的变态，平民政体为共和政体的变态。无论是何种政体，皆与贫富差别相关，"僭主政体以一人为治，凡所设施也以他个人的利益为依归；寡头政体以富户的利益为依归；平民政体则以穷人的利益为依归。三种变态政体都不以城邦全体公民的利益为依归。"④据统计，亚里士多德在《政治学》中提及的城邦已达158个之多。他不仅收集诸多城邦政治与法律制度的资料，而且着力理清各个城邦政治与法律制度的历史，并将这些历史资源作为研究现实各城邦政体和政治问题的重要依据，《雅典政制》便是其重要研究成果之一。

据亚里士多德的研究，诸如城邦各阶层的比例不平衡，各阶层的利益不平等，从事航海经商为主的岛居民众与经营田园和工艺为主的陆上民

西方古典文明论稿

---

① Aristotle, *Athenian Constitution*, XII.2.

② G.N.Stavropoulos, *Oxford Greek-English Learner's Dictionary*, New York: Oxford University Press, 1991, p.721.

③ Aristotle, *Politics*, 1279^{b}5-10.

④ Aristotle, *Politics*, 1279^{a}25-40,1279^{b}5-10.

众，不同的政治倾向等等，皆可导致城邦内讧，引起城邦政体的变革。[1]
"各种政体也可因邦内诸职司之一或其它部分的荣誉或权力的增长而倾向
于寡头、或平民、或共和制度。"[2]因此，贫富差别是影响城邦政体变革的
重要因素之一。僭主政体依据专制的原则，即以主人对待奴隶的方式处理
其城邦的公务，寡头政体是有产者们执掌最高统治权，平民政体则是由无
产的贫民群众执掌最高统治权。"任何政体，其统治者无论人数多少，如
以财富为凭，则一定是寡头政体；同样地，如果以穷人为主体，则一定是
平民政体。"[3]最为正宗的政体就是最为公正的政体，应该不偏于少数富
室，不偏于多数平民，而以全邦公民利益为依归。梭伦自述为雅典创制的
本意，务使少数多数各得其宜。[4]在梭伦之后的较长一段时间内，雅典城
邦除了将军和财务保管员等极少数需要专业知识和技能的官员直接选举
外，绝大多数官员皆由抽签选举产生，抽签选举也被视为雅典城邦民主政
治的基本标志之一。[5]这一选举方式无疑带有这样的目的，即避免某些有
财有势的富室垄断官职，造成不良影响，引发雅典城邦政局动荡。

　　值得注意的是，穷人与富人的人数对比状况时常会引起政体变革。倘
使富户人数增加或财产增多，平民政体就会转变为寡头政体或门阀统
治。[6]"一般公认为敌对势力的富户和平民两部分，倘使在一个城邦中势
力均衡而完全没有或仅有为数很少的中产阶层处于其间，为之缓冲，革命
也是可以爆发的；如果两方都明知各自的力量不足抗衡，较弱的一方就必
然敛手而不敢贸然与较强的一方争胜。"[7]"凡邦内中产阶层强大，足以抗
衡其它两个部分而有余，或至少要比任何其它单独一个部分为强大——那
么中产阶层在邦内占有举足轻重的地位，其它两个相对立的部分就谁都不

① Aristotle, *Politics*, 1301ᵃ–1303ᵃ.

② Aristotle, *Politics*, 1303ᵇ.

③ Aristotle, *Politics*, 1280ᵃ35–40.

④ Maria Noussia Fantuzzi, *Solon the Athenian, the Poetic Fragments (Mnemosyne Supplements)*, Fragment 5. Leiden: Brill, 2010.

⑤ Aristotle, *Politics*, 1274ᵇ5–10.

⑥ Aristotle, *Politics*, 1303ᵃ10.

⑦ Aristotle, *Politics*, 1304ᵇ5.

第七讲　亚里士多德基于贫富差别的城邦政体构想

能主治政权——这就可能组成优良的政体。"①因此，亚里士多德明确赞誉中产阶层，"最好的政治社会是由中产阶层的公民组成的"②。惟有以中产阶层为基础才能组成最好的政体，最好的政体必须是由中产阶层执掌政权。形成稳定的中产阶层，关键在于财产和人数的比例。通常，城邦中产阶层的人数比较多，而中产阶层就是那些"占有一份适当而充足的财产"的人。惟其财产适当，所以不致为富不仁；惟其财产充足，所以不会觊觎他人；更重要的是，惟其人数较多，所以这个阶层就能平衡富有阶层和贫穷阶层的势力，而使国家"少受党争之祸"③。

当然，在贫富差别的影响下，城邦政体的变革不尽一致。就平民政体而言，政变大多起因于群众领袖（δημαγωγός）的放肆。他们有时指责或诬控富户，导致富人们联合起来，有时则鼓动攻击整个富有阶层。④"平民领袖们为了讨好群众，往往不惜加害著名人物，以重课和捐献督责他们，使他们倾家荡产，沦为贫户，或诬告富有之家于法庭，俾可没收他们的资财；这样，最后终至逼迫富贵阶层结合成为反抗力量。"⑤在寡头政体中，穷人憎恨并妒羡富室的财物。穷人有时候可能成为城邦的麻烦。例如，在一国遭逢战争期间，穷人要是无法生活而城邦又不予供给，他们就不愿为国效劳。但如果予以供给，他们也是乐于出战的。平民人数增加也是引致变革的原因。例如，在雅典，伯罗奔尼撒战争期间，陆军屡屡失败，贵要阶层悉数出征，大批阵亡；平民相对成为绝对的多数，民主势力便顿时扩张了。⑥

三、稳定城邦政体应调适穷人与富人的利益

继迈锡尼时代之后产生的古希腊早期政体中，公民团体实际上完全由

---

① Aristotle, *Politics*, 1295^{b}35–40.

② Aristotle, *Politics*, 1295^{a}25–1297^{b}13.

③ Aristotle, *Politics*, 1296^{a}10.

④ Aristotle, *Politics*, 1304^{a}20.

⑤ Aristotle, *Politics*, 1305^{a}5.

⑥ Aristotle, *Politics*, 1303^{a}10.

自备武装的战士组成。军事实力的重心基本上寄托在富有阶层的骑兵身上。所以，富人很早就因其军事地位和作用无与伦比而在城邦政治生活中地位显赫。当城邦渐渐扩大，步兵（甲士）的力量才逐渐增强。[1]远古时期的君主政体结束后，自然形成了富人执掌政权的寡头政体。古希腊历史语境下的贵族制意为"最优秀的统治"，而寡头制则是"少数人的统治"，因此，二者的关键之别在于如何认定统治的"优秀"。"在古风和古典时代，尤其是古典时代，所谓的优秀，除了出身，更多地用财富来表示。于是，贵族制和寡头制都变成了少数富人的统治。"[2]在柏拉图和亚里士多德看来，寡头制是贵族制恶劣的变种和堕落政体。根据堕落程度的不同，亚里士多德将寡头政体分为不同类型，最温和的一种，财产资格较低，骑士等级以上的人大多享有公民权。最为极端的一种，享有公民权的人仅是极少数掌控城邦权力的贵族。他们罔顾法律，施政仅仅考虑家族私利。[3]

因此，亚里士多德主张，"稳定寡头政体应具备一高一低两种标准的资产册籍。在低级册籍中的公民可以充任低级职司；较重要的官员则限于由高级册籍中的公民选任。另一方面，任何人只要有某一定额的财产就让他入籍而取得政治权利；使大多数群众参加到政府方面，其势力就可以超过没有政治权利的人们。凡册籍上添入新公民时须注意到他们应该是群众中较好的部分或阶级。""对必须由公民充任的最重要的职官或显官，应使其负担某些公益义务或捐献。这样，平民就自然不抱高官显职的奢望，他们看到显赫一时的重任原来要支付这么多的代价，也就认为无可妒羡了。这些显官在莅任那一天，还该作丰盛的献祭，在职期间应当建立一些公共建筑。人民既于此能同享快乐，又见到他们的城市中满布着酬神的点缀和堂皇的坊塔或建筑，自会安心容忍寡头政体的长久统治，而这些贵要人物把自己的钱财作成世代的纪念也应志得意满了。"[4]

富人的负担远不止这些公益义务或捐献。在寡头政体的城邦，对缺席公民大会的罚款只行使于富户，或对富户缺席所罚特重；凡具备了财产资

---

① Aristotle, *Politics*, 1297[b]20.

② 晏绍祥：《古代希腊民主政治》，北京：商务印书馆，2019年，第107页。

③ Aristotle, *Politics*, 129[b]14–30, 1292[a]39–1292[b]10.

④ Aristotle, *Politics*, 1321[a]35–40.

格的人就不许他们凭誓言谢绝任命行政职司，但穷人则可以辞不就任；富户缺席法庭的陪审职务照例必须受罚，但是，穷人缺席者不罚，或采取另一种方法，富户的处罚从重，穷人从轻。关于武器装备和体育训练，也有类似的措施。许可穷人不置备任何武器，但富户不参加则受罚。于是，富人因害怕受罚，全部都受过体育或军事教练，穷人则因无所强制而失去这种教练。①因此，寡头政体始终存在对穷人和富人利益平衡和处置不当的问题。城邦可以要求富室济贫和重于公益，但城邦也应保全富室，不使富室负担不必要的捐输。②寡头政体应适度注意穷人的利益。凡可以由此取得小小功赏的职司应尽量由穷人担任；如有富户侵凌穷人，处罚就应该比富户侵凌富户所受的惩诫还要加重。③产业的分配尽可能均衡，使较多的穷人子孙也可以获得中等收入。有必要规定，遗产必须依照亲属承继的约定付给应该嗣受的后人，不得应用赠予的办法任意递传，而且每一个人都不要让他嗣受第二份遗产。④

至于共和政体或平民政体，也注意平衡穷人与富人的利益。例如，穷人出席公民大会和法庭可以领取公款津贴；富户如果缺席则不受处罚。按照平民政体的理想，最好是一切机构——公民大会、法庭、行政机构——全都给予津贴。如果实在不可能，则凡出席法庭审判大会、议事会和公民大会的公民，在开会期间必须给予津贴，执政各机构也必须给予津贴，至少是那些规定要参加公共食堂会餐的执政人员非给予不可，会餐费用由公款支给。执政人员的收入就是这种"伙食津贴"。⑤鉴于此，亚里士多德认为，平衡是必须的，应该兼取两种措施进行平衡：对于穷人的出席者给予津贴，对于富户的缺席者则课以罚款。以此平衡贫富两方利益，使其都参加政治集会。

诚然，共和政体公民团体的确应该限于可以自备武装的人，也就是说，执掌政权者必须有财产资格。但是，共和政体如果要长治久安，更应

---

① Aristotle, *Politics*, 1297ᵃ15–30.

② Aristotle, *Politics*, 1309ᵃ13–18, 1320ᵃ6, 1320ᵇ4.

③ Aristotle, *Politics*, 1309ᵃ25.

④ Aristotle, *Politics*, 1266ᵃ39–ᵇ27, 1266ᵇ18, 1309ᵃ23.

⑤ Aristotle, *Politics*, 1317ᵇ35–40.

采取温和的中庸之道，"不需以没收财产和加重捐课的政策驱除富室；开会津贴亦宜有适当限度。与此同时，应当注意贫困的人民由富室和公众共同给予济助，使之各逐生计"①。在良好的共和政体或平民政体中，贫民和富户地位相等。②亚里士多德坚信，在共和政体中，富人联合贫民反对中产阶层的事情不会发生。贫富阶层向来互不相容，谁也不肯做对方的臣属。对他们而言，要是想在共和政体以外，另外建立一类更能顾全贫富两方利益的政体，必然是徒劳的。在共和政体中，贫民和富户两方总是互不信任对方，也不会愿意作出轮番为政的安排。

不过，在古希腊历史上，有志于建立贵族政体的人往往忽视了平衡穷人与富人利益的重要性，不仅给予有产阶级以过多的实权，而且还用虚假的利益欺蒙平民或穷人，"富人以这类诡计施行侵凌的企图，其为患于国政远远超过平民的争吵"③。要取得双方最大的信任，必须有一个居于中间地位的仲裁者。中产者介于贫富之间，可以协调两阶级的争端，中产阶层具有平衡贫富势力的重要地位和作用。以其为主的共和政体也是较为稳定而适宜于一般城邦的政体。④

平衡穷人与富人的利益实属不易。在古希腊，尽管有嘉尔基顿的法勒亚（Chalcedonian Phaleas）和科林斯的菲洛劳斯（Philolaus of Corinth）等立法家制订过公民"均产法"（The Measure for Equalizing Properties），调适贫富差距，以求减少犯罪，消弭内乱，但是，完全平均财产是一件非常难以实践的事情。⑤亚里士多德也意识到，要想制订一个适用于一切城邦的财产数额是不可能的。可以考查各邦的实际情况，然后分别订定一个最高数额，这个数额应该不多不少而符合于这样的原则：一邦大多数的人户都能合乎这一资格而可以取得政治权利，被这项资格所限制而抛弃于公民团体以外者则仅属少数。对待穷人如果不横施暴虐，或剥夺其生计，则穷人虽

---

① ［古希腊］亚里士多德：《政治学》，吴寿彭译，北京：商务印书馆，1997年，附录一，第453页。

② Aristotle, *Politics*, 1318ᵃ6.

③ Aristotle, *Politics*, 1297ᵃ5.

④ 希腊贵族何时形成，有哪些具体标志，至今仍有争议。按照雅典城邦贵族的标准，有两个必备要素：出身高贵；富有资产。参见：Chester G.Starr, *The Aristocratic Temper of Greek Civilization*, New York: Oxford University Press, 1992, pp.9–12.

⑤ Aristotle, *Politics*, 1266ᵃ39–1266ᵇ27, 1274ᵇ4.

不得享有政治权利，他们也可以安分守己，不致起而和统治者为难。但统治者未必全属温和，遇事都能自制，执掌了权力的人对于下层人民不会常行仁政。①

据记载，雅典在财务方面有凭人数和财产综合分配税课的制度。前377年，雅典举办了一次普遍的家产调查，后来将公民及其财产划分成一百个"等产区分"，每年城邦所需款项便平均分配于各个等产区分，按时摊缴。②事实上，绝对平等也是难以实现的。在一般共和政体或平民政体中，所谓平等的真实意义是穷人不占富室的便宜，最高治权不完全操控于穷人部分（阶级），而在数量上均衡地分配于全体公民。③极端平民政体往往以府库供养贫民。亚里士多德认为，要是府库充足，足够支付津贴，不要让平民英雄们以公费取悦于群众。一个真正的民主主义者自当注意到勿使一邦的群众陷入赤贫的困境。贫困会导致平民政体产生多种弊端。应该有一些措施保证人民维持某种程度的兴旺。正当的办法是，把羡余积储成大宗的款项，然后以趸数济助贫民。"理想的趸数必须是足够让每一穷人购置一块耕地；如果积储还不充分，也该使所济助的款项可能用以从事商贩或开始务农。如果这样的济助不能对全邦贫民同时发放，可以依部族或其它区分挨次地分批发放。与此同时，富室仍该贡献其资财于城邦，以供贫民参加某些必不可缺席的公民大会的津贴。为酬答富室的这种贡献，同时就豁免富室各种无补于实际的公益捐款。"④在平民政体中，应该保护富室。不仅富室的产业不应被瓜分，还应保障富室从产业所获得的收益。有些政体暗中削减富室产业的方法也是不该容许的。应当阻止富室被强迫的捐献，甚至是出于自愿的无益于公众而十分豪奢的捐献，有如设备不必要的剧团（合唱团）、火炬竞走以及类似的义务。诸如此类的阻止措施，也可以说是一项良好的政策。⑤如果不兼容富户和穷人，寡头和平民这两种

---

① Aristotle,*Politics*, 1297^{b}5–10.

② 详见：D.M.Lewis, John Boardman, Simon Hornblower, M.Ostwald, *The Cambridge Ancient History*, Second Edition.vol.VI. Cambridge: Cambridge University Press,1994, p.74.

③ Aristotle,*Politics*, 1318^a.

④ Aristotle,*Politics*, 1230^{a}25.

⑤ Aristotle,*Politics*, 1309^{a}15–20.

政体都不能存在或不能存续。因此，要是实施平均财产的制度，这两个政体都会消失或另成为一个不同的新政体，"过激的法律往往企图消灭富户或排除平民群众，然而以贫富共存为基础的旧政体从此也必然与之一起消失了"。平衡穷人与富人的利益直接影响政体的存续。①

结　语

调适贫富差距，构建优良政体，堪称古典时代古希腊城邦政治家、改革家和立法家们孜孜以求的社会理想和政治实践。根据亚里士多德的研究，倘使穷人占据最高治权，就会凭其"多数"来瓜分富户的财物，而这种多数显然是在破坏城邦。倘使少数富人执政也像别人那样，掠夺并没收平民的财物，他们的这些行为也是卑鄙而不义的。前4世纪以降，古希腊文明逐渐衰微的历史说明，如何调适贫富差距，建立理想城邦，只是亚里士多德对城邦政体理想化的探究和构想而已。古典哲学家的理想化政体并未成为古希腊政治实践的现实。

第七讲　亚里士多德基于贫富差别的城邦政体构想

---

① Aristotle, *Politics*, 1309ᵇ35–40.

第八讲　古典时期雅典的农业与重农思想

❖❖❖

这一讲从一位教材和古希腊相关书籍中常见的人物伯里克利讲起。

某天，他叮嘱仆人欧安格罗斯（Evangelus）卖掉一年的收成，换成钱币，再去市场上购买一些居家度日之物。[①]不难猜测，欧安格罗斯的采购清单上会包括各种食物。借助考古成果和现代科技，今人有幸窥见古希腊人的部分生活习惯和日常饮食。伯里克利出身富庶，虽案牍劳形，但他仍小心经营着自己的财产。根据普鲁塔克的说法，伯里克利成年的儿子和媳妇们都在抱怨父亲开支苛刻，完全不像一个大户人家的主人。因此，我们在欧安格罗斯的"采购清单"上或许能看到一些希腊人常见的食物，包括大麦粉制成的扁平面包（μᾶζα, maza）、小麦粉制成的白面包（ἄρτος, artos）、橄榄油、葡萄酒，还有一些豆类。事实上，富人的餐食要丰盛得多，各种面包、酥油饼、糕点，辅以甜美的蜂蜜、醇香的山羊奶和奶酪，配合蔬菜、水果大快朵颐，此外，还有猪肉、羊肉以及鸭、鹅、鹌鹑、鹦鹉、鸽子等禽肉，条件稍差的家庭代之以鱼肉和贝类。而穷人只有大麦面包、粥糊充饥，对于他们，肉类甚至鱼肉都是奢侈品。[②]

谷物、橄榄、葡萄、豆类……这些土地上的产出是希腊人赖以生存的物质资料，不论贫民还是富人，都与农业生产关联紧密。在"靠天吃饭"的古代社会，地理环境很大程度上决定了当地人的生产劳作方式，而地理

---

① Plutarch, *Pericles*, 16.4–5.

② [英]莱斯莉·阿德金斯、罗伊·阿德金斯：《古代希腊社会生活》，张强译，北京：商务印书馆，2016年，第531—532页。

环境的差异性导致了农业活动的多样性和复杂性。因此，即便忽略农业生产技术进步带来的改变，[①]要在有限的时间内讲清楚古代希腊社会的农业生产状况仍是极为困难的。古典时期的雅典城邦无疑是古代史研究的中心课题，文献遗存丰富、考古成果丰硕，也必须承认，"至少在基本的社会和经济关系上，希腊城邦彼此间的相似性远大于它们与周围部落和非希腊地区的联系。"[②]见微知著，我们同样从古典时期的雅典城邦入手，纵览古代希腊的农业劳作图景，并尝试探究他们的经济思想。

一、阿提卡的地理环境及农业劳作

雅典所在的阿提卡半岛是一个东南向延伸入爱琴海的三角形半岛，北方与彼奥提亚（Boeotia）相邻，以长达16公里的西塞隆（Cithaeron）和帕尔奈斯（Parnes）山脉为界；西侧的埃琉息斯与麦加拉（Megaris）接壤，再往西是著名的科林斯地峡（Isthmus of Corinth）以及伯罗奔尼撒半岛；最南端是苏尼翁海角（Sounion）；东海岸与尤卑亚（Euboea）隔海相望，总面积约2400平方千米。属于典型的地中海气候区域，冬季温和多雨，夏季炎热干燥；降水时间分布不均匀，一般集中在公历10月至次年5月，会有突如其来的疾风骤雨甚至山洪、冰雹。山区有所不同，冬季寒冷降雪，夏季温和，冰雪融水减少了干燥的时日。阿提卡半岛是希腊最干旱的地区之一，年降雨量不足400毫米，接近非灌溉谷物栽培的最低限额。[③]河流短小

①芬利（M. I. Finley）认为希腊、罗马继承了大量符合自身特定价值的技术经验，善加利用并有所改进提高，但是在前4世纪或前3世纪之后就没有太多真正的创新了，相当停滞的技术限制了他们的生产力（参见：M. I. Finley, "Technical Innovation and Economic Progress in the Ancient World", *The Economic History Review, New Series*, Vol. 18, No. 1, 1965, pp.29-45）。凯文·格林（Kevin Greene）则主张基础设施的改善、机械技术的改进很大程度上促进了古代希腊罗马工农业产品的生产和分销（参见：Kevin Greene, "Technological Innovation and Economic Progress in the Ancient World: M. I. Finley Re-Considered", *The Economic History Review, New Series*, Vol. 53, No. 1, 2000, pp.29-59）。就本讲涉及的时段和区域而言，农作物产量的提升主要还是通过扩大奴隶使用规模以及缩短休耕时间、改良土壤、使用肥料等精耕细作的措施。

②[英]约翰·博德曼、贾斯珀·格里芬、奥斯温·穆瑞：《牛津古希腊史》，郭小凌等译，北京：北京师范大学出版社，2015年，第259页。

③Robin Osborne, *Classical Landscape with Figures: The Ancient Greek City and Its Countryside*, London: George Philip, p.33.

湍急，贮水能力有限，所幸山岭众多，蓄积降水汇成泉流，一定程度上改善了当地人的耕种条件。总体上看，阿提卡半岛广泛分布的石灰岩山脉使得地形支离破碎，土壤层较薄，优良耕地较少，可耕地大概仅占总面积的20%到30%。不过这个数字并不等于阿提卡半岛的农业用地总面积，事实上，除了谷物种植，还有很多土地被用于农业生产，林·福克斯豪（Lin Foxhall）估计，阿提卡半岛有近半甚至更多的土地可被用于农业，总计可能超过1000平方千米。[1]

尽管色诺芬在《经济论 雅典的收入》中夸耀道："土地上的产品证明阿提卡一年四季都是极为温暖的，因为许多城邦甚至无法生长的植物，在这里都能成熟结果……神在各季赐予的各种果实，在这个城邦总是结实最早而凋零最晚的。"[2]现实情况可能远没有如此美好，希罗多德认为希腊的土地贫瘠，借助智慧和强力的法律，希腊人得到了勇气，驱除了贫困与暴政；[3]修昔底德则认为正因阿提卡土地贫瘠，这里的居民才避免了纷争，也从未发生改变；[4]普鲁塔克提到梭伦之所以决定把公民的注意力引向手工艺的原因之一，即阿提卡的"大部分土地都是贫瘠无用之地"。[5]

但是我们不能因此否认土地是雅典人赖以生存的主要资源，古典时期大部分雅典公民以土地为生，严苛的自然环境无碍于雅典人对土地的热情。柏拉图甚至认为地形气候影响着土地上居民灵魂的善恶，有些地方更容易产生好人，有些地方恰恰相反，贫瘠的土地更能铸造公民优秀的品格。[6]在伊索克拉底看来，继承了巨大财富和丰厚领土的色萨利人最终变得贫穷，而土地微薄、不得不耕种岩石的麦加拉人却变得富裕，究其原因在于理性和自制的品德。[7]可见，土地贫瘠与否并非贫富、强弱之根源，

---

① Lin Foxhall, "The Control of the Attic Landscape", in Berit Wells ed., *Agriculture in Ancient Greece*, Stockholm: Paul Astroms Forlag, 1992, p.156.

② [古希腊]色诺芬：《经济论 雅典的收入》，张伯健、陆大年译，北京：商务印书馆，1981年，第66页。

③ Herodotus, *The Histories*, 7.102.

④ Thucydides, *The Peloponnesian War*, 1.2.

⑤ Plutarch, *Solon*, 22.1.

⑥ Plato, *Laws*, 747D.

⑦ Isocrates, *On the Peace*, 117–119.

贫薄的土地塑造了坚毅朴素、品性优良的居民，凭借良好的品格，他们改造周边环境，最终变得强大富裕。正如《希波克拉底文集》（*Hippocratic Corpus*）中提到：充满敌意的裸露的土地，缺乏水源，夏炎冬寒的环境造就了人们热衷于劳作的天性，刚强、顽固、凶猛而不胆怯的性格。①

对阿提卡半岛的地理环境有所了解后，我们试从希腊人最常见的几种作物着手，重现雅典农民的劳作图景。

（一）谷物（大麦、小麦）

古希腊大部分地区的主要粮食作物是大麦。大麦外壳坚硬，能有效抵御病虫害侵袭，耐旱、耐盐碱，虽然对寒冷的气候较为敏感，但是严寒并非地中海气候区域居民要面临的困难。问题在于用大麦做出的面包口感不佳，作为食品，小麦可能更受欢迎，然而小麦产量受自然环境影响大，算是一种"奢侈"的谷物。②

为防止病虫害长年累月侵蚀庄稼，保持水土、恢复土地肥力，阿提卡农民将耕地一分为二，同一片土地第一年里栽种谷物，次年休耕，周而复始。在色诺芬的《经济论 雅典的收入》中，苏格拉底询问农事经验丰富的农民伊斯霍玛霍斯（Ischomachos），如果想要自己种植的小麦和大麦丰收，应如何耕种土地？对方回答："首先必须准备好播种用的休耕地"，春季破土，清除的杂草枯萎可以作为肥料滋养土地，夏季要尽可能多地翻掘土地，让下层土壤晒到太阳，直到降雨来临准备播种谷物。③伊斯霍玛霍斯一开口并未滔滔不绝地讲授自己引以为傲的耕种经验，而是把照料休耕地置于首位。古风时代的农民诗人赫西俄德则称休耕地是"生活的保障，孩子们的慰藉"，可见休耕对于农夫的重要意义。

播种谷物的准备工作大约从公历10月份开始，这时宙斯送来秋雨，天狼星（Sirius）在头顶漫步。"工欲善其事，必先利其器"，此时农民应该为

① Victor D. Hanson, *The Other Greeks: The Family Farm and the Agrarian Roots of Western Civilization*, Berkeley: University of California Press, 1999, p.133.

② Lin Foxhall, "Environments and Landscapes of Greek Culture", in Konrad H. Kinzl ed., *A Companion to the Classical Greek World*, Oxford: Blackwell Publishing Ltd., 2006, pp. 268-269.

③ [古希腊]色诺芬：《经济论 雅典的收入》，张伯健、陆大年译，第49—50页。

制造各种农具伐木取材，包括直径为3足尺（一脚长）的臼材、一根3肘尺（手肘到中指指尖的长度）长的杆、一根7足尺长的车轴，如若车轴有多余的，可以制备一根1足尺长的木槌。此外，还要准备车轱辘所需的木材，用坚硬无比的圣栎树制造犁辕，把不易虫蛀的月桂树或榆树做成犁杆，犁头则采用橡树木，且要准备两个木犁，一个损坏时马上可以使用另一个。①根据诗人的描述，结合已有考古成果，我们能够复原古希腊人使用的耕犁样式，这种犁左右对称，翻地效果并不理想，只能在土地上留下一道划痕。犁铧由青铜或铁制成，一定程度上延长了犁的寿命，提高了耕种效率。②希腊人使用铁制农具的例子早在《伊利亚特》中就有提及，阿喀琉斯决定把铁作为奖品赠予竞技取得优胜的阿尔戈斯人，并说道："即使他肥沃的田地离家宅很远，有了这块铁，他五年内都不会缺铁。如果他的牧人或耕夫需要铁，也无需进城取。"③

秋季，大约公历11月份，是希腊大部分地区最适宜播种谷物的时节。赫西俄德提醒农民要注意云端的鹤鸣，因为"它预示着耕田的季节和多雨的冬季来临……耕种的季节一到，你要和奴仆一起不分晴雨的抓紧时间播种，每天清晨你自己就下地干活，这样人手才能到齐，你的田地才有可能适时地耕作完毕"，他建议由两头9岁的公牛架犁，它们正处于气力最足的岁数；由一位40岁的健壮男子驱赶耕牛，他能专心劳作使犁沟笔直；还要吩咐奴隶带着锄头跟在后面，把播下的种子用泥土覆盖，以免飞鸟啄食。④除了耕牛，希腊人也用骡子牵犁，其效果甚至优于健牛。⑤此外，《经济论 雅典的收入》中，伊斯霍玛霍斯特别说明，播种谷物时要区分土地的轻与重，即贫瘠与肥沃，越是贫瘠的土地越应少下种子。⑥

假如错过播种的最佳时间，运气好的话，及时补种同样能获得好收成。"当布谷鸟第一次鸣叫于橡树之间（公历2月份），如果宙斯在第三天

①［古希腊］赫西俄德：《工作与时日 神谱》，张竹明、蒋平译，北京：商务印书馆，1997年，第13页。

②Signe Isager and Jens Erik Skydsgaard, *Ancient Greek Agriculture: An Introduction*, pp.46-47.

③［古希腊］荷马：《伊利亚特》，罗念生、王焕生译，北京：人民文学出版社，2003年，第547页。

④［古希腊］赫西俄德：《工作与时日 神谱》，张竹明、蒋平译，第14页。

⑤［古希腊］荷马：《伊利亚特》，罗念生、王焕生译，第227页。

⑥［古希腊］色诺芬：《经济论 雅典的收入》，张伯健、陆大年译，第52页。

送来雨水，并下个不停、直至地面上积水刚好深及牛蹄，不多也不少，晚耕的人就可能和早耕的人一样获得好收成。"①苏格拉底追问道：那么究竟是早点播种好，还是晚点播种好，或是中旬播种最好呢？对于这一问题，伊斯霍玛霍斯给出了一个狡猾的答案："神并非按照一成不变的法则来调节四季"，每年情况不同，为避免收成时好时坏，最好整个季度接连不断地播种。②

播种结束后，农夫们还不能高枕无忧，要及时耨地除草。地中海气候冬季降雨量大，麦苗被污泥覆盖的，需及时除去泥土；而那些因雨水冲刷露出根系的，要及时填土掩埋，其间还必须除去妨害麦苗生长的杂草。③

古希腊植物学家忒奥弗拉斯图斯（Theophrastus）认为，希腊地区的大麦从播种到成熟大约需要7到8个月，小麦需要的时间稍长一些。④据此推算，收获时节大约在公历5到6月份。《伊利亚特》中赫淮斯托斯为阿喀琉斯铸造的盾牌上详细描绘着丰收场景：农夫手握锋利的镰刀，"割下的麦秆有的一束一束躺在地上，有的被捆麦人用草绳迅速捆起。那里站着三个捆麦子的人，男孩们不断从他们身后抱起麦秆递给他们。"⑤色诺芬的著作帮助我们完善了古希腊农民的收获图景。例如，刈麦时背风站立，否则迎风吹来的麦秆、麦穗会伤到手和眼；收割时，麦秆短的，尽量靠近地面，麦秆长的，要从中间割断，这样能给打谷子、簸麦子的人省去不少麻烦；残余的秸秆焚烧后可用作肥料。⑥

脱粒是谷物收获过程中最重要的环节之一，希腊人通过驱赶牲畜踩踏的方式将麦粒与麦穗分离。打谷场一般是一个平坦的圆面，中心有洞，用于固定可转动的木杆，牲畜被拴在杆上做圆周运动，通过调节缰绳长度，踩过整个打谷场。这时，农民也不能闲着，需不断翻弄，把未经踩踏的谷穗送到牲畜脚下，接着在逆风处用簸箕把麦子抛起，风会吹走较轻的颖

①[古希腊]赫西俄德：《工作与时日 神谱》，张竹明、蒋平译，第15页。

②[古希腊]色诺芬：《经济论 雅典的收入》，张伯健、陆大年译，第51页。

③[古希腊]色诺芬：《经济论 雅典的收入》，张伯健、陆大年译，第53页。

④Theophrastus, *Enquiry into Plants*, 8.2.7.

⑤[古希腊]荷马：《伊利亚特》，罗念生、王焕生译，第440页。

⑥[古希腊]色诺芬：《经济论 雅典的收入》，张伯健、陆大年译，第54页。

第八讲 古典时期雅典的农业与重农思想

壳、糠皮和短茎秆而留下麦粒。①接下来只需晾晒麦粒、小心贮藏，或是制成食品以免收成损失。

通常认为，阿提卡半岛土壤贫瘠，耕地面积狭小，粮食主要依赖进口，早在梭伦所处的时代，雅典就开始限制谷物出口，以保障本国粮食供应。法国学者贾德（Jardé）1925年出版的专著至今仍是这一主题的经典论述，通过计算，贾德提出，阿提卡土地的人口承载力约为每平方千米33人，即该地区的农业产出仅能供养大约80 000人，古风时期阿提卡的人口数量已超越其承载力，古典时期更是严重依赖粮食进口。②戈姆（A.W. Gomme）认为阿提卡出产的粮食只够养活不到30%的雅典人口，而这一比例在伯罗奔尼撒战争爆发前更低。戈姆依据德摩斯梯尼在演说词《反莱普提尼斯》中提到的粮食进口总量，③以及两段向德墨忒尔敬献新果（first-fruits）的铭文（*IG* II² 1672; *IG* I³ 78）——分别记载了前329/前328年的祭品总量与该祭祀活动的献祭规格，即小麦年产量的1/1200、大麦的1/600——估算出雅典谷物年产量约为 410 000 麦斗（μέδιμνοι, medimnoi），④需从海外进口粮食约1 200 000麦斗，这是一组相当悲观的数据。⑤马克思主义古史学家德圣克罗阿（G. E. M. de Ste. Croix）同样认为古典时期雅典本土生产的谷物仅能供养阿提卡总人口的20%到30%。⑥

直到20世纪，希腊一些地区每公顷谷物产量也仅为500公斤左右，约为投入种子的3倍。然而，有研究成果表明，早在新石器时代，希腊某些

①Signe Isager and Jens Erik Skydsgaard, *Ancient Greek Agriculture: An Introduction*, London and New York: Routledge, 1992, pp.53-55.

②Auguste Jardé, *Les Céréales dans l'antiquité grecque I: La Production*, Paris: E. de Boccard, 1925, p.143. 转引自：A. Moreno, *Feeding the Democracy: The Athenian Grain Supply in the Fifth and Fourth Centuries B.C.*, Oxford: Oxford University Press, 2007, p.4. 关于古典时期雅典城邦成年男性公民人口数量的估算参见P. J. Rhodes, *The Athenian Boule*, Oxford: Oxford University Press, 1972, p.3, Note 6.

③Demosthenes, *Against Leptines*, 31-33. 德摩斯梯尼提及雅典进口的粮食近半来自滂图斯（Pontus），该地曾为雅典送来400 000麦斗粮食，且这一数据可与粮食专员核查。

④古希腊体积单位，通常用于测量干粮，在阿提卡地区，1麦斗约等于51.84升。依据铭文，可以得出雅典当年的大麦产量为340 350麦斗、小麦为28 500麦斗，估算过程中，戈姆扣除1/6留作种子，在此基础上增加100 000麦斗，作为低估雅典农民生产力的补偿。

⑤A. W. Gomme, *The Population of Athens in the Fifth and Fourth Centuries B. C.*, Oxford: Basil Blackwell, 1933, pp.28-33.

⑥陈思伟：《古典时代雅典粮食问题初探》，《农业考古》2013年第3期，第81页。

地区每公顷土地的收成就能达到投入的 10 倍左右，即播下 100 公斤种子，收获 1000 公斤粮食。①因此，我们不应低估古代希腊农业的生产能力。当然，这个数据与具体的水土气候条件密切相关。忒奥弗拉斯图斯直言："相比于其他任何地方，大麦在雅典收获的籽实最多，因为雅典是种植大麦最好的地方。"②

加西恩（Garnsey）指出在缺乏相关经济概念和有效统计手段的情况下，从散居于阿提卡乡村的农民手中准确扣取祭祀用的粮食并不容易，有些小农的收成甚至可能微少到不值得花力气去搜集，③而关于德摩斯梯尼的记述，即使真实可靠，我们也无法断定演讲中涉及的年份是丰收还是歉收。伊萨格尔（Signe Isager）和汉森（Hansen）亦提出设想，铭文中提到的前 329/前 328 年或许是个歉收年，不能代表阿提卡正常年份的收成。④德国地质、地理学家菲利普森（Philippson）从专业角度提醒我们："关于雅典土壤贫瘠的判断主要基于阿提卡地区的夏秋景观，且北方人常误以为土地的肥力总与绿色植物的生长水平密切相关，雅典和埃琉息斯的平原、山坡很适合生长谷物、橄榄和葡萄，在马拉松甚至麦西格亚（Mesogeia）深耕后的土地也能获得丰收。"⑤根据加西恩的算法，古典时期阿提卡地区的谷物年产量在 1900 万到 3200 万公斤之间，按人均年消耗谷物 175 公斤计算，能够养活大约 120 000 到 150 000 人，丰收之年足以供给半数雅典居民。事实上，直到希波战争末期雅典才出现粮食供需不平衡的状况。⑥然

---

①Robin Osborne, *Classical Landscape with Figures: The Ancient Greek City and Its Countryside*, London: George Philip, 1987, p.44.

②Theophrastus, *Enquiry into Plants*, 8.8.2.

③Peter Garnsey, "Yield of the Land", in Berit Wells ed., *Agriculture in Ancient Greece*, Stockholm: Paul Astroms Forlag, 1992, pp.147-153.

④Signe Isager and M. H. Hansen, *Aspects of Athenian society in the fourth century B.C*, Odense: Odense University Press, 1975, p.202.

⑤A. Philippson, *Die Griechischen Landschaften*, Vol. 1, Part 3. Frankfurt am Main: Klostermann, 1952, p.783. 转引自：Peter Garnsey, *Cities, Peasants and Food in Classical Antiquity*, Cambridge: Cambridge University Press, 1998, p.190.

⑥Peter Garnsey, *Cities, Peasants and Food in Classical Antiquity*, p.193. 雅典粮食生产及供给问题研究可参阅：Alfonso Moreno, *Feeding the Democracy: The Athenian Grain Supply in the Fifth and Fourth Centuries BC.*, Oxford: Oxford University Press, 2007. ［美］雨宫健：《古希腊的经济和经济学》，王大庆译，北京：商务印书馆，2019 年，第 124—127 页。

第八讲　古典时期雅典的农业与重农思想

而，即便按照加西恩的估算，雅典仍存在较大的粮食缺口。古典时期，相当一部分雅典居民的口粮需从阿提卡以外的地区进口，这也是一个为学界普遍接受的观点。保护谷物运输线，严令禁止出口、囤积及私自运送谷物，设置市场监管监督粮价并选举购粮官负责从外地购买粮食，谷物供应似乎一直是古典时期雅典公共决策中的重要内容。

（二）橄榄

在雅典娜的指引下，奥德修斯曾踏上费埃克斯人（Phaeacians）的土地，走向他们的首领阿尔基诺奥斯（Alcinous）辉煌的宫殿，宫门不远处的大果园种植着各种果木，有梨、石榴、苹果，还有芬芳甜美的无花果和枝繁叶茂的橄榄树，常年果实累累、从不凋零。①古希腊人的果园里似乎总会有橄榄树的身影。

对于雅典人，橄榄树的意义极为特殊，它们是城邦保护神雅典娜赐予的礼物。希罗多德告诉我们，某个时期，埃皮达鲁斯（Epidaurus）的土地颗粒无收，于是派人前往德尔菲请示神谕，女祭司告诉他们：如果竖起达弥亚（Damia）和奥克塞西亚（Auxesia）②的神像，情况会有所好转。使者接着问，用何种材料塑像？回答是橄榄树。埃皮达鲁斯人赶忙派人前往雅典，请求他们允许砍伐橄榄树，因为埃皮达鲁斯人相信这里的橄榄树最为神圣，也有说法是当时除了雅典，其他地方没有橄榄树。③有一种橄榄树在雅典被视为圣树，广泛分布于阿提卡各处，受法律保护。圣树生产的橄榄油会在泛雅典娜节上由竞技裁判官分发给参赛选手，挖掘或砍伐圣树会受到战神山议事会审判，如确认有罪会被判处死刑，在亚里士多德生活的年代，该法律虽未被废除但可能已不再执行，④然而直至前4世纪，还有公民会因破坏圣树而遭到谴责。任何人破坏橄榄树（除了用于葬礼）都将被处以每棵100德拉克马的罚款，上缴国库，其中的1/10奉献给神，被告须

---

①[古希腊]荷马：《奥德赛》，王焕生译，北京：人民文学出版社，2003年，第120页。

②古希腊神话中和丰产有关的两位女神。

③[古希腊]希罗多德：《历史》，王以铸译，北京：商务印书馆，1997年，第380—381页。

④Aristotle, *Athenian Constitution*, 60.1-2.

向起诉他的人支付同样的金额。①

橄榄树是多年生亚热带常绿乔木，栽种之日算起，需6年成熟、15年才能丰收。耐旱喜光，对气温要求低，有一定耐寒性，即使在多岩石的贫瘠土壤中也能生根发芽，生命力极为顽强，根据忒奥弗拉斯图斯的说法，橄榄树能存活200年之久。②旅行家波桑尼阿斯记载了这样一条传说：波斯人曾焚毁雅典卫城的橄榄树，但是当天这棵橄榄树又长到了2肘尺高。③

色诺芬在《经济论 雅典的收入》中记述了种植橄榄树的具体方法：首先，挖掘树坑，深度在1足尺半到2足尺半之间，直径不超过2足尺，干燥的土地挖深一些，而潮湿的土地挖浅一些，以免坑底的积水导致树根缺氧腐烂。其次，栽种时树苗下要垫一些翻刨过的松软土壤，稍微倾斜地插入泥土中，这样易于生根。最后，把树苗周围的土地夯实，以免雨水冲刷或太阳暴晒对树根造成伤害。伊斯霍玛霍斯告诉苏格拉底，这种栽种方式适用于一切果树，包括葡萄树、无花果树和橄榄树。对于橄榄树而言，树坑要挖深一些，树秧切口处用黏土包裹，黏土顶上放置几片碎瓦片，可能是为了防止树秧脱水，地面以上的部分要用东西缠裹起来。④忒奥弗拉斯图斯在《植物史》中详细介绍了橄榄树的多种繁殖方式，包括插条、压条、嫁接等，可惜他并没有进一步介绍如何照料橄榄树，只是提及了修剪枯枝的重要性，并认为橄榄树和桃金娘比葡萄藤以外的任何树木都要更难修剪。⑤

近代希腊农夫采摘橄榄的时间从秋天开始持续至早春时节，假设两千余年来希腊地区的自然环境和橄榄品种没有发生太大的变化，那么古典时期雅典农民采摘橄榄的时间也应该在秋季到早春之间。采摘方式很简单，有人爬上树梢，有人用长杆敲落果实，有人在树下捡拾，这种方式几乎沿用至今。⑥

①Lysias, *On the Olive Stump*, 2. ; Demesthenes, *Against Macartatus*, 71.

②Theophrastus, *Enquiry into Plants*, 4.13.5.

③Pausanias, *Description of Greece*, 1.27.2.

④[古希腊]色诺芬：《经济论 雅典的收入》，张伯健、陆大年译，第56—58页。

⑤Theophrastus, *Enquiry into Plants*, 2.7.2.

⑥Signe Isager and Jens Erik Skydsgaard, *Ancient Greek Agriculture: An Introduction*, p.40.

第八讲 古典时期雅典的农业与重农思想

橄榄是地中海地区最为重要的油料作物，老加图提及橄榄一旦成熟应该尽快采摘，如果在地面或者果床上搁置太久，果实很快就会腐败，榨出的油量少质差。[①]压榨橄榄油的第一步是把果实碾碎，通过老加图我们得知，罗马人会使用一种名为 *trapetum* 的榨油磨来碾碎橄榄，这种磨的底部是一个碟形石盘，中间用一根圆柱将两块半球体磨石固定。[②] *trapetum* 或许诞生于希腊，具体时间无从考证。古典时期的雅典农夫也许并未见过这种农具，他们如何碾碎橄榄呢？对此学界有不同猜想：可能会使用研钵捣碎橄榄，但是这种方法未免过于低效；也可能穿着加重的鞋子把橄榄踩碎，根据词源学的解释，*trapetum* 可能源于动词"τραπέω, *trapeo*"，指用脚踩葡萄这一动作；还有一种说法是将橄榄铺在坚实的地上，用一根圆柱碾过，类似的遗迹已在克里特岛上珀莱索斯（Praisos）的一间房屋中找到，但其时间鉴定属于希腊化时代。榨油机的工作原理也不复杂，将橄榄装入柳条或者黄麻编制的袋中，堆放在木制压机座（press-bed）上，压梁（pressing-beam）的一端固定，另一端悬挂重物，通过杠杆原理挤出橄榄的汁液，静置一段时间即可油水分离。[③]

那么，阿提卡地区的橄榄产量如何？前4世纪上半叶，在一次泛雅典娜大赛会上，有1113个双耳细颈陶瓶（ἀμφορεύς, amphoreus）被用于盛放奖品橄榄油，一个双耳瓶的容量大约为38到39升，那么仅这一次赛会用到橄榄油就至少有42 294到43 407升，[④]阿提卡的橄榄产量想必相当可观。总而言之，橄榄果实、橄榄油乃至橄榄枝都被广泛运用于食品、照明、清洁卫生等方方面面，是雅典人日常生活的必需品，也在宗教祭祀、节日庆典、竞技比赛等场合扮演着重要角色，同时作为雅典最重要的经济作物，在贸易中的地位举足轻重，是维持城邦经济正常运转不可或缺的农业作物。

---

①[古罗马]M.P.加图：《农业志》，马香雪、王阁森译，北京：商务印书馆，1986年，第38页。

②[古罗马]M.P.加图：《农业志》，马香雪、王阁森译，第18—19页。

③Signe Isager and Jens Erik Skydsgaard, *Ancient Greek Agriculture: An Introduction*, pp.61-63.

④Lin Foxhall, *Olive Cultivation in Ancient Greece: Seeking the Ancient Economy*, Oxford: Oxford University Press, 2007, p.117.

（三） 葡萄

奥德修斯的队伍攻下基科涅斯人（Cicones）的城市后，望见炊烟、听到羊咩，那儿是独目巨人（Cyclops）的土地。尚不知情的奥德修斯决定率同伴前去探索，看看岛屿上居住着什么人，他们随身携带着一袋暗色甜酒，这是伊斯马洛斯（Ismaros）的阿波罗祭司马戎（Maron）的馈赠，饮用这种红色酒酿前，要掺入二十倍的清水，"一股极其浓郁的香气从杯中散出，怡悦人的心灵，令人难以自制"。①《荷马史诗》中葡萄、葡萄酒的身影随处可见：阿尔基诺奥斯王拥有一座丰产的葡萄园，有的已经成熟，有的花蒂刚落，有人在晾制葡萄干，有人在酿造葡萄酒；返乡的奥德修斯"探索着走近那座繁茂丰产的葡萄园"；阿喀琉斯的盾牌上镌刻有藤野繁茂的葡萄园，串串葡萄呈现暗色，少男少女心情欢畅、载歌载舞，篮筐里硕果累累。②葡萄在荷马乃至更久远的时代就已融入了古希腊人的日常生活，那么古希腊人是如何种植、食用葡萄的呢？

葡萄是现存世界上最古老的果树树种之一，其驯化栽培史可追溯至距今8000余年的美索不达米亚，也是现今栽培范围最广、产量最大的水果。修剪在栽种藤本植物的过程中十分重要，波桑尼阿斯提及，瑙普利阿人（Nauplia）发现驴子啃食过的葡萄藤结果更多，于是他们学会了修剪葡萄藤。③赫西俄德说："宙斯结束了自太阳回归以来寒冷的六十天，牧夫座第一次在黄昏时从神圣的大洋河上升起④……燕子随即飞入人们的视野，春季降临人间，要在她到来之前修剪葡萄藤。"而当"猎户座和天狼星走进中天，牧夫座在黎明出现于玫瑰色的天庭时（公历9月份）"，要及时采摘葡萄，之后在阳光下曝晒10昼夜，再封藏5天，第6天装入桶中。⑤

①［古希腊］荷马：《奥德赛》，王焕生译，第157-159页。

②［古希腊］荷马：《奥德赛》，王焕生译，第120、445页。［古希腊］荷马：《伊利亚特》，罗念生、王焕生译，第440—441页。

③Pausanias, *Description of Greece*, 2.38.3.

④自太阳回归日算起，六十个冬日始于12月下旬，结束于次年2月下旬；关于牧夫座升起的时间，有一种测算结果是在2月13日，与六十个冬日结束的时间大致相同。参见吴雅凌：《劳作与时日笺释》，北京：华夏出版社，2015年，第221—223页。

⑤［古希腊］赫西俄德：《工作与时日 神谱》，张竹明、蒋平译，第17—19页。

色诺芬认为通过观察葡萄本身就能学会如何栽培它，藤蔓爬上临近的树木说明它需要支架；当叶子铺遮在青嫩的葡萄上时，要把缺乏树叶遮挡的果实遮起来，以免受到日晒；当叶子脱落时要去掉遮光物，让果实充分吸收阳光；采摘葡萄时要像采摘无花果那样挑选熟透了的。①忒奥弗拉斯图斯的说法更为详实，他提到播种会导致植物回归其原始形态，尤其是藤蔓植物，因此扦插是栽培葡萄最为常见的方法。葡萄藤既可单独生长又能够攀附于临近的树木上，栽培成功后第三年首次修剪植株，在干燥炎热的地区落叶后修剪，而凉爽潮湿的地区推迟至新芽萌发之时。②此外，要翻犁杂草、晾晒土壤，修剪藤蔓根部以促使其向更深层伸长，从而更为抗旱。当葡萄快成熟时，可以扬起尘土覆盖果实，延缓葡萄成熟增加含糖量。葡萄丰产需要长期悉心照料，势必花费农夫大量时间和精力。

成熟的葡萄会被制成葡萄酒或晾晒成葡萄干后食用。压榨葡萄汁时，首先要将葡萄放入篮筐或是柳条袋中，放置在架高的木板上，木板倾斜形成坡面，较低一侧有一个导流口，踩破果实，果汁顺势流入容器，亦可在大缸中直接踩踏葡萄，这一系列操作均在室内进行。葡萄汁存入双耳细颈陶瓶中，封存发酵。③在安特斯特里昂月（Anthesterion），即公历2月到3月间，为狄奥尼索斯庆祝的安特斯特瑞阿节（Anthesteria）首日即可品尝到新酿的美酒，享受节日庆典，正如欧里庇得斯在《酒神的伴侣》中描绘的："他（狄奥尼索斯）发明了葡萄汁制成的饮料，并把它赐予凡人。这饮料能使可怜的凡人从悲伤中解脱，每当他们被葡萄酒灌满的时候；还给人们送去睡眠，使他们忘却白天的烦恼，此外没有什么别的办法能治愈我们的苦难了。"④

值得注意的是，雅典出口葡萄酒并不多，可能是由于气候原因，不论是葡萄产量还是酒的品质都不及塔索斯（Thasos）、开俄斯（Chios）等著名葡萄酒产地，故此有学者认为阿提卡葡萄的种植面积可能远小于谷物和

①[古希腊]色诺芬：《经济论 雅典的收入》，张伯健、陆大年译，第59页。

②Theophrastus, *Enquiry into Plants*, 2.2.4; 2.5.3; 3.5.4.

③Signe Isager and Jens Erik Skydsgaard, *Ancient Greek Agriculture: An Introduction*, pp.56–57.

④Euripides, *Bacchae*, 278–283.

橄榄树，①尽管如此，葡萄仍是雅典最重要的农业作物之一。

（四）其他作物及畜牧业

古代阿提卡的粮食作物还有黍稷（κέγχρος, panicum miliaceum）和各种豆类。前者春天播种，迅速成熟，不会遭遇寒冬且非常耐旱。后者亩产量大，富含蛋白质，是一种廉价简便的食品，种植豆类也有利于保持土壤肥力，对开展集约农业生产意义重大。②伊萨格尔和斯凯兹加德（Skydsgaard）主张保守看待古希腊人会有意识地通过种植豆子改善土壤的观点，③但无可否认，豆类是希腊人的日常食品。前文提及，阿尔基诺奥斯王的果园里还种着梨、苹果、石榴和无花果，均为希腊人常见的果实，新鲜水果不易保存和运输，因而常被制成果脯。此外，忒奥弗拉斯图斯还列出了一张长长的蔬菜清单，包括芦笋、甜菜、卷心菜、芹菜、鹰嘴豆、黄瓜、葫芦、韭葱、莴苣、洋葱、萝卜等，蔬菜常被运往市集售卖以赚取利润，④乡下人也会煮食洋葱、蔬菜，⑤《阿卡奈人》中的阿提卡农民狄凯奥波利斯（Dicaeopolis）在公民大会上疾呼奥多曼提亚人（Odomantia）抢了他的大蒜。⑥花卉种植同样兴旺，雅典人的花圃里种有玫瑰、紫罗兰、百合等等，花朵常被用于宗教祭祀、香水制作和食品调味等方面。

对于雅典农民，饲养家畜的重要性不亚于种植作物。演说家伊萨奥斯（Isaeus）提到，雅典人优克特蒙（Euctemon）曾以13米纳（Minae）的价格出售了一些山羊和它们的牧人，又卖了两对骡子，价格分别为8米纳和550德拉克马（Drachma）；忒奥芬（Theophon）的遗产中除了一块价值2塔兰特的土地，还有60只绵羊、100只山羊和一匹好马。⑦喜剧《云》中的斯

---

① Peter Garnsey, *Famine and Food Supply in the Graeco-Roman World*, Cambridge: Cambridge University Press, 1988, p.93.

②Anaya Sarpaki, "The Palaeoethnobotanical Approach: The Mediterranean Triad or Is It a Quartet?" in Berit Wells ed., *Agriculture in Ancient Greece*, pp.61—75.

③Signe Isager and Jens Erik Skydsgaard, *Ancient Greek Agriculture: An Introduction*, p.42.

④[法]格洛兹：《古希腊的劳作》，解光云译，上海：格致出版社、上海人民出版社，2010年，第254—255页。

⑤[古希腊]柏拉图：《理想国》，郭斌和、张竹明译，北京：商务印书馆，1986年，第63页。

⑥Aristophanes, *Acharnians*, 161–165.

⑦Isaeus, *On the Estate of Philoctemon*, 33; Isaeus, *On the Estate of Hagnias*, 41.

第八讲　古典时期雅典的农业与重农思想

特瑞普斯阿德斯（Strepsiades）也说自己原本养着成群的绵羊和蜜蜂。[1]亚里士多德认为，在穷苦之家耕牛相当于奴隶，非常重要。[2]根据修昔底德的记述，斯巴达及其盟友入侵阿提卡前夕，居于乡野的雅典人被迫迁入城内，并把他们的牛羊运往尤卑亚和附近岛屿，这对他们来说是一个艰巨的任务，因为大多数人是在郊外住惯了的。[3]类似的例子不一而足，说明蓄养牲畜在阿提卡乡村不足为奇。

富人能够维持较大规模的牧群，其中以山羊、绵羊为主，通过出售毛皮、乳制品获利。对于拮据的小农而言，牲畜是重要的劳动力。苏格拉底相信，人类能从山羊、绵羊、马、牛、驴等动物身上获得诸多好处，动物的贡献绝不少于土地上结出的果实。"许多人不以田间出产的果实为食，而是靠从牲畜身上得来的奶、奶酪和肉来维持生活；所有的人都驯服并饲养有用的牲畜，用它们在战争和其他许多方面来为自己服务。"[4]并且"饲养牲畜的技艺与农业密切相关，因此人们有了祭神用的牺牲和自己用的牲畜。"[5]古典学家霍德金森（Stephen Hodkinson）认为，饲养家畜关乎小农家庭正常的生产生活，即使是境况稍好的家庭，也有助于公民获取少许盈余以维持其社会地位。[6]

（五）古典时期阿提卡农业的经营方式

涉及古代农业，一个绕不开的话题即农业经营方式辨析。有学者认为从古风到古典时代，阿提卡地区的农业生产方式经历了从粗放到集约的转变。汉松（Victor D. Hanson）提出大约前8世纪末前7世纪初，雅典经历了一场名副其实的"农业革命"，兼具古典学家和农民[7]双重身份的汉松相

---

①Aristophanes, *Clouds*, 45.

②[古希腊]亚里士多德：《政治学》，吴寿彭译，北京：商务印书馆，1983年，第6页。

③[古希腊]修昔底德：《伯罗奔尼撒战争史》，谢德风译，北京：商务印书馆，1985年，第117页。

④[古希腊]色诺芬：《回忆苏格拉底》，吴永泉译，北京：商务印书馆，1986年，第158页。

⑤[古希腊]色诺芬：《经济论 雅典的收入》，张伯健、陆大年译，第16页。

⑥S. Hodkinson, "Animal husbandry in the Greek polis", in C. R. Whittaker, ed., *Pastoral Economies in Classical Antiquity*, Cambridge: Cambridge Philological Society, 1988, p.61.

⑦汉松和兄弟及一位堂兄共同经营着位于美国加利福尼亚州南圣华金河谷（San Joaquin Valley）的农场。

信，为应对人口压力，阿提卡农夫在开垦荒地的同时开始谋求更高的土地利用率，他们在自己的土地上修建农庄（farmstead）、扩大奴隶使用规模、修筑梯田和灌溉设施，采用多样化混合种植模式，以提高单位面积产量、降低风险，一定程度上还起到了防范病虫害的功效，尤其是将木本作物纳入其中，可谓这一时代之创举。①米切尔·詹姆森（Michael H. Jameson）认为，人口压力并未迫使雅典加入古风时代的"殖民热潮"，他们将目光转向阿提卡乡村，充分利用现有土地以维持生计，农业生产逐渐集约化、专业化、多样化，边际土地得到了有效利用。②霍德金森强调种植业和畜牧业的互补作用，农耕为家畜提供饲料，而家畜是农耕劳作中重要的动力来源，其粪便也是作物生长的天然肥料，③侧面证明了集约农业在希腊的兴起。加西恩、霍尔斯泰德（P. Halstead）等学者均在不同程度上持有这种观点。④

然而，伊萨格尔和斯凯兹加德坚持认为，古代希腊农业以旱作为主，人工灌溉技术在多大程度上得到推广应用仍待考证，也很难相信艰难度日的小农会有多余的粮食饲养家畜，且古希腊人的肥料多以果蔬垃圾为主……因此，无从得出集约农业取代传统劳作模式这一结论。⑤事实上，希腊城邦缺乏整体农业规划，在社群层面显现的农业计划实质上是家庭决策的总体结果。⑥古典时期阿提卡地区的农业经营模式不能一概而论，农

---

① Victor D. Hanson, *The Other Greeks: The Family Farm and the Agrarian Roots of Western Civilization*, Berkeley: University of California Press, 1999, pp.86–88. 参见：Simon Price & Lucia Nixon, "Ancient Greek Agricultural Terraces: Evidence from Texts and Archaeological Survey", *American Journal of Archaeology*, Vol. 109, No. 4 (Oct., 2005), p.665–694; Jens A. Krasilnikoff, "Irrigation as Innovation in Ancient Greek Agriculture", *World Archaeology*, Vol. 42, No. 1, Agricultural Innovation (March 2010), pp.108–121.

② Michael H. Jameson, "Agriculture and Slavery in Classical Athens", *The Classical Journal*, Vol. 73, No. 2 (Dec., 1977 – Jan., 1978), pp.122–145.

③ S. Hodkinson, "Animal husbandry in the Greek polis", in C. R. Whittaker, ed., *Pastoral Economies in Classical Antiquity*, pp.35–74.

④ P. Garnsey, *Famine and Food Supply in the Graeco-Roman World*, pp.93–94; P. Halstead, "Traditional and Ancient Rural Economy in Mediterranean Europe", *The Journal of Hellenic Studies*, Vol. 107 (1987), pp.77–87.

⑤ Signe Isager and Jens Erik Skydsgaard, *Ancient Greek Agriculture: An Introduction*, pp.108–114.

⑥ Lin Foxhall, "Farming and Fighting in Ancient Greece", in John Rich & Graham Shipley eds., *War and Society in the Greek World*, London and New York: Routledge, 1993, p.142.

业生产与当地自然条件密切相关，也与土地所有者的经济实力甚至兴趣爱好有关。大土地所有者更可能采取集约型的生产模式，他们拥有足够的财富修建梯田水利，蓄养一定数量的家畜和奴隶精耕细作，并且通过销售土地上的产出来获取利润。对于勉强自给的小农家庭而言，可能无法在有限的土地上投入过多的财力物力，他们或许延续着祖辈较为简单、粗放的劳作方式。

二、古典时期雅典作家笔下的农业与农民

（一）古典时期雅典作家笔下的农业

色诺芬或许是古典雅典最关心农业问题的作家，行文至此我们已多次引用他的著作。《经济论 雅典的收入》中色诺芬最先论及的是阿提卡土地上丰厚的产出，他试图告诉读者农业的益处：首先，农业是人类社会存续之基础，土地生产人们赖以生存的食粮，提供用于享受的奢侈品，也赐予人们祭坛、雕像的装饰以及最优美的景色和香味。更重要的是，"农业是其他技艺的母亲、保姆，农业繁荣时百业兴旺，土地荒废时，无论是从事水上工作还是非水上工作的人的技艺都处于垂危的地位了。"[1]譬如，农业为畜牧业提供了饲料，故此人类有了供他们驱使享用的牲畜，诸神的祭坛有了牺牲。其次，"国之所以兴者，农战也"，[2]色诺芬以波斯国王居鲁士为例，提到这位大国君主认为农业与战争是两种最高尚、最必要的事业，"地方长官只要能够证明他的辖区人口稠密、土地耕种得好，树木谷物丰足，他就发给他们更多领地，赐予他们赏赐和爵位"，而那些善于置备农具、饲养家畜的人也是勇于拿起武器保卫这些农具和牲畜的人。[3]骑士需要农业产出喂养马匹，步兵通过耕种土地变得灵活强壮，农业训练出跑步、投掷和跳高的好手，惯于管理农场的人也能统帅士兵，齐心协力劳作

①[古希腊]色诺芬：《经济论 雅典的收入》，张伯健、陆大年译，第18页。

②石磊译注：《商君书》，北京：中华书局，2011年，第24—25页。

③[古希腊]色诺芬：《经济论 雅典的收入》，张伯健、陆大年译，第13—15页。

的农民在战场上亦能同仇敌忾。此外，暴露于城池之外的庄稼促使农民决心拿起武器保卫国土，以免收成被敌人掠夺，也能进入那些侵害他们的国家，武力夺取生活资料。[1]最后，农业有助于塑造一个人高尚的品格，它劝诫人们勤勉劳作，使他们习惯于忍受严寒酷暑，没人能不劳而获；教导人们公平正直，因为在土地上投入越多收获越大，它"热烈地欢迎他的追随者，请他们来并允许他们随意索取所需"，像慷慨大方的主人招待客人。[2]一言以蔽之，色诺芬认为农业是最可爱、最有利于谋生的行业，在他笔下，乡村的炎夏泉水潺潺、树荫微风，寒冬火炉熊熊、浴室暖热，盛大的节日里，人们向诸神献上新果，家庭和睦，妻子、亲友、仆人皆愉快喜乐。[3]

柏拉图在《理想国》中构想了一个城邦的成长，人们为了各自的需求聚在一起，城邦就此落成，接下来需要思考的是城邦创建者的需求是什么？首先是粮食，其次才是住宅、衣服等等，那么这个初生的城邦至少要有一个农夫、一个泥瓦匠、一个纺织工、一个鞋匠或者别的照料身体的人。[4]《法律篇》中柏拉图依据《理想国》的原则构建了一个更具现实性的城邦马格尼西亚（Magnesia），这个城邦规定"不得有金银存在，也不应通过粗俗的交易、高利贷或其他有损名誉的方式增值自己的财富，公民的财富来源只限于农业产出，即便如此，一个人也不应因赚钱而忽视金钱存在的真正目的，即灵魂与身体，如果没有相应的体育锻炼和文化教育，它们永远不会成为引人注目的东西。"[5]可见柏拉图认为，对于一个城邦而言，农业是不可或缺的，公民最适宜从事的是农耕，这样最有利于公民在相互友好的环境中过上幸福的生活。

亚里士多德在《政治学》第一卷论及"致富的技艺"，他认为获取财富的途径主要有两种：第一种与家务管理有关，即从事农、牧、渔、猎，另一种与贩卖有关，即经商。前者顺乎自然，以获取生活资料为目的，值

①[古希腊]色诺芬：《经济论 雅典的收入》，张伯健、陆大年译，第16—18页。
②[古希腊]色诺芬：《经济论 雅典的收入》，张伯健、陆大年译，第17页。
③[古希腊]色诺芬：《经济论 雅典的收入》，张伯健、陆大年译，第17页。
④[古希腊]柏拉图：《理想国》，郭斌和、张竹明译，第57—59页。
⑤Plato, Laws, 743D.

得称赞；后者违背自然，以积蓄金钱为目的，应当受到指责，因为交易会损人以利己；高利贷则更加可憎，因为这是从交易中介——钱币上牟利的手段。①这里，亚里士多德以"自然"与否作为标准评判了致富的两种途径，其中属于家务管理范畴的农业以自给自足为目的值得肯定，在此基础上为获取物品的使用价值而进行的简单交换也值得认同；相对地，亚氏反对以囤积财富为目的的工商业活动，高利贷尤为可恶。物质条件已然具备，《政治学》的第二卷亚里士多德开始谈论什么才是"优良生活的体制"，亚氏赞成由农民和财产适中的人执掌政治，认为他们虽能维持生计，却没有闲暇参加政治，也乐于减少公民大会的召开次数、赋予法律以最高权威，因此他们的政府总是倾向于依法治理，避免了民主制下穷人对富人的压迫，也幸免于君主制和富人寡头制下人治的弊病。②

托名于亚里士多德的《家政术》更直接地反映了古人的重农思想，"我们首先关心那些出于自然的财富。根据自然的顺序，农业是首位的……是最好的行业，因为它是最公正的，它带来的财富不是源于他人，不像贸易或雇佣，在他人允许的情况下攫取利益，也不像战争，在没有他人同意的情况下夺取好处。农业最合乎自然，因为万物从母亲那里获取养料合乎自然，同样人类也从大地之中获取生活资料。此外农业最有利于塑造一个人的男子气概……使身体暴露于野外，经受劳作磨砺。"③

（二）古典时期雅典作家笔下的农民

古希腊文本材料中，较常见用于指代"农民"的词汇为"γεωργός"（*georgos*），词义涵盖范围极广，包括任何参与农业活动的人，不论是公民、侨居民（μέτοικος, metoikos）、被释奴，还是奴隶或其他依附劳动者，也不管是躬耕数亩的农夫，还是以管理经营为主的地主、监工，都可被称为"农民"，与其阶级属性、社会地位或贫富程度无关。富有的土地主伊

---

①[古希腊]亚里士多德：《政治学》，吴寿彭译，北京：商务印书馆，1983年，第31页。

②[古希腊]亚里士多德：《政治学》，吴寿彭译，第193—196页。

③Pseudo-Aristotle, *Economics*, 1343ᵃ26—1343ᵇ5. 译文参照：[古希腊]亚里士多德：《亚里士多德全集》（第九卷），苗力田等译，北京：中国人民大学出版社，1997年，第290页。

斯霍玛霍斯是农民，为他打理田地的监工和奴隶也是农民。[1]另一个指代农民的单词是"αὐτουργός"（autourgos），意为"亲手劳作之人"，近似于"自耕农"（yeoman）耕种自己的土地，这意味着他们享有公民权。在雅典，土地所有权与公民权密切相关，是公民社会地位和享有政治权利的基础。[2]因此，古典作家笔下的自耕农形象较少受其政治身份和社会地位影响，或许更能反映古典时期雅典人印象中的普通农民。

据修昔底德记载，当斯巴达使团带着最后通牒抵达雅典时，伯里克利面对犹豫不决的公民，坚称"我们不是势力较弱的一方"，部分原因在于伯罗奔尼撒人耕种自己的土地，他们不论个人还是城邦都缺乏金钱，无法长期作战，因为贫穷，彼此间的战争也是短暂的，战争经费来自储金积累，而不是税收突增……况且，那些自耕农在战争中视金钱重于生命，担心战争结束后破产，特别是战争出乎意料地延长时。[3]事实上，斯巴达人并非自耕农，他们的土地由黑劳士和奴隶耕种，伯里克利这样说可能是在故意贬低斯巴达的实力，鼓舞雅典公民，但也反映了在大部分雅典人心中，自耕农并不是富裕的象征，他们眼界短浅、惜财吝啬。柏拉图在《理想国》中提及，自耕农很少参与政治、财产有限，但他们集合起来力量最大，民主制下易受"平民领袖"（demagogos）的误导去劫掠富人，却只能分得残羹冷炙。[4]柏拉图眼中的自耕农同样显得贪婪、无知。

《居鲁士的教育》中，费劳拉斯（Pheraulas）的父亲勤勉耕作以维系生活，好让儿子能接受同龄人应得的教育；《厄勒克特拉》中，厄勒克特拉（Electra）的丈夫一大早把牛赶到田地里耕种，因为没有人可以不劳而获；《恨世者》中，愤世嫉俗的自耕农克奈蒙（Knemon）也是一个穷人，他独自在农田里劳作，"与长着香薄荷与鼠尾草的石头苦斗一生"，却只收获了痛苦与不幸；《农夫》中的克勒埃内托斯（Kleainetos）虽有数名奴隶，还

---

① Xenophon, *Oeconomicus*, 12.1-2; 20.22; 20.26; 3.10.

② 徐晓旭：《论古代希腊的自耕农》，《世界历史》2002年第5期，第81页。

③ [古希腊]修昔底德：《伯罗奔尼撒战争史》，谢德风译，第100页。

④ [古希腊]柏拉图：《理想国》，郭斌和、张竹明译，第344页。

第八讲 古典时期雅典的农业与重农思想

雇佣了同为农民的高尔吉亚斯（Gorgias），但仍需亲自翻地。①古典作家笔下的自耕农大多生活清贫，属于中小土地所有者，需日复一日勤勉劳作来维持生计。《农夫》的读者可能会有这样的疑问：为何家境较富裕的克勒埃内托斯要亲事农耕，甚至在葡萄园翻地时不幸折断大腿？对此徐晓旭的解释是："存在各种贫富程度的自耕农……富者选择自耕无疑是出于农业社会中农民的本能或是偏好，相应地，自耕农使用自身以外的劳动力……也有个人好恶在起作用。"②提醒我们历史问题的复杂性，促成某一历史现象的因素是多方面的。总之，自耕农在雅典绝非财富的象征，他们中的大多数生活拮据，在有限的土地上勤勉劳作以养家糊口。值得注意的是，自耕农是一个介于大土地所有者与无地公民之间的一个庞大的社会群体，以至于大部分古典作家难以忽视他们的存在。柏拉图和伯里克利口中的自耕农似乎成了贫穷无知的代表，克勒埃内托斯自己也说："我来自乡村，对此一点不想否认，面对种种城邦事务也缺乏经验"③，但是更多古典作家将自耕农视为优秀公民的典范。

亚里士多德在《修辞学》中提到，不依靠他人生活的人，自食其力的人，特别是农民还有那些亲手劳动的人，都是为人们喜爱、受人尊敬的慷慨、勇敢、正直的人。④《经济论 雅典的收入》中色诺芬对自耕农大加赞扬。欧里庇得斯悲剧中的自耕农虽长相不佳，但是最具男子气概，尽管很少来城里参加集会，却很有见解，身世清白、品性无瑕，行为也无可责难，是唯一能够真正保护城邦土地的人；⑤另一位自耕农是阿伽门农之女厄勒克特拉的丈夫，他深知高贵的妻子遭受迫害下嫁自己，故而坚持保全厄勒克特拉的清白，担心自己的门第辱没了她，并为可怜的王子俄瑞斯忒斯感到难过。在欧里庇得斯看来，这种行为正是节制和美德的体现，剧中厄勒克特拉也说，这位农夫"对待自己的好心就像神的一样，如同要死的

①Xenophon, *Cyropaedia*, 8.3.37; Euripides, *Electra*, 77–81; Menander, *Dyskolos*, 325–331, 604–606; Menander, *Georgos*, 35–39, 46–49, 65–66.

②徐晓旭：《论古代希腊的自耕农》，《世界历史》2002年第5期，第85—87页。

③Menander, *Georgos*, frag. 5.

④Aristotle, *"Art" of Rhetoric*, 1381ᵃ.

⑤[古希腊]埃斯库罗斯等：《古希腊悲剧喜剧全集：欧里庇得斯悲剧(上)》，张竹明译，南京：译林出版社，2007年，第177页。

凡人在重病时找到医生般幸运"。①前文提及的克勒埃内托斯不幸折断大腿后伤口浮肿、浑身发烧，他的奴仆幸灾乐祸，同为农民的高尔吉亚斯却像是照顾父亲一样照顾他，"给他抹油、擦洗、沐浴、端饭菜，又是鼓励又是安慰"，最终克勒埃内托斯糟糕的病情逐渐好转。②

雅典自耕农因其公民身份与城邦事务紧密相连，"希腊城邦不仅仅是一个城市和乡村组合，它更重要的是一个公民集体。公民是社会的主导力量，只有公民才能参加公民大会，担任城邦的官职，或在法庭上提出诉讼，也只有他们能拥有土地和房产。"③忒奥弗拉斯图斯（Theophrastus）生动描绘了一位乡下农夫参加公民大会的图景，"前往公民大会会场前，他喝了提神的饮料，说道百里香闻起来和香水一样香甜，他穿着比脚大得多的鞋子，用他能发出的最洪亮的声音讲话，他不信任亲友，但是会把重要的事情都告诉家仆，还把公民大会上发生的一切都告诉了在农场里与他并肩劳作的雇工。"④《阿卡奈人》中的农民抱怨道："今天是召开公民大会的日子，拂晓时分就应准备完毕，但是直到现在普尼克斯空空如也，人们还在市场闲聊，四处溜达以躲避那条涂着红色染料的赶人索，主席团的人也还没到，他们姗姗来迟，又相互推搡，争取前排的座位，他们永远不会在讲和的事上自找麻烦，啊，城邦啊城邦！可是，我总是第一个到来，独自一人坐在这里，叹叹气、放放屁、打哈欠、伸懒腰，焦躁不安，在尘土中写写字，揪我那松散的头发，想念田野，向往和平。"⑤尽管忒奥弗拉斯图斯和阿里斯托芬笔下的农民邋里邋遢，但他们熟悉公民大会的运作机制，对于某些城邦事务还显得尤为关心。

丹麦古典学家摩根斯·汉森（Mogens H. Hansen）依据现存陪审员证上的公民姓名推测，雅典陪审团成员中，来自海岸德莫（δῆμος, demos）和内陆德莫的居民多于来自城市德莫的公民，不少陪审员是从偏远乡村徒

①［古希腊］埃斯库罗斯等：《古希腊悲剧喜剧全集：欧里庇得斯悲剧（中）》，张竹明译，第74—76页。

②［古希腊］埃斯库罗斯等：《古希腊悲剧喜剧全集：米南德喜剧》，王焕生译，第378页。

③黄洋：《希腊城邦社会的农业特征》，《历史研究》1996年第4期，第98—99页。

④Theophrastus, *Characters* IV.1—3.

⑤［古希腊］埃斯库罗斯等：《古希腊悲剧喜剧全集：阿里斯托芬喜剧（上）》，张竹明译，第6页。

步前来参庭的，正如阿里斯托芬在《鸟》中讲的，"没宣过誓"的庄稼已经很少见了。①演说家希波雷德斯（Hyperides）为伊庇克拉底（Epicrates）创作的辩词《反阿忒诺格尼斯》中提及，这位"从未从事任何其他商业活动，只耕种父亲给予的土地"的雅典农民在购买奴隶时受到香水商、居住在雅典的埃及人阿忒诺格尼斯（Athenogenes）的欺骗，签署了不公正的协议，双方在市政广场激烈争吵，大伙主张像捕捉绑匪一样把阿忒诺格尼斯抓起来，但是农民和他的友人主张依照法律提出诉讼。②此例案无疑说明这位雅典农夫懂得如何通过司法程序维护自身权益，希波雷德斯也希望通过强调伊庇克拉底朴素的农民身份来博取陪审员的同情，进一步表明农民不会孤立于城邦政治司法事务之外。

此外，日趋完善的民主政治运作机制、不断修缮扩建的市政建筑以及津贴制度客观上为雅典农民参与政治提供了便利。就地理空间而言，阿提卡半岛是一个狭小的地区，即便是最远的地区距雅典城也不过几小时步行之遥。③法国学者格洛兹曾为我们描绘一位农夫是如何于破晓出发，穿过长满树木的河谷小径，最终抵达雅典城市场的，④有理由相信这位农夫也会沿着同样的路线赶往雅典参加公民大会或陪审法庭。吕西阿斯（Lysias）提醒我们，在雅典，乡下的牧童可能成长为"平民领袖"，而生于城市的富家子弟长大后也许会居于乡野从事农耕。⑤

农民也是忠诚的爱国者、城邦的守护者，"当城里人还在公民大会上为战事表决时，农民已然出征，在伯罗奔尼撒战争中遭受苦难最大的也是农民。"⑥色诺芬认为敌人来犯时，分别询问农民和手工业者，是保卫国土还是退守城堡，前者一定赞许保卫土地，后者则不愿争斗，和平时一样选择避开斗争与危险。⑦德摩斯梯尼劝导雅典民众阻止马其顿征服奥林图斯

①[丹麦]摩根斯·汉森：《德摩斯提尼时代的雅典民主：结构、原则与意识形态》，何世健、欧阳旭东译，上海：华东师范大学出版社，2014年，第247—248页。

②Hyperides, *Against Athenogenes*, 26、12.

③黄洋：《雅典民主政治新论》，《世界历史》1994年第1期，第60—61页。

④[法]格洛兹：《古希腊的劳作》，解光云译，第282页。

⑤Lysias, *For Polystratus*, 11、33.

⑥Frank J. Frost, *Greek Society*, Lexington: D. C. Heath and Company, 1987, p.103.

⑦[古希腊]色诺芬：《经济论 雅典的收入》，张伯健、陆大年译，第19—20页。

（Olynthus）时权衡利害，说道：如果你们在海外服役，需从本土汲取物资，"我想你们中农民的损失会比上一次战争的全部损失还大。但是，如果战争发生在我们的边界以内，我们要以何种数字来估量我们的损失呢？"[1]身为雅典最杰出的演说家之一，德摩斯梯尼深知雅典军队的主力是农民，只有说服他们出征，自己的政治意图才能实现。

同时农民也是和平的拥护者，总是迫切期望解甲归田，享受宁静的乡村生活。《阿卡奈人》中一位晦气的农夫因为损失了两头耕牛而痛哭，祈求道："朋友啊！只有你在享受和平，请分一点给我吧，哪怕只有五年……往我这小瓶子里滴一滴和平甘霖，只需一小滴。"[2]《和平》中正是农民们齐心协力救出了被困和平女神和她的两位使者"庆典"与"收获"，他们满怀喜悦地丢下盾牌、长矛和短剑，拾起农具回到自己的土地上载歌载舞。在和平的管理下，人们得以品尝美味佳肴，她是农夫们赖以生存的烤大麦和保护人，农夫的葡萄园、无花果树苗以及所有种植都欢笑着向她致敬，迎接她的到来。[3]

三、古典时期雅典的重农思想

"在古代希腊国家中，就政治力量、社会力量和象征力量来说，土地始终是具有最高价值和地位的经济资产……大多数国家中，大部分希腊人积极从事农业生产，他们中很多人是小农场主。"[4]雅典亦不例外，差强人意的自然条件并未损耗农民对农业的热情，他们中的大多数费心尽力地经营着自己的土地，种植谷物、橄榄、葡萄、黍稷、豆子或是蔬菜、花卉等作物，与畜牧业及其他养殖业相互补充，偶尔参与商业活动，过着清贫的日子。

---

①Demosthenes, *The Olynthiac I*, 27.

②[古希腊]埃斯库罗斯等：《古希腊悲剧喜剧全集：阿里斯托芬喜剧（上）》，张竹明译，第86—88页。

③[古希腊]埃斯库罗斯等：《古希腊悲剧喜剧全集：阿里斯托芬喜剧（上）》，张竹明译，第532—537页。

④[英]保罗·卡特里奇主编：《剑桥插图古希腊史》，郭小凌等译，济南：山东画报出版社，2005年，第188页。

古代世界的绝大部分人口以农业为生，居于乡野从事农业生产，"重农思想"由此而生。据《国语·周语》记载，宣王继位，不行"籍田礼"，虢文公谏曰："夫民之大事在农，上帝之粢盛于是乎出，民之蕃庶于是乎生，事之供给于是乎在，和协辑睦于是乎兴，财用蕃殖于是乎始，敦庬纯固于是乎成，是故稷为大官。"意为民之大事在于农事，农业产出祭祀的牺牲，提供民众繁衍、国家大事所需的物质资料，促成苍生和睦，推动财政增长，维持国力强大，故而"稷"才是一个极为重要的官职。可惜周王不听劝诫，自尝苦果，"三十九年，战于千亩，王师败绩于姜氏之戎"。[①]周宣王去世于前782年，大约同一时期，古希腊诗人赫西俄德也在苦心规劝兄弟佩尔塞斯要"小心谨慎地安排农事活动，让谷仓在合适的时节填满粮食，因为饥饿总是懒汉的亲密伴侣"。[②]

古典时期雅典作家的著作中同样明确地表达了重农思想。色诺芬认为农业不仅是百业之母，产出生活所需的物质资料，还能培养出勤劳勇敢、公平正直的公民；柏拉图同样将农业置于首要地位，认为农业是城邦存在与发展的基石，一个理想的城邦中，公民的财富来源应该仅限于农业；亚里士多德则认为从事农业是顺乎自然、值得赞赏的致富方式，并提出一个由农民和中产阶层掌控的政权必将法治优良。而自耕农作为城邦公民的主体，尽管常被描绘为粗俗吝啬、贪婪短视的，但是在面向雅典民众的场合中，如剧院、人民大会和陪审法庭，自耕农的形象往往是质朴善良、健壮勇敢、忠于城邦的，是公民中最优秀者。不论是伯里克利、德摩斯梯尼、希波雷德斯的演说，还是阿里斯托芬、欧里庇得斯、米南德的剧作，无疑都需要考虑到台下雅典农民的感受。不论褒贬，不可否认的是，农民公民是雅典城邦农业生产的主导者，民主政治的重要参与者，公民军队的中坚力量，是古典时期雅典城邦繁荣与稳定的基石。

---

① 陈桐生译注：《国语》，北京：中华书局，2013年，第16—23页。

② ［古希腊］赫西俄德：《工作与时日 神谱》，张竹明、蒋平译，第10页。

结　语

本讲尝试探究古典时期阿提卡地区的农业生产状况及古典作家笔下的重农思想。就前一问题而言，大麦、小麦是希腊人最主要的粮食作物，秋季雨水充沛时播种，夏季炎热干燥时收获，受人口增长、土壤贫瘠、耕地面积狭小、农具简陋及耕作方式粗放等因素影响，古典时期雅典城邦长期存在较大的粮食缺口，相当一部分口粮需从阿提卡以外的地区引进。橄榄、葡萄、黍稷、豆类以及各种水果蔬菜一定程度上缓解了粮食产量不足的问题，其中橄榄和葡萄在商业贸易、宗教祭祀、节日庆典、竞技比赛等场合均扮演着不可或缺的角色。畜牧业是农业的重要补充，关乎小农家庭正常的生产生活，也能为境况较好的农户带来盈余。古典时期，阿提卡或许已有部分地区开始推行集约农业，通过修建农庄、梯田和灌溉设施、扩大奴隶使用规模以及采取多样化混合种植等手段来提高单位面积产量、降低风险，但是大部分小农可能还延续着祖辈简单粗放的劳作方式。实际上，自然条件以及城邦间政治、经济和社会文化背景的差异，导致我们难以清晰准确地重构古代希腊农业的整体面貌，关于古代农业仍有许多问题值得进一步研究。

至于后者，从古典时期雅典作家的著作中觅得"重农思想"并非难事。耕耘自己的土地并以土地上的产出为生是包括色诺芬、柏拉图、亚里士多德在内众多雅典学者所推崇的生活方式，他们相信农业是城邦存在与发展的基础，产出生活所需，培养身体健壮、品德优良的公民，一个理想的城邦中，公民的财富应来源于农业，而一个由农民和中产阶层掌控的政权必将法治优良。

第八讲　古典时期雅典的农业与重农思想

图 8-1　雅典红陶双耳喷口杯（Terracotta column-krater）

此面描绘的场景为萨蒂尔（Satyrs）在狄奥尼索斯面前踩葡萄。制造时间约为前460—前450年。

图 8-2　雅典黑绘长柄杯（Black-figure Kyathos）

制造时间约为前550—前500年，杯壁绘有牧人、牧犬与山羊。

第九讲　古希腊悲剧的艺术与人生

悲剧诞生于古希腊时期，不仅是娱乐性的表演活动，还因其所具备的公共性，成为雅典城邦精神的最佳代言。本讲将聚焦古希腊悲剧的艺术与人生，展现其独有的风采。

一、古希腊悲剧的兴起

古希腊悲剧主要以神话英雄的悲壮故事为主要题材，在文学与美学之上富有悲壮之美。它以剧场的表演为媒介，净化观众的心境，使市民们能暂时超脱于俗世烦恼与忧愁。

古希腊悲剧的兴起来源于酒神祭典中的种种狂欢作为，比如：吃生羊肉、喝葡萄酒、击奏乐器、披山羊皮、唱山羊歌。这些狂欢的活动就是古希腊戏剧的雏形，再搭配上古希腊英雄神话的悲欢离合、坎坷曲折、奔放雄伟的故事叙事，古希腊悲剧应运而生。具体说来，古希腊悲剧的兴起离不开酒神崇拜的确立，僭主的扶持和从表演到戏剧的过渡。

（一）酒神崇拜的确立

酒神狄奥尼索斯是希腊古典时代最受欢迎的神祇之一，他是植物神、葡萄种植和酿酒的保护神。传说中，酒神是赛默勒（Semele）与宙斯之子，出生过两次。第一次，酒神为宙斯与赛默勒结合的产儿，在幼年时被提坦巨人撕碎并吞了下去，后来又从宙斯的大腿中再生出来。然而，在荷马史诗中，酒神只是被简单提到，他的身份还是一位没有进入天庭的地上神灵，还没有进入主神的行列。这是因为酒神一般被认为是个外来神，在古希腊诸城邦，酒神主神地位的确立，经过了一个十分曲折和漫长的过程。

希罗多德说，几乎所有神的名字都是从埃及传入希腊的，酒神也是如此。据他介绍，在埃及，人们庆祝狄奥尼索斯祭日的方式和希腊的几乎完全相同，只是埃及人在节庆时并无伴有合唱的舞蹈。"因为我不能同意，认为希腊的狄奥尼索斯祭和埃及的同样祭典之十分近似，这只是一种偶合。……我还不能同意，这些风俗习惯或任何其他的事物是埃及人从希腊人那里学来的。"他说是一个叫美拉姆波司的人，从推罗人卡得莫斯以及从卡得莫斯自腓尼基带到现在称为贝奥提亚的地方的那些人们那里，学到了有关狄奥尼索斯祭典的事情。由于美拉姆波司除了在埃及学到很多知识，还精通狄奥尼索斯的祭仪，他便把这种祭仪稍稍加以改变后，又介绍到希腊来。[1]希罗多德的这个说法，可以和欧里庇得斯悲剧《酒神的伴侣》中的表述相互参照。在该剧中，狄奥尼索斯说："我离开了盛产黄金的吕底亚田野和佛吕基亚，走过阳光烤晒的波斯平原、巴克特里亚城、寒冷的米底亚地方、幸运的阿拉伯和全亚细亚沿海杂居着希腊人和蛮族人，建有许多漂亮城墙的城市，现在第一次来到这个希腊城市；我曾在希腊以外的那些地方教人歌舞，制订我的教仪，向凡人显示我是神。"[2]由此可见，在欧里庇得斯所处的时代，狄奥尼索斯外来神的身份是人们公认的。

也正因酒神的外来神身份，狄奥尼索斯崇拜在传播过程中遭到了古希腊保有传统习俗的诸城邦的顽强抵抗，致使对他的接纳和认可过程十分曲折。神话故事中，莱库古（Lycurgus）、潘修斯（Pentheus）和珀尔修斯，都曾对这一新宗教崇拜的"入侵"进行奋力抵抗，天后赫拉也从未改变她对狄奥尼索斯的憎恨。而悲剧《酒神的伴侣》，讲述的就是酒神崇拜在忒拜城的确立过程中所发生的一系列激烈斗争以及酒神最终获得正统地位的

①［古希腊］希罗多德：《历史》，王以铸译，北京：商务印书馆，2009年，第155页。

②［古希腊］欧里庇得斯：《酒神的伴侣》，见《古希腊悲剧喜剧全集：欧里庇得斯悲剧（下）》，张竹明译，南京：译林出版社，2007年，第215—216页。

故事。

酒神之所以最终被古希腊社会广泛接受，与他曾历经太阳神的希腊化不无关系。在阿波罗圣地德尔菲最兴盛的时期，存在着一次狄奥尼索斯崇拜的明显复兴。这是因为一年里有三个月的时间，阿波罗会离开德尔菲，在这段时间里，狄奥尼索斯将取代他的位置。狄奥尼索斯崇拜还伴随着大量的庆典和神秘仪式，在规模和华美程度上超过了其他所有的宗教活动。此外，德尔菲的神谕还通过劝导去鼓励希腊各城邦设立新的宗教祭礼，起初拒不接受酒神的雅典，就是后来受了德尔菲的神示之命才崇拜起来。

图9-1　前6世纪古希腊陶罐上的黑绘瓶画[①]

（二）僭主的扶持

酒神崇拜从最初被视为外来宗教一再遭到抵制，到后来在古希腊社会的广泛流行以及酒神从一个不起眼的小神到位列奥林匹斯主神之一，在这些曲折的变化过程背后，纠缠着宗教与宗教，宗教与政治，宗教、政治与文化等各方面的复杂关系，总的说来都与古希腊城邦社会的现实政治需要密不可分。随着城邦社会的到来，古希腊的社会组织和结构都发生了急剧的变化：平民阶层和奴隶在人数上激增，工商奴隶主兴起并在城邦政治事务中发挥越来越重要的作用。新生的实力阶层迫切需要一种能表现自身精

[①] 酒神狄奥尼索斯是通过取代赫斯提亚女神才成为奥林匹斯主神之一的。这在前6世纪的一只陶罐上已有表现。陶罐上绘画的主题是女神雅典娜的诞生，这同时也是现存最早的反映狄奥尼索斯成为奥林匹斯主神之一的艺术作品。画面中，宙斯手持霹雳坐在中间的宝座上，雅典娜从他的头颅中跃出，右边是得墨忒耳、阿耳忒弥斯、阿芙洛狄忒和阿波罗，左边是阿瑞斯、赫尔墨斯、赫菲斯托斯，最后是举着巨大酒杯的狄奥尼索斯。由此可以看出，最晚到前6世纪时，酒神就已经不再是荷马史诗里的小神了。

神的新宗教以与贵族阶层的奥林匹斯众神相抗衡。由于狄奥尼索斯首先是农神和植物神，其所司职责与人数众多的农民关系紧密，这就使他和已有的奥林匹斯众神相比，显得更为大众化和乡村化，因此对于他的崇拜自然就在城邦下层民众中先行流行开来。与此同时，僭主们出于与贵族作斗争的需要，也大力支持和提倡酒神崇拜。僭主政治从某种方式来说是一种反贵族的、平民的政治。在反对贵族统治的斗争中，僭主保护平民百姓、自由农，或许某种程度上还包括在城市中生存的手工艺者等，使他们获得同旧贵族平等的种种权利，以巩固自己的政治基础。因此，在乡村深受欢迎的酒神崇拜，就被僭主们引进了城市，组织起与之相关的节庆活动，并力促酒神教与奥林匹斯教的合流。到了前7世纪末前6世纪初，狄奥尼索斯崇拜得到各地僭主的批准，官方的狄奥尼索斯节也随之确立。前6世纪左右，西库昂（Sicyon）僭主克里斯提尼（Cleisthenes of Sicyon）在执政期间改变了当地的庆祭，祭奠的对象由原来的阿德拉斯托斯（Adrastus）①改为狄奥尼索斯。科林斯在僭主佩里安德（Periander，前665—前585）②的统治下，人们已能看到诗人阿里昂与酒神有关的演出。与此种政治措施相呼应，一些宗教诗人和艺术家开始着手创造相关神话和艺术形象，把狄奥尼索斯提升为天神，接纳到了奥林匹斯神圣家族中来。

继西库昂僭主克里斯提尼和科林斯僭主佩里安德之后，庇西特拉图（Peisistratus，约前600—前527）成为雅典以及整个古希腊世界的著名僭主，前后三次上台执政。庇西特拉图掌握了政权后，在公共事务上奉行一种较之于僭政更具共和色彩的政策。在庇西特拉图及其儿子执政期间，他们不仅制定了一系列奖励农工商的政策，进行大规模海外贸易，建设雅典，还大力支持文化事业的发展。一般说来，僭主为了壮大自己的势力，使民众忠于城邦胜过忠于派系、种族和朋党，都会采取一项具有决定意义的措施——将宗教直接控制在国家手中，如前面提到的西库昂和科林斯僭主的做法，庇西特拉图同样如此。提洛岛是古希腊人奉献给阿波罗神的圣

---

① 阿德拉斯托斯：希腊神话中的阿尔戈斯国王，率领七将攻打忒拜。

② 佩里安德："古希腊七贤"之一，古希腊城邦科林斯的第二任僭主。其在位期间（前627—前585）改革了科林斯的商业，修筑了道路，开凿了运河，极大地促进了科林斯的工商业繁荣。除此之外，佩里安德也热心于艺术。

所，庇西特拉图曾亲自主持过岛上的净化仪式；他在祭祀得墨忒耳、珀耳塞福涅和伊阿科斯的盛大秘仪的中心地厄琉西斯建造了神庙。除此之外，庇西特拉图还把对奥林匹斯主神宙斯的崇拜引入雅典，又制定了五年一度的大"泛雅典娜节"（The Panathenaic Games）。[①]

出于对现实政治的考量，雅典的酒神狄奥尼索斯崇拜，同样得到了僭主庇西特拉图的提倡和鼓励。据说，庇西特拉图是依靠了农民和手工业者的支持，通过开展反对强大的氏族贵族的斗争才得以执政的。因此，在其主政期间，他把农民祭祀狄奥尼索斯的活动引入雅典，并在"大泛雅典娜节"创办之后的前6世纪末，创办了"大酒神节"（Great Dionysia / City Dionysia）[②]。至此，古希腊纪念酒神狄奥尼索斯的节庆增加到一年四次，分别是：十二月、一月间的"乡村酒神节"，一、二月间的"勒奈亚节"（Lenaia），二、三月间的"安塞斯特里翁节"（Anthesteria），和三、四月间的"城邦酒神节"。

虽然庇西特拉图引入狄奥尼索斯崇拜的主要意图，不排除迎合雅典下层民众的宗教热情以使自己的政治地位更加稳固；然而，一旦酒神祭礼被执政者接受并被纳入城邦宗教，酒神崇拜也就一改往日的庆祭风格，而主要是通过歌队和仪仗队的盛大典礼形式来表现了。正是雅典的酒神崇拜所引发的盛大典礼，促使了悲剧这一全新艺术形式的诞生，尽管它实际上只是狄奥尼索斯节庆中的一个组成部分。也是通过这一节日的推广，庇西特拉图第一次赋予悲剧这一艺术形式以公共地位。

庇西特拉图所采取的这些宗教、文化措施，不仅仅是为了满足他作为一位僭主的个人审美本能，更应被视为他国家政策的一部分——他有意识地以一个城邦国家的领土为中心，创造一个宗教中心，以与那些日益兴起的希腊世界的圣地竞争。同时，鉴于希腊宗教主要关注的是节日，而非神

---

①泛雅典娜节：古希腊宗教节日。节日期间，雅典所有属地的代表都要到雅典城参加庆祝。届时，人们要向雅典娜奉献一件崭新的绣袍和动物祭品，并举行盛大的体育竞技和音乐比赛。其规模堪与奥林匹克竞技媲美。起初一年召开一次，其后改为四年或五年召开一次，学界说法不一。参见：Charles Waldstein, "The Panathenaic Festival and the Central Slab of the Parthenon Frieze," *The American Journal of Archaeology and of the History of the Fine Arts*, Vol.1, No.1(Jan., 1885)；唐晨曦：《巨人之战与泛雅典娜节的起源》，《历史教学问题》2014年第3期。

②又叫"大狄奥尼索斯节"，或"城邦酒神节"，举办的戏剧竞赛主要是悲剧。

第九讲　古希腊悲剧的艺术与人生

灵及其神庙，他又着手或改造或创制了一系列的节日。在庇西特拉图之前的时代，艺术和文学的欣赏被限制在一个非常狭小的圈子里：漫长的往昔英雄时代文化的继承人是雅典贵族阶层，吟唱荷马诗篇的嗓音甜美的游吟诗人出没于宫廷，只在大人物的宴席上歌唱。庇西特拉图让大多数人都能享受到以往只是属于少数人特权的东西，可以说，庇西特拉图时代是雅典艺术由早期贵族精英实行保护的特权艺术，向作为民众意志表达形式的城邦艺术转折的时代，而后者的创作是着眼于服务公共神庙和公共节日的。

（三）从表演到戏剧的过渡

酒神狄奥尼索斯崇拜以及酒神节，庆祝活动中公共艺术的繁盛，共同导致了古希腊戏剧的诞生。在酒神节期间，戏剧演出在狄奥尼索斯剧场进行。剧场里放置着酒神雕像，歌队围着祭坛载歌载舞，而他的祭司则列作前排中央的专属坐席上。以上情况，明确地显示出戏剧与酒神崇拜之间的密切关系。同时，由于酒神一生的经历如同戏剧的本质一样，充满冲突，因此酒神也是天生的戏剧守护神。当一阵席卷整个希腊的酒神狂热冷却下来变为酒神祭礼的形式时，礼赞酒神的歌队和仪仗队就孕育了悲剧和喜剧的胚胎。

亚里士多德说："悲剧起源于酒神颂（*dithyrambos*/διθύραμβος）歌队领队的即兴口诵。"[①]也即古希腊悲剧来源于酒神祭仪当中的对酒神之礼赞的酒神颂和对酒神之祭祀的歌舞山羊之歌。这些祭祀活动最初的主题只是悲悼酒神狄奥尼索斯在俗世凡间遭受的苦难、死亡并赞美他作为神明的再生。这一点也体现在语源学之中，现代英语中的tragedy（"悲剧"）一词就来自古希腊语中的τραγῳδία，这个词是由τράγος（goat）和ῷδή（song）两个词语组合而成，可以翻译为song of goat。换言之，希腊悲剧就是"山羊之歌"的意思。而关于"山羊之歌"这一名称的来源，古今学者各有解

① Aristotle, *Poetics*, 1449ª10–15: Anyway, arising from an improvisatory beginning (both tragedy and comedy–tragedy from the leaders of the dithyramb, and comedy from the leaders of the phallic processions which even now continue as a custom in many of our cities), [tragedy] grew little by little, as [the poets] developed whatever [new part] of it had appeared; and, passing through many changes, tragedy came to a halt, since it had attained its own nature.

释，大体有以下三种：第一，悲剧的歌队需最初身披山羊皮；第二，演出时歌队的表演是围绕着作为祭品的山羊进行的；第三，比赛的奖品是山羊。另一个重要的礼赞方式酒神颂就是因礼赞酒神重生之产物（词意为"经过两重门"，指酒神的两次诞生），而当时的人们也相信酒神颂的先验由来，就是为了欢庆酒神的两次诞生。早期的酒神颂主要讲述了酒神狄奥尼索斯在凡世的生活和所遭受的苦难。有学者认为，长期旅居科林斯的诗人阿里昂（Arion）对酒神颂的发展做出过重要的贡献。前600年左右，阿里昂首创悲怆的曲调（*tragikos tropos*），率先使用了取消走动的歌队，突出了内容的完整性和连贯性。阿里昂的歌队以唱诵英雄们的业绩为主，在题材的选用方面已经非常接近悲剧的内容了。

从酒神颂表演到戏剧只需要一件事，那就是演员做一件与合唱相反的事，把合唱改为对白和动作。这一灵感，为担任舞蹈和合唱教师的忒斯庇斯（Thespis）所获得。忒斯庇斯出生在阿提卡的伊卡利亚（Icaria）地区，在其参与的酒神颂表演中，他把自己与合唱队分开，自行制作叙唱式的台词，发展一种相反和冲突的观念。这样一来，第一个演员便告产生。酒神颂随即告别了先前的抒情和赞美歌阶段，具备了戏剧的情节，形成了真正的表演，从而直接催生出了悲剧这一全新的艺术形式。由于酒神颂是在一个公共的宗教仪式上进行的，这种公共性的"基因"，也就顺理成章地遗传给了古希腊悲剧。

二、古希腊悲剧的构成及代表作品

（一）古希腊悲剧的构成

希腊悲剧的主题并非悲剧性的故事叙事本身，而是在叙事背后崇高壮烈的英雄主义思想。根据亚里士多德论述古希腊悲剧的专著《诗学》，"悲剧是一个严肃、完整、有一定长度的行动的模仿，它的媒介是语言，具有各种悦耳的声音，分别在剧的各部分使用，模仿的方式是借助人物的动作来表达，而不是采用叙述法，借引起怜悯与恐惧使情感得到陶冶"。①

成型的希腊悲剧演出产生了相对固定的表现手法与形式，在表演之中，希腊戏剧一般由以下五个部分组成。

开场。借由相对平静的对话或独白，向观众阐明戏剧的背景故事与设定。即便对话本身波澜不惊，但仍能以背景渲染故事氛围。但仍有些戏剧会跳过开场直接进入进场歌。

进场歌。歌队载歌载舞，慢慢的由"入口处"步入"歌舞池"。

场次。演员正式出场，正戏由此开始。这一部分相当于现代戏剧或歌剧的一场、一幕或一景。

合唱歌。演出结束后，歌队在歌舞池中再次献歌，以歌舞结束这一场的戏剧表演。合唱歌的歌词可能有多种变化，例如：对前场发生的情节进行评论，或对接下来浮现的情节表达期望或疑虑，留下开放式的结局，甚至会加入新的内容叙事，进一步加强剧情的可看性与表现性。唱完合唱歌之后，接下来又上演另一场戏剧。一个完整悲剧通常由四场戏组成，少则三场，多则六场。

退场。在戏剧的最后，歌队在退场时进行最后的演唱，整场戏剧就此结束。

（二）古希腊悲剧的代表人物及作品

依迪斯·汉密尔顿在《希腊精神》中说："悲剧正是痛苦借着诗歌的力量升华成快乐，如果诗歌是真正的知识，而且那些伟大的诗人的指引是可以追随的，这种升华就有最引人注意的含义。"②在古希腊悲剧的发展史上，诞生了三位伟大的、闻名的、富有才华的悲剧诗人，他们分别以自己的创作风格代表了古希腊悲剧艺术"兴起—繁荣—衰落"三个时期的最高成就。

埃斯库罗斯（Aeschylus，前525—前456）：埃斯库罗斯所生活的时期，古希腊悲剧刚刚形成，这并不意味着他的作品青涩乏味，他一生中一共赢

---

① [古希腊]亚里士多德：《诗学》，陈中梅译，北京：商务印书馆，1996年，第63页。

② [美]依迪斯·汉密尔顿：《希腊精神》，葛海滨译，北京：华夏出版社，2014年，第197页。

得了13次雅典诗人比赛的最佳奖。也正是埃斯库罗斯引入了第二位演员，使古希腊戏剧由原先具有歌颂赞歌性质的独角戏开始向多方矛盾冲突的叙事转变，成为了具有起承转合的文学作品。埃斯库罗斯长于刻画生动的人物形象，并且重视叙事中的对话语言，形塑了成熟的希腊悲剧的形态，故被称之为"悲剧之父"。据说这位诗人一共留下了90部剧作，其中79部的名称流传下来了，而最著名的20部都遗失了。他的悲剧有7部完整地流传到今天，另外3部部分保留下来了。

索福克勒斯（Sophocles，前497/前476—前406/前405）：索福克勒斯所生活的时期正是雅典奴隶主民主制的全盛时期，在27岁时，索福克勒斯开始参加悲剧竞赛。初出茅庐，他就一举战胜了著名的埃斯库罗斯夺魁，一鸣惊人，并保持这一荣誉20余年。索福克勒斯是一位高产的悲剧诗人，据10世纪的百科全书《苏达辞书》记载，其一生中共有123部不同的悲剧作品，遗憾的是，只有7部完整的流传至今，分别是《埃阿斯》（Ajax）、《安提戈涅》（Antigone）、《俄狄浦斯王》（Oedipus Rex）、《特拉基斯妇女》（Women of Trachis）、《厄勒克拉特》（Electra）、《菲洛克忒忒斯》（Philoctetes）、《俄底浦斯在克罗洛斯》（Oedipus at Colonus）。

索福克勒斯同埃斯库罗斯一样，对古希腊悲剧进行了改进。其中最重要的就是他在埃斯库罗斯引入了两名演员的基础之上首先引入了第三名演员，从而大大地增强希腊悲剧的叙事在对话和动作的表现力，使其达到一个新的高度。但是这种做法就使得原先的主角合唱队的重要性大大降低。这样的改进使得矛盾冲突更加激烈，故事情节也更引人入胜。索福克勒斯也因此被冠以"戏剧艺术的荷马"之名。

在埃斯库罗斯与索福克勒斯的悲剧作品之中，命运是永恒的主题之一。只不过在埃斯库罗斯的戏剧语言中，命运也是正义的化身，在先验神学与宿命论的时代，人们对于命运是崇敬而盲信。但是在索福克勒斯笔下，先验宿命的公正与否不再仅有一个答案，在他的叙事之中，人们在文字上开始了与命运的艰苦的抗争历程。①索福克勒斯早年的作品平铺直叙，文字简单。这与他晚年作品中浓厚的戏剧性产生了极大的反差。索福克勒

---

① 李建良：《古希腊悲剧兴衰考》，硕士学位论文，安徽大学文学院，2010年。

斯的代表作《俄狄浦斯王》和《安提戈涅》都以艺术的手法讲述了命运不可战胜，同时也奏响了人类与命运斗争的不朽战歌。

欧里庇得斯（Euripides，前480—前406）：欧里庇得斯生活在雅典奴隶制城邦由盛转衰的时期，在这一时期，原本在雅典城邦地位崇高的神开始受到怀疑。欧里庇得斯的作品也反映出了这个时代的信仰危机。他一生共创作了92部作品，保留至今的有十多部。其主人公基本是平常的人，还有很多弱点，不似埃斯库罗斯和索福克勒斯所写的半人半神英雄。欧里庇得斯长于描写心理活动，被后世誉为"心理戏剧的鼻祖"。他尤其擅长对女性形象的心理刻画且有很多以女性情感与心理活动为主题的作品，在其存世至今的作品之中，有12部的叙事主题都是女性，女性也成为他的悲剧作品中的主角。作为欧里庇得斯最成功、富有表现力的代表作之一，《美狄亚》（*Medea*）为西方文学发展留下了深刻的影响。

从古至今，史学界、文学界对于欧里庇得斯的评价都褒贬不一，有人称他为最伟大的悲剧作家，也有人视其为悲剧的葬送者。无论后世的评价如何反复无常，不可否定的是，欧里庇得斯的作品对后世文学留下了深远的影响。欧里庇得斯是古希腊悲剧家中对后世影响最大的一位诗人，其作品最真实地反映出了雅典奴隶社会民主制度衰落时期的思想危机。在欧里庇得斯看来，造成悲剧的真正原因，是人性自身的问题，是人内心不可抑制的熊熊燃烧的激情。与此同时，他认为真正主宰人类命运的并不是神灵，而是人自己。自此，悲剧中的神性被逐渐消解，取而代之的是人性。神灵主导的古希腊悲剧逐渐发展成为世俗戏剧，而传统意义上的悲剧走向了衰落。[1]

三、古希腊悲剧中的人生和美感

悲剧中包含一种力量的惊骇之美，欣赏悲剧就像是在体验毁灭，在震撼中使痛楚与快感结合，醉于混沌之中。"希腊悲剧的美能掀起欣赏者的原始激情，对文明人来讲，这种激情平常显得深藏不露，只有在对希腊悲

---

[1] 李建良：《古希腊悲剧兴衰考》，硕士学位论文，安徽大学文学院，2010年。

剧的审美观照中，这种原始激情激发，从而引起共鸣和心灵震荡，使人感受到人生中的日常很少能领略到的这些情愫。大概这就是希腊悲剧具有永恒魅力的心理奥秘所在吧。"①正如尼采所言："悲剧吸收了音乐最高的恣肆汪洋精神，所以，在希腊人那里一如在我们这里，它直接使音乐臻于完成，但它随后又在其旁安排了悲剧神话和悲剧英雄，悲剧英雄象（像）泰坦力士那样背负起整个酒神世界，从而卸除了我们的负担。"②悲剧的美学是在欣赏悲剧中的共情而产生的，只有这种无比艺术与文学化的美感，才使得悲剧具有在绝望的边缘唤醒人们正视命运与死亡的勇气的能力。

（一）悲剧以"牺牲"彰显生命力

悲剧向先验与神谕发起挑战，在承认最终的虚无与毁灭基础上体现出强大的人类生命力。《俄狄浦斯王》把一个自以为破除了神谕的人和家庭的命运搬上了舞台，整部剧之中弥漫着悲剧性的讽刺。③

《俄狄浦斯王》的故事发生在底比斯城，从一开始，这里就弥漫着惊悚、压抑的气氛。俄狄浦斯统治着底比斯城，他想查清杀害前国王的凶手，救自己的子民于水火之中。自此，善良正直的俄狄浦斯开始了苦苦追寻。然而就在他追凶的过程之中，各种事件的真相却使他陷入绝境。他无意中失手杀害的陌生人，真实身份竟是他的亲生父亲——底比斯的旧王。俄狄浦斯英勇地杀死斯芬克斯，将整座城市从终日的恐慌中解救出来，人们将他奉为底比斯的新王，他迎娶了原王后——他的生母，而底比斯城的大疫病也正是神给这个杀父娶母的罪人所降的神罚。因此，俄狄浦斯这位英勇的、令人尊敬的国王决定独自承担自己的罪孽，他刺瞎双眼，自我放逐，凄惨度日，英雄的力量就这样被命运之手摧毁。而这先验的、无法改变的命运摧毁的不仅仅是俄狄浦斯，还有他的父亲——原国王拉伊俄斯——这位知晓神谕并试图改变命运、脱离命运的英雄后裔。他为了阻止预言的实现，不惜将刚出生三天的独子抛弃，本希望这样能使他摆脱注定

① 邱紫华：《悲剧精神与民族意识》，武汉：华中师范大学出版社，2000年，第193页。
② 周国平译：《悲剧的诞生 尼采美学文选》，北京：生活·读书·新知三联书店，1986年，第91页。
③ ［法］雅克利娜·德·罗米伊：《古希腊悲剧研究》，高建红译，上海：华东师范大学出版社，2017年，第122页。

第九讲 古希腊悲剧的艺术与人生

的、罪大恶极的命运。没想到，命运就是在这注定之间展现了它的力量。

在这场悲剧中，无意中犯下恶行的俄狄浦斯带给人更多的是同情与悲悯：作为人子，他孝顺、善良，因害怕自己伤害养父母而选择远离，独自流浪；作为凡人，他又如同其他的希腊故事中半人半神的英雄一样，用自己的聪明才智战胜了食人半兽妖怪斯芬克斯；作为统治者，他又是伟大贤明的君主，深受臣民的尊敬与爱戴；作为父亲，他对孩子们充满了爱，在自我放逐之时仍不断祈求臣民善待自己无辜的子女……希腊神话中半人半神无所不能的英雄力量固然强大，而命运却能在弹指间使英雄力量灰飞烟灭。正是英雄的伟大与这注定的毁灭之间不可调和的矛盾才产生了悲壮的美感。

任何事物都不可能永恒，存在之物必有灭亡之时，在个体的必然之中，世界的必然却是永恒且富有活力。悲剧中的英雄亦是同理，英雄的离去并非凡世的末日。俄狄浦斯选择自我放逐与毁灭也不会使底比斯城停下运转的节奏，强大的、不可扭转的命运依然在城中继续。在希腊悲剧中，各种英雄人物的形象被诗人刻画，并最终在那个神话的世界里被毁灭。人生的自由意志、神定的强大力量也如同不断上演的悲剧一样，不停运转。于是，在个体的牺牲中，生命的整体保持永恒，生生不息。这个英雄人物的毁灭并非命运的整体、世界生命的整体的毁灭，而是个体的牺牲与死亡。个体虽然毁灭，生命依然生生不息，在这生与死、存在与虚无的较量中，无谓的虚无越多，越能衬托出生命存在之活力。悲剧艺术美的因素也就在这牺牲中显现出来。这才有"古希腊悲剧以命运幻象表现人类生存之谜,显示了人类对自身生存之谜永恒探求的精神以及这种探求行为孤立无援的伟大"。[1]

（二）悲剧对现实苦痛的美化转移

希腊悲剧诞生于酒神祭典的表演之中，酒神精神正如嗜酒如命之人的人生哲学，以醉的模糊来补充生的苦痛。一方面逃避丑陋的真实，另一方面在醉酒的虚无中试图挣脱伦理的束缚。

---

[1] 赵凯:《悲剧与人类意识》,上海:学林出版社,2009年,第23页。

在埃斯库罗斯著名的悲剧《俄瑞斯忒亚》中，主人翁俄瑞斯忒斯几乎承担了生存所具有的全部苦难，他英勇的父亲阿伽门农在特洛伊战争中为了希腊人的胜利向神献祭了大女儿，母亲克吕泰涅斯特拉又因为女儿的死而满腹仇恨，在阿伽门农凯旋后与情人谋杀了他，年仅12岁的俄瑞斯忒斯亲眼看到了这场灾难，逃出了宫殿，带着复仇的愿望迅速成长，在多年之后终于回乡杀死了母亲，完成了替父报仇的事业。为了替父报仇他成了弑母的罪人，而谁又该为他的母亲报仇？这种罪孽令他饱受良心煎熬以至于陷入癫狂。生命成为一场痛苦的服役，如同生活之中太多无从选择又无从逃避的折磨一样，悲剧所显示的只是苦难现实的一个角落，毁灭的力量时时在威胁着生存，那么承载着更多苦难的生活又该如何继续下去？于是，在痛苦的召唤与呼号中，艺术进入了生命，"作为诱使人继续生活下去的补偿和生存的完成"①。艺术这面镜子使苦难的希腊人在映照中看到了神化的自己，在艺术的镜子中，他们成了酒神，生活成为一场欢宴，苦难成为其中的调味剂；从酒神的眼中，他们看到了生命的喧嚣与热闹，看到生命真实之上的快乐。日常的恐怖秩序，逼上绝境的选择，在悲剧之中以一种紧密的节奏演绎出来，以最激烈的形式爆发出来，在悲剧的艺术之中，生命意志的光辉时时在闪耀。俄瑞斯忒斯替父报仇后被复仇女神追逐，陷入折磨与癫狂，然而他最终经过神的审判，摆脱了复仇女神的追捕。正如悲剧诗人在剧本中写的那样，"鼓起勇气。痛苦，当它到达了巅峰的时候，就不会再持续很长的时间了。"②所以即使是在这样的悲剧艺术之中，我们也依然看到希腊人对生命的渴望，对即使是充满了苦难的生活的肯定，活着就是最高的快乐，在陶醉中忘却生活的伤痛，在震撼中得到精神的满足，悲剧对人生的慰藉，或许就在于此。③

（三）悲剧中的"毁灭"孕育了新的希望

换一个角度来看，悲剧的毁灭美感未尝不是现实生存激烈冲突的一个

① 周国平译：《悲剧的诞生 尼采美学文选》，第12页。
② [美]依迪斯·汉密尔顿：《希腊精神》，第214页。
③ 李利萍：《尼采悲剧观探析》，硕士学位论文，南京师范大学文学院，2014年。

解决办法。为什么悲剧能引起人强烈的情绪，让人身心俱碎，甚至失声痛哭，但是人们对悲剧的欣赏依然乐此不疲？或许可以从悲剧所带来的希望中看出一点端倪。

宙斯与伊娥的后裔达奈俄斯的五十个女儿们为逃避堂兄弟们的逼婚，在父亲的带领下逃离了埃及，来到伊娥的故乡阿尔戈斯避难，精疲力竭中看到追兵的舰船，于是发出痛苦的呼喊："如今，我已不想拒绝成为野狗的佳肴，捐躯给这里的鹰鸟，供它们美餐。死亡意味着自由，不再受痛苦和哀嚎的缠绵。来吧，死亡，来吧，死的命运。"①在希腊神话之中，虽然毁灭是注定的、不可改变的，但是在这些作品的立意之中，生存的意志战胜了毁灭的现实，重生的希望战胜了死亡的恐惧，死亡所带走的不过是进退两难的狭隘现实中挤压着的躯壳，而在死亡的另一端，却是新生的、生机勃勃的光明。

四、古希腊悲剧衰落的原因

戏剧是民主政体内城邦上层在政治生活、道德教化、伦理与教育之中的重要文艺工具；同时在普通雅典公民的生活中，戏剧亦是重要的、不可或缺的内容之一。在这一背景下，剧场成为古希腊城邦文化中心，诗人也成为自由民主的布道师。城邦的发展与繁荣也使得希腊悲剧不断耕耘发展，但是，这种政治经济的繁荣及其在文化上的体现并没有一直维持下来。伯罗奔尼撒战争后，斯巴达成了希腊的新霸主。然而，斯巴达的霸权也并不长久，霸权衰落之后，诸城邦陷入混乱之中，这场浩大的城邦战争波及了整个希腊世界。战争的失败使城邦民主政体成为历史，崇高的理想变成了如废品般的玩物。饱经战争苦难的人们不再醉心于欣赏严肃的悲剧，反映现实生活的喜剧逐渐走上文化历史舞台。城邦逐渐解体，而由城邦组织的酒神节也就渐渐衰落，悲剧作为城市酒神节的一部分，随着这种体制的解体与民俗的没落走向了末路。前4世纪初，雅典城邦举行完最后一次酒神节，酒神节完全成为历史，希腊悲剧也就此在现实生活中终结

---

① [古希腊]埃斯库罗斯：《埃斯库罗斯悲剧集》，陈中梅译，沈阳：辽宁教育出版社，1999年，第53页。

了。古希腊悲剧是雅典城邦奴隶民主政治的产物，它随着民主政治的发展而发展，随着民主政治的衰落而衰落。

亚里士多德在《诗学》中那段关于悲剧起源的著名论断告诉我们，悲剧作为祭祀仪式的一部分，是由表演狄奥尼索斯崇拜的仪式发展而来的。因此，悲剧作为狄奥尼索斯崇拜仪式的一部分，其宗教内涵就是仪式性质地模拟酒神狄奥尼索斯的死亡并赞美酒神的再生，表达人们对原始生命力的信仰，表现在悲剧中就是一部完整的悲剧必定包含了死亡受难的主题和最后受难者的重生与救赎。古希腊三大悲剧家作品中很好地诠释了悲剧中体现的宗教思想及其变迁。①

希腊悲剧的发展，自始至终都是以酒神节为媒介，在狄奥尼索斯祭祀仪式的框架下进行，也从来没有脱离过酒神颂歌而独自发展。尼采在《悲剧的诞生》中说，"这是一个无可争辩的传统：希腊悲剧在其最古老的形态中仅仅以酒神的受苦为题材，而长时期内唯一登场的舞台主角就是酒神。但是，可以以同样的把握断言，在欧里庇得斯之前，酒神一直是悲剧主角，相反，希腊舞台上一切著名角色普罗米修斯、俄狄浦斯等等，都只是这位最初主角酒神的面具。"②但是，在诗人欧里庇得斯的笔下，悲剧却逐渐失去了原先的宗教意义。在其作品中，主人公不再是勇于承担命运苦难的英雄，而是一群在现实的冲突中自由行动的人，他们遭受的苦难是他们自由意志的后果。让–皮埃尔·韦尔南在《神话与政治之间》中说，从埃斯库罗斯到欧里庇得斯的发展是"一种悖论的衰落。在埃斯库罗斯的作品中，甚至在索福克勒斯的作品中曾是悲剧体裁之动力的东西，那种持恒的张力，在处理个体方面，在其个人形象塑造方面、在对待其个体的与社会的身份方面让神明放在背景中的那种严肃——所有这一切，在欧里庇得斯的作品中，都被一种重要性所替代，正是这种重要性决定了众人物在舞台上的冲突。这里头同时有一种重大的技艺和一种体裁的衰落。"③

在一些评论中，欧里庇得斯被誉为"舞台上的哲学家"。他将长篇的

---

① 李建良：《古希腊悲剧兴衰考》，硕士学位论文，安徽大学文学院，2010年。

② 周国平译：《悲剧的诞生　尼采美学文选》，第40页。

③［法］让–皮埃尔·韦尔南：《神话与政治之间》，余中先译，北京：生活·读书·新知三联书店，2001年，第457页。

第九讲　古希腊悲剧的艺术与人生

说教、辩论和理性的思辨带到悲剧之中，借演员之口提出对宗教与信仰的怀疑。欧里庇得斯认为个人有自由意志，应对自己的行动负责，在这里，悲剧中半人半神的英雄形象被消解，宗教内涵不再。悲剧开始转向心理刻画，而故事中的英雄不再作为"酒神受苦的面具"而承担其模拟酒神死亡——重生的仪式功能，而具有了向观众展现理性的功用。因此，悲剧在丧失了宗教的根基之后，逐渐地走向了世俗的喜剧。在更深的层面上，悲剧的消亡是伴随着哲学兴起、理性崛起所导致的对宗教的怀疑而发生的，宗教的衰亡也造成古希腊悲剧精神的枯竭，随着神话思维的消失，诗人死了，悲剧也随着诗人死去。故此，我们可以说，悲剧从狄奥尼索斯崇拜中诞生，并最终随着希腊宗教的衰亡而走向了衰落。①

此外，古希腊悲剧发展到了欧里庇得斯这一代悲剧诗人的手里，逐渐世俗化。在前5世纪，戏剧越来越受城邦公民欢迎，观看戏剧表演成为城邦公共生活不可或缺的内容。但是，到了雅典帝国时期，连年战乱使得人们生活逐渐困苦，同时社会风气腐败，奢华成风。悲剧创作也受到这种社会习气影响。在雅典节日献技欢庆会上，很多公民都认为，有趣的、具有娱乐功能的戏剧才应该得到锦标。因此，小孩子们一定会投傀儡戏的票，较大的孩子会拥护喜剧，受过教育的妇女和年轻人乃至一般人会投悲剧的票，而老年人则喜欢听荷马或者赫西俄德的诗篇朗诵。这样，一部剧作获胜与否仅凭剧场的各人群数量优势来决定。剧作家们不再是教化公民们的老师，而成为观众们的迎合者。自此，悲剧已经走向了"歧途"。欧里庇得斯的现实主义创作和对心理的精细刻画使得悲剧渐渐将神话中的英雄人物从舞台上逐出，悲剧不再借神话传奇演绎酒神仪式的内涵，而是在表现激烈的情感与紧张的剧情冲突。

希腊悲剧在经历繁荣之后走向衰落，其原因比较复杂，除了社会政治、宗教文化的影响外，文学自身发展变化也是造成其衰落的一个重要原因。传统的悲剧衰落之后，一种以展现平民世界为主题的新喜剧走向舞台，这是时代发展的要求，也是文学自身发展的必然道路。任何艺术门类都会有它的历史过程，因此，随着历史发展艺术必然向前发展，而旧的

① 李建良：《古希腊悲剧兴衰考》，硕士学位论文，安徽大学文学院，2010年。

艺术则会走向衰落。①

结　语

马克思在《政治经济学批判》导言里曾说过："希腊艺术的前提是希腊神话，也就是经过人民的幻想用一种不自觉的艺术方式加工过的自然和社会形式本身。这是希腊艺术的素材。"②但是，悲剧诗人欧里庇得斯"是一个泛神论者，却不相信希腊神话里面的天神，不相信个人的永生"③。因而，在他手里神话思维在悲剧里覆灭，从前舞台上是戴着酒神面具舞蹈的神和英雄，而现在这里的主角是从世俗人的观众厅挤来的平庸者，是欧里庇得斯把观众带上了舞台，从此，以展现崇高精神为核心的悲剧被喜剧所代替了，尼采因此哀叹道："悲剧死了！诗随着悲剧一去不复返了！"④事实上，离开了神话思维，悲剧也必然就失去了展现崇高的载体，流于平庸。正如尼采所说，一个失去了神话的家园，逃离了神话怀抱的民族必定会没有生气，没有了生命力，悲剧也必然会走向灭亡。

第九讲　古希腊悲剧的艺术与人生

① 李建良：《古希腊悲剧兴衰考》，硕士学位论文，安徽大学文学院，2010年。
② 中共中央马克思恩格斯列宁斯大林著作编译局编：《马克思恩格斯选集》第二卷，北京：人民出版社，1972年，第113页。
③ 罗念生：《罗念生全集》第三卷《悲剧之二》，上海：上海人民出版社，2004年，第157页。
④ 周国平译：《悲剧的诞生　尼采美学文选》，第44页。

第十讲　罗马城邦向帝制的转变

古罗马历史也是现今意大利的古代历史。意大利半岛是古代罗马国家的发祥地和政治、经济、文化的中心。历史学家习惯于把古罗马历史划分成这样几个历史时期：王政时代（约前753—前510）、共和时代（约前510—前30）、前期帝国（前27—192）、后期帝国（193—476）。前27年，元首制的确立标志罗马共和制名存实亡，罗马城邦已经由蕞尔小邦转变为帝制的地中海大国。

一、罗马称霸地中海地区之后的社会变化

罗马称霸地中海地区之后，意大利本土、西西里和阿非利加行省的奴隶制获得了很大的发展，并且引起了阶级关系的重大变化。

其一，奴隶制的充分发展。

在长期的战争中，大量的奴隶流入罗马，奴隶被视为商品，罗马各大中心城市基本都有奴隶市场。爱琴海上的提洛岛更是奴隶买卖的中心市场。奴隶成为罗马社会的主要生产者，广泛用于农业、园艺业、畜牧业、矿业和手工业，以及娱乐、家庭服役等。罗马城几乎家家都有家内奴隶，普通士兵也有一个奴隶服侍他。家内奴隶还是希腊文化传入罗马的渠道。有知识的希腊奴隶作为秘书、家庭教师，无形中将较为成熟的希腊文化带给主人家庭。这对罗马的影响尤为深刻。正像诗人贺拉斯所言："希腊的战俘俘虏了胜利的罗马人。"

还有角斗场的角斗奴，互相残杀或与野兽搏斗，以供奴隶主寻乐。

早在前264年已经开始有角斗比赛。前186年又开始斗兽和竞技，这些节日都由国家或私人出钱供罗马市民尽情享乐。

而奴隶的处境甚为悲惨。在罗马法律中，奴隶被视为主人的财物，"奴隶不是人，是另一种家畜"。没有"人格"，与牲畜和其他财物没有多大差别，只不过是"会说话的工具"。

奴隶既没有财产权，也没有婚姻权和家庭权。男女奴隶同居生下的子女也是奴隶主的财产。奴隶毫无人格，也就没有诉讼申冤和出庭作证等法律行为的能力。

由此，奴隶与奴隶主的矛盾十分尖锐。

其二，大土地所有制的形成。

罗马在不断侵略扩张的过程中，将征服来的土地划为国家的公有地。罗马贵族、高利贷者等依恃财势侵吞、租占和购买公有土地，同时兼并小农土地，致使大土地所有制形成。大量使用奴隶劳动的各种庄园悄然出现，如中型田庄维拉（villa），大型田庄拉蒂芬丁(latifundium）等等。加上频繁的战乱和沉重的赋税，罗马的自由农民失去土地而纷纷破产的人越来越多。

由此，大、小土地所有者与失地者的矛盾激化。

其三，新兴的奴隶主阶层形成——骑士阶层。

罗马在长期的对外掠夺战争中，集聚了大批的金银，加之东方手工业技艺的流入，海陆商道的开辟，促使手工业、商业、海外贸易的发展。于是，一些因经营商业、金融、高利贷和承包公共工程和保税等活动而发财致富的人，成了新兴的奴隶主阶层——骑士阶层（Equites）。[①]这个新兴的阶层，政治上没有实权。骑士不得担任执政官等高级官职，也不能进入元老院。这样，在罗马统治集团内部，骑士派和元老贵族的矛盾日益尖锐，出现了新兴工商奴隶主阶层与贵族奴隶主之间的斗争。

---

① Equites，罗马骑士，初指塞尔维乌斯改革时划定的第一等级中18个骑兵百人队的成员。后来，泛指一切能有足够钱财饲养马匹充当骑士的人，成为仅次于元老院阶层最有特权地位的新贵族。他们大多从事商品贸易和金融放贷，充当包税商人。因此，前3世纪末，罗马骑士主要是指经营商业和金融业的新兴奴隶主阶层，也称"商业高利贷贵族阶层"。

其四，前2世纪的大变迁，使罗马人的日常生活发生了巨大变化。

对外征服扩张给罗马带来了巨大的财富和众多的奴隶。与希腊和东方世界的接触，是乡土气息浓厚的罗马人初次发现人可以生活得如此奢侈豪华，爆发的骑士阶层更是极尽奢华的贪欲。罗马城里的人们开始模仿东方社会腐化堕落的生活方式，旧的道德廉耻观念开始被打破。不过罗马人吸取新事物的步伐比较缓慢。罗马男子服装基本没有改变，仍以紧身短装加托加长袍。但男子学会了希腊人的剃须，据说是酷爱希腊文明的阿非利加·斯奇比奥首先引进的。城市的饮食首先以烤制的面包代替从前的麦片粥。加图在《论农业》中多次讲到烤制面饼、油炸面卷等。有钱人家讲究用银制盆盘盛装食品。餐桌上经常有酒，学会希腊式痛饮。一餐讲究有多少道菜，有多少客人。

元老院为讨好群众，开始规定几种节假日：阿波罗节（前212）、地母节（前204）、谷神节（前202）。这些节日都是由国家或私人出钱，供罗马人享乐。这无异于向流氓无产者行贿。城市里积聚越来越多的游手好闲的人，靠国家或私人救助为生。这些人很容易被操纵和收买。豪门贵族从而稳固自己的政治势力。

妇女服饰、头饰、宴会、丧礼、住房等日益考究奢华。第二次布匿战争，有近10万罗马士兵的性命断送在战场。许多富室家的男子死光，家产掌握在妇女之手。奢侈生活的发展使许多罗马妇女讲究衣着服饰。守旧的人认为妇女轻佻，必须有男人代理，不应妇女出面办理法律事宜。立法限制女继承人的地产数量。有些妇女受过良好教育，她们不理会法律的规定，独立处理自己的事情。有些妇女还因自己的才能成为罗马知识界的名人。例如，格拉古兄弟的母亲科尼利亚就是一位杰出的妇女。[①]

总之，由于罗马社会经济变化，阶级关系日益复杂：奴隶与奴隶主的矛盾；大土地所有者与城乡平民的矛盾；被征服地区与罗马征服者的矛盾；统治阶级内部骑士阶层与元老院贵族的矛盾，都日益激化。这些矛盾运动，推动着罗马社会的转型。

---

① 于贵信：《古代罗马史》，长春：吉林大学出版社，1988年，第115页。

二、向帝制转型中的矛盾斗争

自前146年布匿战争的结束到前30年前后的这段时间，是罗马历史上极为重要的社会转型期。由于上述所及的由胜利扩张而带来的社会影响和矛盾运动，罗马城邦的贵族共和政体逐渐瓦解，伴随军事独裁的产生而一步步地向帝制转变。

社会转型期的矛盾斗争主要有：

其一，奴隶与奴隶主的矛盾斗争。

主要是西西里和斯巴达克奴隶起义。

西西里是罗马建立的第一个行省，土壤肥沃，素有"谷仓"之称。在这里，奴隶制大田庄产生较早，大量使用奴隶劳动，而且奴隶大多来自同一个民族或同一个地区，有利于组织起来开展反抗斗争。早在前2世纪下半期，就曾发生过2次西西里奴隶大起义（前137—前132，前104—前101）。起义领袖分别为优努斯和萨维阿斯，一度分别在恩那城和特里奥卡拉城建立自己的政权。

后来优努斯被俘死于狱中。萨维阿斯不幸死亡。许多奴隶被俘后被钉死，或被卖为角斗士。

前73—前71年，意大利南部的卡普亚（坎佩尼亚）爆发了斯巴达克起义。

斯巴达克出生于色雷斯王族，但在罗马征服过程中被俘为奴，后送至卡普亚的角斗士学校。他以卓越的武功和高尚的人格赢得了其他角斗士的爱戴。斯巴达克不甘于奴隶的地位，秘密团结了一批角斗奴，准备以战斗争取自由。

前73年春天，斯巴达克的起义密谋泄露，他率领70余人逃往维苏威火山，举行起义。附近渴望自由的奴隶从四面八方云集斯巴达克旗下。斯巴达克依照罗马军队的编制，将起义军编成百人队和军团，并进行严格的训练。提高战斗力。多次打败罗马军队的围剿。

一年后（前72年秋天），起义军已经有7万人。随后，斯巴达克挥师

第十讲　罗马城邦向帝制的转变

北上，沿途解放了众多奴隶。

前72年年底，进入意大利北部时，起义军已有12万人之多。罗马军队数次堵截，屡屡失败。起义军在到达距离波河流域不远的地方，却不再向北挺进，突然南下，兵锋指向罗马。罗马元老院慌乱之中欲选出一名全权司令官，但"所有的人都害怕，没有人敢提出自己为候选人"。[①]

后来，罗马元老院任命大富豪克拉苏为统帅，委以全权，组织军队，并从海外调回正在征战的罗马军团，重兵防守罗马，迎击斯巴达克起义军。

克拉苏（Crassus，前115—前53），古罗马军事家、政治家。他通过奴隶贸易，经营矿产，投机地产买卖，及非法夺取其他人的财产等手段积攒万贯家财。他和庞培、恺撒合作，组成三头政治同盟。他贪恋战功，悍然进攻亚洲的安息帝国，未成，自己也在战场上阵亡。

可能是因为时机还不成熟，斯巴达克没有攻打罗马就继续南下，准备渡海前往西西里岛。但由于原来承诺提供渡海船只的海盗被西西里岛总督收买后违约，未能提供渡船，斯巴达克军队陷入被动。克拉苏大军尾随而至，前攻后堵。斯巴达克杀死了自己的战马，欲与克拉苏决斗，但未能如愿。最终，斯巴达克被密集的罗马人军团团团围住，英勇牺牲。起义军阵亡6万人，六千多人被俘后被残忍地钉死在卡普亚到罗马大道旁的十字架上。

奴隶起义，打击了奴隶主阶级，动摇了罗马城邦奴隶制的基础。奴隶主不得不改变剥削奴隶和经营田产的方式，新的生产方式——隶农制开始萌芽，加速了罗马从共和向帝制的转变过程。

隶农（coloni，音译科洛尼），本意是指人身自由的农业劳动者。罗马共和国末期主要是指小块土地的佃耕者。罗马的隶农制出现于1—2世纪。3—4世纪时，西罗马帝国以奴隶劳动为基础的大庄园经济已经无利可图。罗马的大庄园主把土地分成小块租给获得自由的小生产者，收取地租。隶农的人身是自由的，并有少量的家室经济，份地可以世袭使用，但必须依附于庄园主。通常认为隶农是中世纪农奴的前辈。罗马帝国晚期，隶农的

---

① ［古罗马］阿庇安：《罗马史》下册，谢德风译，北京：商务印书馆，1979年，第256页。

地位近似于奴隶，没有自己的财产，并被禁止和自由民通婚。

其二，大土地所有者与城乡平民的矛盾斗争。

主要有格拉古兄弟改革（提比略·格拉古 Tiberius Sempronius Gracchus、盖约·格拉古 Gaius Sempronius Gracchus）和萨图宁（Lucius Appuleius Saturnius）土地法案的出台。

正当第一次西西里奴隶大起义冲击意大利本土时，意大利半岛掀起了一场以土地改革为中心的社会改革运动。

当时，土地财富集中于少数人和自由民破产成为罗马社会的重要社会问题。这一问题不仅影响了罗马的兵源，削弱了国家的实力，而且破坏了罗马共和国的社会基础。广大失地农民迫切要求重新获得土地。统治阶级中的有识之士，有感于问题的严重性，试图从上至下推行土地改革，解决土地问题，以缓解自由民的内部矛盾，巩固共和国的社会基础。这些有识之士的代表就是格拉古兄弟——提比略·格拉古、盖约·格拉古。

格拉古兄弟出身罗马名门望族，从小受到良好的教育，先后担任神职、军职，比较能够体察民情。兄长提比略·格拉古因同情并支持农民限制土地占有份额、重新分配土地的要求，拥护土地改革，受到平民的好评，被选为前133年的保民官。他一上任就在公民大会上提出土地改革法案。法案规定：

每户家长占有公有地限于500犹格（一犹格约等于4亩），如有子嗣，只有长子和次子可以各占250犹格，但每户占地总数不能超过1000犹格。超占部分收归国有，划为每块30犹格的份地，分给无地农民。

提比略的这个土地法案，招致了占有大量公有地的元老院贵族的刻骨仇恨，最终，元老们及其打手在公民大会的会场，用木棒、板凳腿等将提比略及其追随者300人活活打死，抛尸台伯河中。

当时，大多数农民因为忙于夏收无暇出席大会。

然而，斗争并没有因提比略的惨死而结束。10年后，即前123年，盖约·格拉古在平民的支持下当选保民官，再次提出提比略的土地法案，还提出粮食法，让城市贫民可以廉价或免费从国家按月领取定量粮食。此外，还有审判法、筑路法和包税法。

这些法案对于解救贫困失地的平民，争取骑士阶级的支持起到了积极作用。所以，盖约顺利地连选为前122年的保民官。他又提出了授予意大利同盟者以公民权的法案，以及在被罗马人诅咒的迦太基进行殖民的法案，结果引起包括平民在内的所有罗马人的反感，因为这损害了罗马公民的优越感。盖约的声望由此受到影响，连任第三任保民官的愿望落空。元老院贵族乘机镇压改革派，盖约及其支持者占领阿芬丁山（圣山）进行抵抗，最后盖约被逼自杀，其追随者3000多人惨遭杀害，抛尸台伯河。

格拉古兄弟的品德是高尚的，改革也是利他性的，但结局却是悲剧的、令人深思。格拉古兄弟改革表明：罗马已由共和制下的繁荣期转入危机阶段。这个时期，城邦共和政体已经无力有效地限制和维护小土地所有制。小农分化和破产的趋势已经不可遏止。共和国的体制已经无法适应新形势的需要。格拉古兄弟和大批平民的惨死表明罗马社会的大土地所有者与城乡平民的矛盾已转入血腥内战，为以后形形色色的野心家肆无忌惮地使用武力扫除障碍，夺取最高权力开创了先例。因而为共和国的灭亡铺平了道路。

格拉古兄弟死后，罗马的政治家萨图宁与马略结成同盟对抗元老院。前100年马略当选第6任执政官，萨图宁当选第2任保民官（前103年当选第1任保民官，提出粮食法案被否决）。萨图宁又提出他的土地法案，提议将行省公有土地划分为份地，分给马略的老兵、其他各次战争的参加者和失地的罗马公民。

倘若通过这个法案，就等于把罗马公民权授予拉丁姆以外的人。因为只有享受罗马公民权的人才有资格分得罗马城邦的"公有土地"。结果，这个法案不仅元老和骑士反对，有些平民上层也不支持法案，因为在维护罗马公民权这一点上，元老院贵族、骑士和平民上层的利益是一致的。

尽管如此，萨图宁依靠农村公民的支持使法案最终得以通过，但执行起来十分困难。当选举下一年（前99）保民官的日子到来时，元老院采取非常措施，宣布国家危急、萨图宁派是"公敌"。萨图宁和他的支持者夺取了卡皮托利山丘准备一战（七丘同盟时代的其中一个山丘）。在这关键时刻马略背叛了朋友萨图宁，站到元老院一边对萨图宁及其政治盟友施以残酷镇压。萨图宁投降后被杀，其土地法案被废止。

此后，在共和国日益走向危机和军事独裁制条件逐渐发展的情况下，罗马的民主政治运动，包括平分土地等改革运动逐渐沉寂下来。

其三，被征服地区与罗马征服者的矛盾。

主要是同盟者战争（Social War，也称意大利战争，Italic War，前91—前88年古代罗马的意大利同盟者城市和部落发动的反对罗马特权和争取罗马公民权的战争），以及行省（拉丁文 provincia，有"委托"之意）人民反抗罗马统治的斗争。

同盟者战争源自罗马人与同盟者之间的矛盾。"同盟者"是罗马人对意大利半岛上的拉丁姆地区以外的所有被征服居民的统称。这些人没有罗马公民权，不能参加罗马人的政治活动，无权分享公有土地，但需要服兵役。同盟者战争的实质是罗马共和国末年意大利人反对罗马统治，争取罗马公民权的战争。

需要说明的是，从罗马征服意大利半岛以来，同盟者就试图通过和平合法的提案来争取罗马公民权，以求得与罗马人在政治和社会方面的平等权利。

例如，前100年，保民官萨图宁提出将土地分给马略的老兵，这些老兵中有很多是无罗马公民权的意大利人。前91年，保民官德鲁苏（Marcus Livius Drusus，？—前91）又提出将罗马公民权给予同盟者的建议。

但是，多次提案皆被否决。萨图宁和德鲁苏最终都被元老院和反对改革的群众杀死。于是，只有拿起武器，发动同盟战争。

前91年，奥斯库伦城（Asculum）首先起义。"同盟者"城市纷纷响应。除了伊达拉里亚、翁布里亚（阿布里亚）等罗马近区以外，整个意大利特别是中部和南部地区都卷入了暴动。起义的同盟者联合起来，在位于意大利中部的科菲尼姆（Corfinium）建都，取国名"意大利"。设立类似罗马的政治机构，有公民大会、元老院、执政官等，还铸造货币，币面铸有"牡牛践狼图"，以象征意大利人压倒罗马。罗马派出18个军团前去镇压，甚至起用名将马略、苏拉，仍然连遭败绩，后来采取了分化瓦解的政策，宣布凡未参加暴动和已参加但能在2个月内放下武器者均可获得公民权。直到前88年，终因力量悬殊，同盟者起义全被镇压下去，同盟者战争结束。

同盟者战争迫使罗马当局不得不把罗马公民权授予波河以南的所有的意大利同盟者。同盟者因此享有罗马公民权，以及随之带来的财产权、婚姻自由权、税务豁免权和人身自由权等，加速了意大利各地与罗马的融合过程，扩大了罗马国家的社会基础。原罗马平民也因为同盟者下层的加入，数量急剧增加。而同盟者的上层得以跻身于罗马显贵行列。罗马社会政治斗争的范围和对象扩大了。

罗马公民权的扩大打破了罗马城邦公民集体的自治制度，引起了罗马国家政权结构、组织形式和社会关系的巨大变化。从此，罗马控制下的意大利各地区和部落，变成以罗马城为核心的、全意大利的共同体——意大利国家。一切意大利的城市，皆是罗马的自治城市，罗马城成为意大利国家的首都。罗马旧有城邦体制难以适应变化了的政权结构、组织形式和社会关系。

其四，统治阶级内部骑士阶层与元老院贵族的矛盾斗争。

这主要是马略和苏拉的斗争，以及三头政治（triumvirate），即古代罗马共和末期前后两次由三个权势人物联合执掌国家最高权力的政治体制，亦称三头同盟，包括前三头政治、后三头政治。

（1）马略的改革和军队职业化。

在统治阶级内部的骑士派与元老院贵族派的矛盾斗争中，马略和苏拉的斗争占有重要的地位。

前107年，军人出身的马略被推举为执政官并任军事统帅。

马略（Gaius Marius，前157—前86），罗马的政治家和军事家。出身微贱，但作战英勇，屡建战功，多次被提拔。曾6次出任执政官。前100年左右，成为罗马当时最有声望的"新人"。他的妻子是罗马政治家恺撒的姑妈。

马略针对当时罗马小农破产严重、兵源逐渐枯竭的情况，随即进行军事改革。其重要内容之一就是改公民兵制为募兵制：凡自由公民不管有无财产，自愿入伍者皆可当兵，服役期为16年，由国家供给武器、粮饷。退伍后分配土地。

此外，征召了由同盟者和行省骑兵组成的骑兵队伍，增设工兵、机械兵，严格军事纪律等。

马略的军事改革解决了兵源问题，提高了军队战斗力，但也结束了罗马公民兵制度。从此，罗马军、民分离。公民、土地、士兵三者合一的城邦公民兵制度瓦解。公民不再是保卫城邦共和制的基本军事力量。军队组成已经超出罗马城邦的范围。同时，马略的改革使原有的公民兵变成了长期服兵役的职业军队。军队的职业化逐渐造成了职业军官集团，这些职业军官倚仗军权影响政局，为建立军事独裁统治铺平了道路。

马略的军事改革获得了极大成功，使自己很快成为罗马政治舞台的中心人物，是当时罗马最有声望的"新人"。不料，在平定同盟者战争中，马略手下的一个部将、贵族出身的苏拉立下了赫赫战功，声望逐渐超过了马略。

恰在此时，小亚细亚的本都（位于攸克辛海南岸）发动反抗罗马统治的战争。[①]当本都反叛罗马的时候，马略和苏拉为争夺统帅地位发生冲突。公民大会把统帅权授予马略，元老院把统帅权授予苏拉。结果导致了二人的火拼。在元老院的支持下，苏拉占据了上风，马略被宣布为公敌，遭遇讨伐，被迫出逃北非。

（2）苏拉军事独裁。

苏拉（Lucius Cornelius Sulla，前132—前78），罗马军事独裁者，政治家。

苏拉掌权后取消了平民会议（特里布会议），限制保民官权力，元老院被宣布为最高权力机关，不经元老院批准，公民大会不得通过任何法案。他还指派300名亲信党羽充任元老，使元老院成为自己个人权力独裁的工具。

前87年，苏拉在平定罗马内乱之后，率军与小亚细亚的本都作战，沿途还镇压了小亚细亚希腊城邦的反抗。雅典因反抗激烈，遭到血洗

---

① 因为本都的国王米特里达提六世（Mithradates VI，约前132—前63）而得名米特里达提战争。

（前86）。

正当苏拉忙于小亚细亚的东方战事，逃往北非的马略重返意大利，依靠伊达拉里亚人纠集军队，并联合民主派贵族秦纳①在罗马乘机活动，攻占苏拉派占领的罗马城，对苏拉党羽进行了五昼夜以牙还牙的血腥报复。宣布苏拉为"人民公敌"（proscriptio），并没收了财产。前86年，当苏拉血洗雅典的时候，马略和秦纳在罗马当选为执政官。但是，不久，马略去世，秦纳成为政治领袖，控制了罗马的局势。

领军在外的苏拉，闻讯后立即与本都国王米特里达提议和，折返罗马。

前81年冬季，苏拉攻入罗马城。此时，马略和秦纳都已经死亡。但苏拉大肆报复马略派，并把马略的尸骨从坟墓中挖出来投入污水河中。与此同时，3次公布"人民公敌"名单，包括奴隶在内的任何人，不经审判即可处死名单中的"公敌"。结果有大约90名支持马略的元老、15名高级长官、2600名骑士和数千名其他身份的马略支持者死于迫害。这可能是历史上发生在罗马城内、罗马人对罗马人最大的一次大屠杀。

同年，元老院宣布苏拉为无限期独裁官（dictator），获得至高无上的统治权。但苏拉并没有建立帝制。他在独裁之时，竭力保护城邦贵族共和制体制。只是经过其改造过的元老院成为最高的权力机构，公民大会形同虚设。

前79年，就在苏拉权势如日中天的时候，他在一次公民大会上突然宣布，放弃所有的权力，弃官还乡，次年病死（前78）。苏拉为何引退，至今仍是一个历史之谜。

学界通常把前82—前79年的苏拉统治，称为"苏拉独裁"。苏拉独裁是在各种社会矛盾激化的情况下，适应于奴隶主阶级镇压奴隶和各地人民反抗斗争的需要而出现的。苏拉的无限期权力，是罗马由城邦共和制迈向君主制度或帝制道路上的初次尝试。

苏拉死后，马略派企图东山再起，但未能如愿。马略派的残余势力转

---

① 秦纳（Lucius Cornelius Cinna，？—前84），恺撒的岳父。曾于前86、前85、前84年连续3年出任执政官，前84年被部下刺杀。

入西班牙坚持斗争，最后被苏拉派的庞培镇压。

（3）前三头政治。

苏拉死后，罗马的权力真空很快被3个实力派人物填充：一个是依靠镇压斯巴达克起义立功的古罗马政治家、大富豪克拉苏（Marcus Licinius Crassus，前115—前53），一个是结束米特里达提战争的古罗马政治家、军事家庞培（Pompeius Gnaeus，前106—前48），一个是破落贵族恺撒（Gaius Julius Caesar，前101—前44）。三人中，克拉苏拥有雄厚的财力，号称"大富豪"。庞培有强大的罗马军团，恺撒只有乐善好施之后欠下的巨额债务。但是，恺撒这个人的社会背景值得注意：

恺撒出身名门。恺撒的姑妈是马略的妻子。恺撒是秦纳的女婿。

不过，在苏拉独裁时，作为马略的至亲，恺撒受到牵连和迫害，背井离乡。苏拉死后才回到罗马。

作为名门贵族之后的恺撒，凭借突出的政治才干和慷慨好施，在平民中享有很高的声望。前68年出任财务官。前65年出任市政长官，耗费大量金钱举办角斗士竞技和修建公共建筑，以博取下层群众的欢悦，个人负债累累。

前62年，恺撒步入罗马政坛，当上了大法官，并得到出任前61年西班牙行省总督的职位。但是，债主们的逼债，使得恺撒难以成行。为难之际，大富豪克拉苏替他偿清了部分债务，才得以赴任。由此，恺撒深刻领悟财富的力量。恺撒在西班牙大肆搜刮，收获颇丰。

前60年，恺撒的西班牙总督期满后回到罗马，与庞培、克拉苏结成秘密同盟，即"前三头同盟"，以期共同对抗元老院。

根据协议，三方促成恺撒当选前59年的执政官。为了巩固这个同盟，恺撒还把自己年仅14岁的女儿尤莉娅嫁给年近半百的庞培（庞培当时47岁）。6年后，尤莉娅去世（前54年，时年20岁）。

恺撒在任期内实施了一些法令，批准庞培在东方行省所实行的措施，分给2万老兵和平民土地，免除东方行省包税人的一些欠款。

前58年，恺撒执政官卸任后，经三头协议，出任高卢总督。任期5年（前58—前54）。

在不断的任期限制、卸任后的重新协议之后，恺撒意识到，要实现自己的政治野心，摆脱别人的左右，必须有更多的业绩和实力。于是，他非常看重高卢行省总督的职位，把高卢作为自己事业发展的基地。

上任高卢总督后，恺撒组建4个军团大举扩张，战绩辉煌，实力大增。

前56年，前三头人物在伊达拉里亚北部的路卡举行会议，史称"路卡会晤"。会议决定：恺撒续任高卢总督5年（前54—前49）；庞培和克拉苏则出任前55年执政官，任满后庞培出任西班牙总督5年，克拉苏则为叙利亚总督5年。

前三头都在为自己积蓄力量。克拉苏求胜心切，执政官任期未满便赶赴东方出任叙利亚总督，进行帕提亚（安息）战争，前53年被帕提亚人所杀。三头从此只剩下两头。这时，元老院的力量至关重要。

实际上，罗马元老院贵族从一开始就反对三头政治同盟左右国家，竭力宣扬贵族共和国的民主法制传统，强调共和制是罗马立国之宝。

前53年，领导元老院的是罗马著名演说家和修辞学家西塞罗（Marcus Tullius Cicero，前106—前43）。西塞罗在三头同盟成立之前就已经是罗马政坛的风云人物。

早在前63年西塞罗担任执政官期间，贵族出身的喀提林（Catilina，或译喀提林那）为了在该年竞选执政官时获胜，与大法官林都鲁密谋募兵，准备一旦竞选失败就进行武装暴动。这个阴谋被西塞罗探知后，西塞罗在元老院发表了著名的反喀提林演说，并采取紧急措施逮捕喀提林派，未经公民大会审判就将密谋首要分子处以极刑。喀提林本人与死党出逃后，于前62年被元老院派遣的军队消灭。这次事件史称"喀提林阴谋"。西塞罗因挫败喀提林阴谋被授予"祖国之父"的荣誉称号。

喀提林阴谋发生后，恺撒就曾指使保民官克劳狄指控以西塞罗为首的元老院贵族，在挫败喀提林阴谋时，未经审判就处死罗马公民，致使西塞罗被放逐。

10年后的前53年，当克拉苏死后，元老院再次感到来自恺撒的威胁和蔑视。尤其是恺撒把他在高卢南征北战的事迹写成《高卢战记》，让人带回罗马散布宣传，还在罗马安插代言人为其摇唇鼓舌。恺撒在高卢的势力膨胀更加引起元老院的恐慌。

于是，满怀嫉妒的庞培与忧心忡忡的元老院联合起来，竭力削弱恺撒在罗马的影响。他们要求恺撒在前49年交出高卢总督职权、放弃兵权，卸任回国。

但是，恺撒却针锋相对，决不让步。依然率领身边仅有的1个军团，于前49年1月进军罗马。

猝不及防的庞培和部分元老逃跑至希腊。恺撒兵不血刃占领了罗马，控制了罗马政局。他随即挥师西班牙，迫使在该地的庞培军队投降。庞培逃亡埃及后被埃及托勒密十三世所杀。

恺撒追至埃及，与克里奥巴特拉相见，并助力她登上埃及女王宝座，这就是埃及的末代女王——克里奥巴特拉七世。

前48年，恺撒当选为终身保民官，并担任5年期限的执政官。前45年，又被宣布为终身独裁官。如此，继苏拉之后，恺撒又一次在罗马建立了个人独裁统治。

恺撒是罗马事实上的第一个皇帝，所以日后西方历史上常以"恺撒"作为帝王的同义词，俄国沙皇之"沙"字即源于此。

恺撒在独裁期间，为了扩大和巩固政权的基础，采取了一系列改革措施：

第一，改组元老院。

把许多非贵族出身的亲信、军人，刚取得罗马公民权的外省贵族，甚至被释奴隶安插进元老院，元老名额至900人（罗马共和国初期，元老院为300名，来自300个氏族的氏族长）。

第二，加强独裁控制权。

恺撒规定原来由民选的各主要行政部门高级官员有一半仍由民选，另一半则由他任命。

第三，建立老兵殖民地，强化老兵优待政策。

虽然给老兵分配土地的政策开始于马略和苏拉时期，但那时的分配是由公民组成的土地委员会负责，而恺撒改为由他的部将负责土地分配。同时还配置了农具。分得土地的老兵感激"皇恩浩荡"，常怀报效之志。这时有约10万老兵分得土地。

第四，改善行省管理制度。

明确了行省官员的任期为1—2年，不许兼掌军权，严禁官场腐败；废除了亚洲诸行省中什一税的包税制，代之以课征固定税额的土地税；将城市吃免费粮食的无业游民人数从32万压缩至15万，把其中8万人分送到各行省去垦殖，强迫他们自食其力。

第五，推行人口普查，扩大授予罗马公民权的范围。

普查显示内战使罗马的公民数下降了一半，为了尽快恢复首都的繁荣，医治战争创伤，恺撒不仅作了一系列限制罗马人外流的规定，授予山南高卢（阿尔卑斯山以南的高卢）和西班牙等地以罗马公民权，还吸引外籍人士移居罗马，授予居住在罗马的外籍医生、教师公民权。

第六，废除传统阴历，制定儒略历（Julian Calendar）。

原由大祭司团颁布的阴历，每年355日，与实际的回归年周期不符。在农事活动方面，出现小麦"夏季"不收、葡萄"秋季"不熟的荒诞现象。于是，恺撒特邀亚历山大里亚的天文学家，以埃及太阳历为蓝本，新定一年为365.25天，每4年闰年1次，在闰年的2月份增加1日。

"儒略历"在西欧等地从前45年元旦，一直沿用到1582年10月4日现行公历"格里高利历"（Gregorian Calendar）的出现为止。俄国官方使用儒略历直至1918年。[①]

恺撒的独裁统治，令罗马留恋贵族共和制的贵族不满，他们视恺撒为暴君，始终在反对他并密谋刺杀他。他们还把恺撒的一些亲信拉拢过去，其中就有恺撒的密友布鲁图（Marcus Brutus，约前82—前42）。前44年3月15日，恺撒出席元老院会议，以布鲁图、喀西约（也译卡西乌斯，Gaius Cassius，刺杀恺撒的主犯之一）为首的阴谋者将他刺死。

（4）后三头政治。

恺撒死后，罗马政局又趋动荡。继之而起的是曾经与恺撒共同任执政

---

① 因儒略历的年长度365.25日比回归年365.2422日多0.0078日，使用一千六百多年以后的累差慢约10天。所以1582年10月4日修历者决定10月5日为10月15日，以消除十天误差；并进而修改原儒略历4年1闰的法则为400年97闰。俄国官方使用儒略历直至1918年（详见《中国大百科全书·天文学》，北京：中国大百科全书出版社，1980年，第87页）。

官的安东尼（Marcus Antonius，前82—前30），恺撒部下的骑兵长官雷必达（Marcus Aemilius Lepidus，? —前12），和恺撒的继承人屋大维（Gaius Octavius，前63—14），于前43年公开结成"后三头同盟"（前43—前36），对元老共和派进行镇压。

安东尼，出身名门贵族家庭。前44年出任执政官。

雷必达曾任近西班牙行省总督。前45年、前44年任恺撒的骑兵长官。恺撒被刺后支持安东尼。

屋大维的祖父是地方官，父亲是元老。前59年父亲去世，母亲改嫁，由继父恺撒抚养长大。15岁时被选为祭司。恺撒遇刺身亡时，屋大维年仅19岁。作为屋大维的养子，根据恺撒的遗嘱，他将接受大宗遗产并成为他的继承人。

安东尼和雷必达依靠的是强大的罗马军团，属于实力派人物。屋大维当时仅是一个19岁的小青年。但他胸怀大志，颇具政治头脑，他依靠的是恺撒的财产和声望。

前43年，三人划分势力范围。分治罗马世界5年：安东尼统治高卢行省；屋大维控制阿非利加、西西里与撒丁尼亚行省；雷必达统治西班牙行省。意大利半岛和罗马城由三人共治。

另外，雷必达担任前42年执政官。安东尼和屋大维负责征讨占领东方行省的共和派、追杀刺杀恺撒的凶手布鲁图、喀西约。

这种瓜分统治范围的秘密协议后来由罗马公民大会予以正式批准，三人因此获得"建设国家的三个领袖"之头衔。从此，后三头同盟具有公开和法定的性质。

后三头掌权后在罗马大搞"公敌宣告"，重赏揭发告密者，结果，有300名元老和2000名骑士丧命。元老院领袖西塞罗首当其冲。因为西塞罗倾尽全力反对安东尼，他从前44年9月到前43年4月间发表了41篇反安东尼演说。

已过花甲之年的西塞罗当得知自己被排在"黑名单"的首位时，吓得仓皇出逃，不幸在路上被安东尼手下的军官处死。

随后，安东尼和屋大维追击逃亡希腊的布鲁图和喀西约一伙人。

前42年，在马其顿的腓力比（Philippi）战役，彻底打败布鲁图和喀西约的军队，布鲁图、喀西约二人相继自杀。罗马世界的共和派势力彻底被摧毁。

前40年，后三头再次划分势力范围：安东尼统治东方行省，屋大维统治意大利和高卢，雷必达统辖北非。

为巩固同盟，屋大维把自己的姐姐屋大维娅嫁给安东尼。就在这一时期，控制西西里和撒丁岛一带的庞培的儿子绥克斯图·庞培（号称"小庞培"）纠集对三头不满、从意大利逃亡的人，联合海盗，向意大利发起进攻。

前36年，屋大维和统治非洲的雷必达联合进攻小庞培获胜。战后，屋大维剥夺了雷必达的兵权，授予他大祭司长的虚衔。从此，三头同盟剩下两雄对峙——屋大维和安东尼的对峙。

安东尼贪恋声色，与埃及女王克里奥帕特拉七世结婚，遗弃屋大维的姐姐屋大维娅，并宣称将把罗马东方领土的一部分赠给克里奥帕特拉及其子女。这在罗马激起普遍不满和愤怒，也给屋大维反对安东尼提供了借口。

前32年，屋大维通过元老院和公民大会宣布安东尼为"祖国之敌"，并向埃及女王宣战。屋大维和安东尼公开决裂。

前31年，双方会战于希腊西部的阿克兴海角，史称"阿克兴战役"。屋大维的舰队有260艘，安东尼和埃及女王的舰队有260艘。双方实力旗鼓相当，但是，在战斗最激烈的时候，克里奥帕特拉突然中途撤兵，率埃及舰队逃往埃及。安东尼闻讯后竟然抛下正在为他浴血奋战的10万将士和舰队，立即乘快船尾随克里奥帕特拉逃往埃及，其军队随即向屋大维投降。屋大维最终取胜。

三、元首制的确立

阿克兴海战的胜利确立了屋大维主宰罗马的地位。前30年，屋大维进攻埃及。安东尼和克里奥帕特拉相继自杀，埃及并入罗马版图。至此，罗马内战结束，屋大维成为罗马的唯一统治者。

前29年，屋大维凯旋罗马，罗马举行盛大仪式庆祝其凯旋。前28年对元老院成员进行清查，在新的元老院名单中，屋大维名列首位，称"首席元老"（Princeps Senatus）。但他一再申明维护共和制，保持罗马古风。前27年1月13日，他声称要隐退。元老院授予他"奥古斯都"称号。后世人遂以此号称之。罗马境内几乎人人宣誓效忠于他，东方各行省还尊他为神，顶礼膜拜。

14年8月19日屋大维逝世。同年9月17日元老院尊他为国神。

屋大维在位期间既保持了共和制度的各个机关，但又完全独裁；他建立了罗马帝国，以及为这个帝国服务的国家机器。他慷慨奖励士兵，给他们以年饷和份地。他鼓励罗马公民脱离政治讲究"吃"和"玩"。他收买文人骚客为他歌功颂德。

他所建立的统治制度，人称元首制。标志着罗马从贵族共和时代进入帝国时代。屋大维由此成为罗马帝国的创立者。

元首（Principatus）即第一公民，元首制是史家对屋大维创造的一种政体的总称。通常将前27年1月13日作为元首统治的开始，屋大维集军事、行政、司法和宗教等一切大权于一身。元首制直至284年止，历时300多年（前27—284）。

罗马共和制为何瓦解呢？可能与这些因素有关：

（1）罗马共和国以小农经济为主，当大量使用奴隶的庄园出现后，奴隶制获得了充分发展，这必然导致小农经济的瓦解，城邦赖以存在的基础也随之崩溃。

（2）建立在小农经济之上的罗马公民兵制度是罗马城邦存在和发展的重要支柱，小农经济的破产导致公民兵制的瓦解。马略的改革虽然解决了罗马兵源问题，但职业常备军队的出现，使军事独裁政治的出现成为可能。

（3）随着罗马成为地中海世界的霸国，阶级关系发生了巨大变化，阶级斗争在更广阔的领域展开，奴隶社会的一切矛盾尖锐激化，武装对抗成为斗争的主要形式，只有依靠强有力的军制独裁统治，才能重建稳定的

第十讲　罗马城邦向帝制的转变

（4）共和体制下，政权往往为元老院贵族控制，不能满足新兴阶级，即骑士及行省贵族的政治要求，也不能适应意大利和各行省社会经济发展的需要。共和制赖以存在的所有制和阶级基础都发生了变化，共和体制失去了存在的必要和可能，终将被帝制所取代。

因此，罗马由共和走向帝制是历史的必然。帝制是当时地中海区域经济、政治乃至社会发展的应时之需。帝制的建立，结束了长期动乱与内战的局面，开创了一个相对稳定的时代，各阶级的地位和利益得到了新的调整和平衡。帝制的出现还缩小了意大利与各行省的政治、经济发展的差距，促进了地中海地区的经济、文化交流和发展，为帝国初期的繁荣奠定了基础。

学界通常把罗马帝国分为前期帝国（前27—192）和后期帝国（193—476）两个阶段。14年8月19日，屋大维去世。在他统治罗马的44年中，政局稳定，经济繁荣。这种局面在屋大维死后一直持续了200多年。史家把1—2世纪罗马帝国的这种安定局面称为"罗马的和平"或罗马帝国前期"200年和平"。这一时期的统治者都是"元首"，并没有称帝，但实质是帝制。所以史家也称其为罗马帝国前期。主要的王朝有：朱里亚·克劳狄王朝（14—68）、弗拉维王朝（69—96）和安敦尼王朝（96—192）。

狄奥多西一世是最后一位统治统一的罗马帝国的君主，出生于现今西班牙塞哥维亚的基督教信徒家庭并随父狄奥多西从军。379年，狄奥多西一世被皇帝格拉提安（Gratian，老皇帝瓦伦提尼安一世 Valentinianus I 之长子。年仅15岁时继承王位）任命为共治皇帝，统治罗马帝国东部地区。393年罗马皇帝狄奥多西一世宣布基督教为国教，认为古奥运会有违基督教教旨，是异教徒活动，翌年宣布废止古奥运会。

395年，狄奥多西一世死后，帝国正式分为东西两部分。西部在内忧外患中衰落。476年日耳曼雇佣兵首领奥多亚克（Odovacar）废黜最后一个西罗马帝国皇帝罗慕路·奥古斯都路斯（Romulus Augustulus），西罗马帝国灭亡。进入封建时代。东部帝国直到1453年为奥斯曼帝国所灭，史学家更多称东罗马帝国为拜占庭帝国。

结　语

　　古罗马文明是在意大利半岛早期文明的基础上产生的。罗马征服意大利之后，并没有组建一个统一的国家，而是根据各地、各族在被征服过程中的表现和对罗马的态度，以及各自在经济上、战略上的地位，实行"分而治之"。罗马城邦的"小政府"适应不了扩大了的大国治理，无法有效应对各种矛盾冲突。大土地所有制的发展瓦解了公民份地制度，动摇了城邦赖以存续的经济基础，并直接导致公民兵制度的瓦解，扩大了的疆域内，民族矛盾、奴隶与奴隶主矛盾、罗马统治者与被征服者的矛盾等各种错综复杂的矛盾冲突不断，日益消损罗马城邦的国力，不断考验罗马城邦体制，困境中的罗马城邦，急需一种超越城邦的新体制，化解危机的新举措。由城邦向帝制的转变恰恰是历史演变的必然选择。

第十一讲　古罗马角斗士的起源与发展

角斗是古罗马文化的重要部分和象征，人们常常在提及古罗马历史时联想到气氛热烈焦灼、扣人心弦的角斗士表演。然而，角斗士表演在古罗马存续了600余年时间，已经远非一种简单的、受人追捧的娱乐方式，它将罗马的民族性格中原始的野性和忠勇的特征表达出来，还与古罗马的政治、经济、文化乃至兴衰都有着千丝万缕的关系，本讲就将聚焦古罗马角斗士的起源与发展。

一、角斗士的起源

角斗士是角斗表演中的绝对主角。想要弄清楚角斗士表演的具体内容，首先有必要了解角斗士是怎样起源的。

"角斗士"，从英文中的"gladiator"翻译而来，该词源于拉丁文词语"*gladius*"，也就是"剑"的意思。所以，我们或许能将最早的角斗士定义为持剑进行角斗的斗士，即剑斗士。《哈珀古典文学与古物词典》中如此解释角斗士（gladiator）："在马戏团、广场和晚期在圆形竞技场中为取悦罗马人而持剑搏斗的人。"[1]据记载，最初角斗士多来源于战俘、囚犯、奴隶，后来还有破产的自由民加入这个群体。一般来说，角斗士只有在经角斗士学校系统训练后，才会在竞技场和其他公共场所进行角斗表演。

---

[1] Harry Thurston and Peck, *Harper's Dictionary of Classical Literature and Antiquities*, New York: Harper & Brothers Publishers, 1898, p.732.

角斗士及角斗表演的起源与古罗马国家的扩张与发展有着很深的联系。

（一）角斗士表演兴起的背景

1. 罗马国家的征服扩张

古罗马崛起扩张时期，也就是罗马共和国中期，角斗活动的身影开始在罗马出现。

罗马于前753年在台伯河畔建城。最初的罗马国家不过是一个河畔小城砦。前5至前4世纪，罗马面对周边部族的常年侵袭不胜其烦，这一时期罗马的对外战争基本属于防御性质，是为了生存而战。从前3世纪开始，罗马的军事力量逐渐强大起来，开始为与邻国争夺霸权而战，此后罗马对外扩张战争连绵不断。罗马国家形成和发展的历史，是一部在数百年间由成百上千场战争写成的历史。在数次关键性的对外战争后，罗马逐步迈向伟大。罗马先是将意大利半岛取入囊中，随即剑指地中海，谋求整个地中海霸权。向西经三次布匿战争，罗马称霸地中海西部；向东又征服希腊化国家，取得地中海东部霸权。直到前2世纪中期，罗马称霸整个地中海地区，地中海成为罗马名副其实的"内湖"，其势力范围东至两河流域，西至不列颠，南达北非，北抵多瑙河，地跨欧亚非三大洲，奠定了后来罗马帝国的框架。

在最初的一系列对外扩张的战争中，罗马在胜利后，对战俘不乏血腥的屠戮，后来才将战俘带到国内，奴隶主贵族也就将战俘作为奴隶。罗马人在征服和扩张期间，几乎将所有的战俘都变成奴隶，如前3世纪第一次布匿战争中有7.5万俘虏成为奴隶；前209年，罗马攻占希腊人在南意大利地区的著名城市他林顿时，大约3万当地居民沦为奴隶；卡普亚被罗马人攻占后全城居民均被卖为奴隶；撒丁被罗马人占领时，有8万人被卖为奴，奴隶价格为此暴跌("撒丁尼亚"成为廉价物品的代名词)。前167年，罗马人攻占希腊的伊庇鲁斯，15万居民成为奴隶。[①]其中体格健壮者则会被训练为角斗士，开始角斗士表演。

---

① 高福进、侯洪颖：《角斗士：一段残酷历史的记忆》，上海：上海辞书出版社，2006年，第19页。

罗马的每一场大胜，都为角斗士表演提供了必要的人力、财力等条件。虽然角斗士表演开销甚巨，但奴隶主贵族得来全不费工夫的财富，自然也大方地花出去。奴隶主们不仅在葬礼或周年纪念仪式这样的重要场合举办角斗士表演，偶尔在家中也进行角斗士表演。这对于奴隶主贵族而言不仅是表达自己对先祖的追思之情，还有炫耀财富的意义，也可取悦民众，扩大影响，进而捞取政治资本。角斗迎合了奴隶主贵族的虚荣心理与政治需要，得到他们的喜爱和支持并日益在罗马传播流行开来。

2.宗教信仰的影响

角斗在传到罗马之前，原本是伊达拉里亚葬礼上的一种宗教仪式。据说伊达拉里亚人会在葬礼的火堆旁杀死奴隶和俘虏。[1]罗马人将角斗作为一种习俗从伊达拉里亚人那里引进过来，他们吸纳了伊达拉里亚人的角斗习俗。传说罗马第一位伊达拉里亚人国王塔克文（Tarquinius Priscus，？—前578年）最早将角斗士表演呈现给罗马大众。这种仪式意在向先人致敬，所以，宗教意义也是角斗士表演中的重要内涵。并且，角斗这种血腥的宗教仪式在当时的人眼中也是神圣之行、英勇之举。

最初，古罗马人引进角斗士表演是为了纪念他们逝去的伟大首领，作为葬礼仪式的一部分。前264年，罗马贵族迪西穆斯·尤尼乌斯·布鲁图斯（Decimus Junius Brutus）的儿子们为纪念自己的父亲，在葬礼上挑选了3对角斗士进行决斗，地点在台伯河附近的牛市博雷姆广场。[2]在当代人看来，葬礼上举行角斗士表演似乎有点奇怪，甚至不可思议，但对古罗马人来说却并不足为奇。古罗马人把角斗士表演视为后人献给已逝先辈的仪式，表明后代永远铭记着他们。一些贵族用角斗士的鲜血祭奠祖先亡灵以示悼念。有钱有权的贵族不仅在先辈的葬礼上安排角斗士表演，在以后的周年和五年祭祀活动里还会再度举行。在葬礼的角斗士表演上花费巨资，为死人增添光彩，逐渐成为罗马人的习俗。最初葬礼上举行角斗士表演仪式的首要目的就是为了见血——这是生者献给死者的"礼物"。角斗士的

---

① Tertullian, *De Spectaculis*, V.92.

② Roland Auguet, *Cruelty and civilization: The Roman Games*, London and New York: Routledge, 1992, p.19.

鲜血为死者而流，目的是抚慰逝者的灵魂。在达官富人的遗嘱中，他们经常要求以自己的名义在死后的葬礼上为自己举行角斗士表演。所以说古罗马最初的角斗具有浓厚的宗教色彩。正如罗兰·奥古埃特所言："毫无疑问，最初，角斗活动带有明显的宗教色彩，属于一种祭祀仪式———一种祭祀先祖灵魂的血的祭献。只是到了后来，宗教色彩才逐渐淡化。"①

（二）角斗士的主要来源

早期的罗马角斗士并不是从专门的角斗士学校来的，而是奴隶主请专人训练的。随着角斗士表演的发展，专门的角斗士学校应运而生。前105年，出现了一种专门训练角斗士的场所（*ludi*），所有的角斗士必须在这里进行培训，顺利"毕业"后角斗士们就开始了自己表演的生涯。角斗士学校的学生来源主要有四种：囚犯、奴隶、破产的自由民和基督徒。

1.囚犯

囚犯是角斗士来源之一。罗马法律规定："将触犯罗马法律的死刑犯在众目睽睽之下被野兽撕咬。"②为了帝国的稳定与法律的强化，对罪犯处罚非常严厉。囚犯从角斗士学校毕业后③，就要进入角斗场上比赛。如果囚犯们能在角斗比赛中脱颖而出，就有可能赢得自由；如果囚犯能在角斗士表演中坚持3年，就可以转升为奴隶的地位；如果能够让他的主人满意，两年后就会得到自由。在角斗场上，囚犯会被扔进竞技场，重刑犯会被当众执行死刑，或与野兽搏斗，或彼此搏杀，无论哪种方式都会让他们感受到极度的残忍和痛苦，并给观众带来极大的震慑。死囚角斗士的存活率非常低，但如果囚犯能通过一系列比赛存活下来，就可以得到赦免。总体来说，相对于角斗奴隶和战俘，参加角斗表演的囚犯实际上只是一部分。④

---

① Roland Auguet, *Cruelty and civilization: The Roman Games*, p.22.

② ［古罗马］查士丁尼:《学说汇纂（第48卷）》，薛军译，北京:中国政法大学出版社，2005年，第309页。

③ 不是每一个囚犯都能进入角斗士学校训练，只有勇猛、善战的囚犯才有可能得到进入角斗士学校的机会。

④ 高福进、侯洪颖:《角斗士:一段残酷历史的记忆》，第15页。

2.奴隶

罗马在战争中获得大量可以代替自由民的劳动力，这些人便成为奴隶，奴隶在罗马人口中占有很大的比例。罗马共和国向帝国过渡前后意大利境内究竟有多少奴隶，没有确切数字，只能猜测，有人说200万，有人则说有300万奴隶。①罗马人根据奴隶的不同出生地，分为东方奴隶和西方奴隶，西方奴隶的身体素质使其具备了角斗士的勇猛、敏捷、强壮的体格与格斗技巧等，所以通常被作为体力劳动者和角斗士。

奴隶角斗士获得成功后，他们有的继续作为角斗士获取金钱、财富、荣誉和自由，如佩特洛尼乌斯笔下的英雄，希腊人特利马尔齐奥（Trimalchio）就是一个通过经商而发迹成名的被释奴；②也有的成为罗马皇帝和贵族的护卫，不需要再冒着生命危险当角斗士，只需要保护好自己的主人。开始时，被释的角斗士往往从事低下的职务，后来掌握业务，就按职阶升迁，甚至有些被元首青睐的角斗士可以变得地位显著，进入帝国的行政机关，参与元首的土地、作坊、矿场的管理。

3.破产的自由民

在转型时期，罗马主要依靠掠夺他人土地、人口和资源来维持国家的运转。在罗马人的眼中，等于商品的奴隶大量输入罗马境内，对罗马经济产生了重大影响。奴隶的大量流入，加速了罗马庄园经济发展，原来的小农经济无法与大庄园经济竞争而破产，大量土地被兼并，使农民丧失了经济来源。大量自由民破产是经济发展的必然规律。在罗马社会转型时期，经济方面也有了重大变化，具体表现有：一是罗马公有土地私有化进程加速，私有意识加强，公民兵制度受到影响。二是土地高度集中、土地兼并增多，大地产经济在意大利兴起。三是庄园主更加关注庄园管理与经济效益。这些变化导致大量罗马自由民破产，有些庄园主为了自己的经济效益，雇佣更加便宜的奴隶，自由民纷纷失业。大量破产的自由民流入城市成为游民，他们中的一些人为了糊口选择成为角斗士。自由民角斗士可以在竞技比赛中拿到许多的报酬。所以，一个角斗士的经济状况可能优于许

---

① 厉以宁：《罗马—拜占庭经济史（上编）》，北京：商务印书馆，2006年，第208—209页。

② 高福进、侯洪颖：《角斗士：一段残酷历史的记忆》，第27页。

多社会高层。在高额的报酬和至高的荣誉的驱使下罗马破产的自由民自愿参加角斗士以摆脱贫穷困境。

4.基督徒

犹太人在罗马崛起、扩张和统治时境遇非常凄惨。前63年，罗马人征服了巴勒斯坦，犹太人开始臣服于罗马的霸权。由于不堪忍受罗马的霸道统治，犹太人先后在66年和132年奋起反抗，但都被罗马残酷镇压，大批民众也惨遭屠杀，甚至被残忍地钉死在十字架上，而一部分犹太人被罗马军队带回罗马修建科洛西姆斗兽场。

63年，罗马城发生放火事件，为转移民众的注意和责难，罗马皇帝尼禄（Nero，54—68年在位）将罪责嫁祸于基督徒。为此他下令惩治基督徒，有的被当场处决，有的被活活烧死，有的被活活钉死在十字架上，尼禄也曾把一部分基督徒丢进角斗场被野兽活活咬死。

到图密善（Domitian，81—96年在位）统治时期，这位皇帝坚持传统的罗马宗教并开始神化自己，特别强调罗马公民要膜拜罗马传统诸神。后来，他宣布罗马皇帝是诸神之神，开始强迫人们崇拜皇帝，在遭到基督徒拒绝后，他开始迫害基督徒，甚至把饥荒、传染病、地震等自然灾害归咎于基督徒惹怒了罗马诸神。紧接着，图密善下令没收基督徒的财产，强迫他们放弃对耶稣的信仰，如果不服从，就会把他们送进竞技场，强迫他们与猛兽和角斗士决斗。

二、角斗士表演的产生与发展

"古代社会的精神生活受宗教支配的程度是很深的"[①]。古罗马角斗士表演最初只是一种祭祀祖先亡灵的宗教仪式。奴隶主贵族举行这样的仪式活动主要是为了纪念逝者，但角斗的场景不仅展现出对祖先亡灵的尊敬，而且具有很强的可观赏性。伴随时间的推移，角斗的宗教色彩逐渐淡化，而其娱乐性、可观赏性则变得越来越突出，以至后来角斗逐渐演变为一种私人娱乐形式。一些富裕的奴隶主贵族不仅在祭祀仪式上举行角斗士表

①朱龙华：《罗马文化与古典传统》，杭州：浙江人民出版社，1993年，第37—38页。

第十一讲 古罗马角斗士的起源与发展

- 175 -

演，而且也会从奴隶中挑选出一些体格健壮者蓄养在家里并请人训练为角斗士。有的大贵族"常常宴请朋友，除了享受其他乐趣还要观看两三对决斗表演。客人们酒足饭饱之后，把决斗的人召来。一人被砍倒时，大家便高兴地鼓掌"。①

至前2世纪中叶，角斗士表演进一步发展成为罗马公民喜闻乐见的娱乐方式，而且逐渐成为罗马贵族的一种政治选举工具。举办角斗士表演要花费很多钱，因此只有富裕的奴隶主贵族才能举办。由此，罗马人认为，谁举办角斗士表演就表明谁富有，而想要得到民众的支持和投票，举办角斗士表演就成了奴隶主贵族行之有效的选举手段。精明的奴隶主贵族不定期地公开举办角斗士表演，一方面，借以向公众炫耀财富，显示自己的身份、地位和个性；另一方面，借以讨好罗马公民，提高政治声望，博得民众的支持，赢得选票，服务于自己的政治目的。这样，举办角斗士表演成了一种变相的、间接的、隐性的贿选方式。②

从前3世纪初起，生活消费奢侈化的倾向在罗马社会日渐发展，作为奢侈性消费一大主体的娱乐消费也随之迅速发展，血腥刺激的角斗娱乐逐渐受到奴隶主贵族们的喜欢。他们从角斗士之间的血腥争斗中寻求刺激，获得了病态化的心理满足感。同时，血腥刺激的角斗也满足了普通民众对娱乐的要求，血肉横飞的场景使得罗马人能感受到自己的精神得以释放。竞技场表演变得愈来愈残忍，因为游手好闲的罗马普通民众已经不再如他们的祖先一般追寻勤劳、质朴、务实的美德，他们更加热衷于在角斗士表演的击杀和流血中寻找刺激的快感。

到了共和国末期，角斗士表演已经变成了贵族集团之间的一种政治斗争工具。贵族集团大规模举办角斗士表演，一方面，借以笼络平民，为政治选举服务；另一方面，通过残忍的搏斗，使对手感到一定的震慑力。有野心的贵族往往通过举办角斗士表演来获取或巩固其政治地位。贵族们相互竞争以赢得声望和政治资本，每一次表演都是贵族们炫耀社会地位的大屠杀。奴隶主贵族纷纷举办角斗士表演并在规模上相互攀比。到前1世纪

① [德]奥托·基弗：《古罗马风化史》，姜瑞璋译，沈阳：辽宁教育出版社，2000年，第108页。
② 魏茂营：《古罗马角斗研究》，硕士学位论文，上海师范大学人文与传播学院，2006年。

为止，角斗甚至成为一种赢利的投资形式。角斗士团的主人与负责公共娱乐的官员或私人主办者签订合同，为他们提供角斗士，后者要为参赛的每个角斗士提供一定的费用，并为死掉的角斗士提供大量的补偿金。到了帝国时期，角斗士表演进一步淡化了原有的宗教意义，而演变为一种公共娱乐活动。"42年，角斗登上官方公开赞助的竞技名单。"[①]角斗作为一种公共娱乐活动，开始逐渐流行开来。

角斗士表演形式也是逐步走向多元的。一开始是单人的格斗、双人的剑斗。后来，奴隶主贵族和观众为了寻求极端的刺激，不仅要求角斗士们相互厮杀，更安排角斗士与野兽之间的搏杀战斗。前186年，出现了角斗士与野生动物之间的战斗厮杀，即斗兽，也被称为逐兽或捕猎。再后来，乘骑角斗士表演的新形式出现了。到帝国时代，大规模的海上角斗士表演也登上了角斗舞台。角斗士的种类也逐渐增多。原始的角斗士仅持单一短剑，后来各式各样的角斗士渐渐走入大众眼帘，其中比较常见的角斗士种类主要有盔甲斗士、盾牌斗士、双剑斗士、鱼人斗士、套索斗士、渔网斗士、遮目斗士、逗乐斗士等。

角斗士表演的规模也愈发壮大，由最早葬礼上的三对增加到几十对甚至成百上千对。由于角斗士表演的规模越来越大，所以被吸引来观看的人也越来越多。到共和国末期，角斗士表演已经风靡整个罗马，帝国时代的角斗士表演甚至已发展为一种大众娱乐的风尚。罗马帝国境内各地经常举办角斗士表演，规模十分宏大，场面惊心动魄，现场十分活跃。角斗士表演现场常常是门庭若市，绝大部分罗马人都对角斗表演充满狂热之情。从高贵的罗马皇帝到卑贱的贫民，不论身份、性别和年龄，都对角斗士表演趋之若鹜。

① Alison Futrell, *Blood in the Arena: The Spectacle of Roman Power*, Austin: The University of Texas Press, 1997, p.44.

三、角斗士表演的历史镜像

（一）镜像一：角斗比赛

当角斗比赛进行时，首先是举办传统的角斗士入场仪式。角斗士们身披斗篷，在成千上万观众的呼声中从那个圆形大剧场的角斗士入口处进场。在这座宏伟建筑中，奴隶负责在他们昂首跨过细沙地面之后抬着武器和盔甲。而为了使整个比赛公平、公正，角斗士们会进行抽签和武器检查。

角斗比赛通常在下午举行。规模宏大的角斗比赛，常常有数百位角斗士上台为大家贡献精彩表演。而规模较小的角斗比赛参演的角斗士也相应减少，约为30名。比赛的举办者和角斗教练会根据角斗士的类别与实力决定他们角斗的方式。实际地讲，角斗士之间的格斗充满纪律性也富有技巧性。成对比赛是角斗士们最常规的比赛模式，多人厮杀混战的场面只有在最宏大的角斗比赛中才会出现。角斗士的能力参差不齐，通常会将势均力敌的人分配在一起，以确保比赛公平。如一名在五次角斗中幸存下来的角斗士，他的对手也会是同样在五次角斗中生存下来的人。

随着比赛举办者发出信号，乐队演奏也就开始，乐师们奏响喇叭、长笛和号角等乐器，将原本就很热烈的气氛烘托得更甚。角斗比赛在这样炽热的氛围中缓缓拉开序幕。先是角斗士们热身活动，他们用钝制木武器开始寻找角斗的状态。热身的意义在于让角斗士们在不严重受伤的状态下尽快进入格斗拼杀的战斗状态并点燃观众们的热情。

为了延长角斗时间并增添角斗的花样，角斗士还要戴上各种防备用具和装饰用品。有的披戴盔甲、护面罩、护胸，有的拿着盾牌，这些"防护装备"主要是为了使角斗士不至于很快丧命而无戏可看。不过，角斗士身体的大部分需要裸露，往往将脊背和胸部露在外面，一是便于对方刺杀流血，增加刺激性，二是让观众清楚地看到流血而亢奋。角斗比赛不是杂乱无章的比赛，角斗士们并非疯子般地用野蛮的招数攻击对手。

比赛结果往往是不可预见的，这便增添了比赛的悬念和可观赏性。角斗比赛和现在拳击比赛一样也有裁判。为了确保参赛者能够公平比赛，站在一旁的教练会不时地喊叫"击""杀"且不住地挥舞皮鞭或是灼热的烙铁，借以增强号令的威势。遗憾的是，现代人对角斗比赛具体规则知之甚少，只知道裁判有权暂停比赛，如角斗一方的盔甲掉了，裁判可以宣布暂停比赛，让他穿戴整齐后再继续格斗。角斗比赛多是生死角斗，你死我活，因而角斗比赛是异常激烈的。角斗士必须尽力厮杀，不是击败对方，就是被对方击败。倘若参加格斗的双方角斗士同意"私了"比赛，而不进行奋力拼杀，一旦被裁判或观众识破，裁判就会派出奴隶，让他们用皮带抽打或用火红的烙铁威胁参加比赛的角斗士。这种做法是这项活动众多的乐趣之一，也是比赛的一大看点，观众们非常喜好。角斗比赛是血腥的，流血是必然的，当鲜血开始流出时，罗马人会更加兴奋甚至亢奋，人群中的欢呼声也一浪高过一浪，叫好声此起彼伏。观众们常常饶恕那些英勇搏斗的角斗士而判罚那些从对手面前逃跑或是卑躬屈膝的人。每场角斗快要结束时，都要由观众和主办者决定角斗士的胜负和命运。罗马人憎恶那些懦弱求饶的角斗士，因为他们张开双手，乞求观众让他们活下去。当被击败的角斗士仰面躺在地上时，他可以举起左手向主办者和观众请求饶恕。如果他表现非常英勇出色的话，观众或许会饶他一命，让他活下去。人们挥舞手绢，竖起大拇指高喊"放掉他"，然后，所有的目光集中到角斗赛举办者的身上，看他是否同意。如果他同意的话，这名角斗士就获得赦免，但他下次恐怕就不会这么幸运了。但是，如果观众们认定他表演拙劣的话，那他可就死定了。当人们的大拇指朝下并高喊"杀了他"时，那名角斗士就知道自己彻底没救了，只好接受致命的一击。角斗比赛的主办者拥有最后的决定权。当他把大拇指朝下指时，这就是宣告被击败的角斗士的"死刑"。

为了确保被击败且被观众和主办者判为死刑的角斗士必死无疑，场上还设有专门检验生死的人，他们用烧的滚烫的红铁锥向失败的角斗士刺去，假如还有一点活的征兆，沉重的大锤就会将他的生命彻底终结，最后被清除出场。如果角斗双方实力相当，难分上下，角斗直到双方决出生死，才会停止。角斗比赛很可能有时间限制，甚至分局比赛，但目前这方面的材料尚未发现。

许多皇帝为了显示自己的能力，都会亲自参与到角斗比赛，其中罗马皇帝康茂德（Lucius Aurelius Commodus Antoninus，161—192）最为著名。他经常化名为猎手赫丘利定期登上角斗场并配备头盔、短剑、圆盾与其他角斗士决斗。然而与他格斗的对手的武器是铅制的，所以与他对打的角斗士注定要成为他的刀下亡魂。他参加了735次角斗比赛，620次被授予"天下第一剑盾斗士"的美名。

角斗中的胜者常常被视为英雄，而英雄所获得的奖赏除了金钱还有象征胜利的棕榈枝。英雄们将戴上桂冠且手持棕榈枝，以胜者的身份环竞技场一周，以示荣耀与骄傲。而角斗士的最高奖赏是一把代表获得了自由的木剑。

角斗士通常是一直战斗到死去。大多数角斗士在竞技场战死之时多为十八到二十五岁。共和国时代，角斗这项运动还掌握在私人手里，比赛多是至死角斗。但到帝国时代，这种生死角斗不再提倡，角斗士们可以以平局结束角斗比赛。在有些角斗士的碑文上记述了他们的生平，从中可推断出很多角斗士一生中经历30次或者更多次的角斗，这表明了角斗士的死亡率并不夸张。

（二）镜像二：斗兽表演

史上首次斗兽表演出现在前186年的古罗马。共和国时期，斗兽表演通常只限于凯旋典礼这样的特殊场合。自奥古斯都时期起，斗兽表演与角斗士表演同一天举行。斗兽表演的传统开始时间往往是上午。

罗马统治者们对斗兽表演充满了热情。恺撒于前46年举办了一次斗兽表演，所用的野兽有大象、400只狮子和1只长颈鹿。奥古斯都在位时期以个人的名义或儿孙名义为民众奉献了二十六场有从非洲运来的野生动物参加的狩猎表演，在这些狩猎表演中，大约3500头动物被杀，其中包括400

只老虎，260只狮子，600只猎豹，以及海豹、熊、鹰等其他野兽。[①]卡里古拉在一次斗兽表演中杀死了400只熊。尼禄在一次斗兽表演中杀死了400只熊和300只狮子。提图斯在科洛西姆（Colosseum）竞技场[②]的落成典礼上竟然杀死了5000只野兽。[③]在图拉真举办的斗兽表演中，被杀死的野兽竟多达11 000只。"瓦伦提安皇帝非常宠爱自己养的两只狗熊，对自己养的两只熊关怀备至，在靠近自己卧室的地方为它们建窝，并派遣守卫保护。为使它们不至于丧失兽性，把古罗马圆形剧场中央的表演场地变成了御猎场，囚犯成为猎物被野兽追杀。"[④]由此可见，古罗马统治者热衷于举办斗兽表演，这是因为和角斗士表演一样，斗兽表演也是一种为罗马民众所非常喜爱的竞技活动。

斗兽表演的名目很多，主要包括兽兽相斗和人兽相斗两种形式。兽兽相斗，就是把一些如狮子、豹子、大象、犀牛、狗熊等凶猛野兽赶到竞技场内，让它们相互撕咬、搏斗。受伤野兽的绝望吼叫与奔窜给罗马观众带来了无限的刺激与满足。人兽相斗又可以进一步分为两类。一类纯粹是为了执行极刑，在这种情况下，被判极刑者手无寸铁地与饥饿的狮子、豹子等猛兽搏斗，直到被咬死吃掉为止。另一类则被称作"狩猎"，"猎手"可手执武器，但没有护身之物，如果"猎手"运气好，可以生还，亦可得到重奖，就像获胜的角斗士一样。

当斗兽表演开始的时候，管理人员就把野兽从斗兽场最底层敞着口的笼子里驱赶到上面一层，而这层笼子的前面没有栏杆遮挡。处于极端饥饿的野兽脱笼而出，奔上楼梯，穿过活动天窗蹿入斗兽场。野兽们震天动地的吼声在斗兽场中激荡着，数百位手持短剑和盾的角斗士在中央围成几圈，与张着血盆大口的野兽们对峙着。一场扣人心弦的人兽鏖战一触即发。看台上几万名贵族和观众睁圆双眼贪婪地注视着这血腥的场面。阵阵

① Roland Auguet, *Cruelty and civilization: The Roman Games*, p.112.

② 科洛西姆斗兽场，原名弗拉维圆形剧场（Amphitheatrum Flavium），韦伯芗皇帝在位时开始修建，提图斯皇帝在位时建成，是古罗马时期最大的圆形角斗场，长轴187米，短轴155米，周长527米，中央为表演区。

③ 高福进、侯洪颖：《角斗士：一段残酷历史的记忆》，第160页。

④ 高福进、侯洪颖：《角斗士：一段残酷历史的记忆》，第19页。

令人毛骨悚然的嚎叫和撕裂人心的惨叫，淹没在观众的一片狂呼声中。为了达到观赏性，参加斗兽表演的角斗士与野兽都是经过专门训练的。斗兽表演中的野兽大部分由罗马人从阿非利加行省捕回。斗兽表演中所杀死的野兽的数目令当代人触目惊心，但对于2000多年前的罗马人来说，野生动物是威胁人类生存的敌人，杀死野生动物是人类胜利的表现，甚至被认为是人类社会保护自己而免受自然界的敌对力量伤害的能力高低的标志。一直到6世纪，罗马皇帝仍然通过在斗兽场上杀死野兽来展示对自然界的控制。

（三）镜像三：死刑执行表演和模拟海战场面

斗兽表演之后，典型的表演就是执行死刑。常规的死刑执行是将被绑在桩子上或十字架上的犯人烧死，或者是让死刑犯在角斗场上独自面对一只甚至是一群饥饿的野兽。在罗马，公开行刑是不足为奇的。不过，很多贵族并不享受这种残忍的表演，他们常常借由吃饭离开角斗场，回避血腥的场景。克劳狄皇帝就因为太频繁地待在角斗场观看死刑执行而受到指责。他常常一大早就去竞技场，到中午人们散去吃午餐了，他还坐在那儿。大部分罗马人认为，被执行死刑的人是既邪恶又危险的罪犯，其死亡是大快人心的事情。在元首制时期，执行死刑表演是令罗马人着迷的事情。卡里古拉皇帝也喜欢利用角斗士表演处死犯罪的贵族。据苏埃托尼乌斯（Suetonius，69—122）记载，卡里古拉曾割断了一名罗马骑士的舌头，然后把他抛给野兽喂食。一位罗马百人队队长的儿子艾希乌斯·普罗库鲁斯（Aesius Proculus）由于身材魁梧、英俊不凡而招致皇帝的嫉妒。在角斗士比赛时，卡里古拉皇帝突然下令将此人拿下，强迫其与一个轻装的色雷斯角斗士角斗，然后又让他与一个重装角斗士角斗，普罗鲁斯都一一获胜。但卡里古拉仍不死心，还是下令将他捆绑并游街示众，最后处死。①此外，卡里古拉经常为了一点点小事，只要他看不顺眼者，不论是身份高贵者还是平民，就送进角斗场处死，角斗场也一度成为他私人的处刑地。在尼禄时代，执行死刑的场景还被改编成剧本，并且让死刑犯扮演其中会

---

① Suetonius, *Gaius Caligula*, XXXV.2–3.

死去的角色。

在罗马的庆祝节目中，最惊人的是模拟海战（naumachia）。第一次盛大的海战表演，是前46年由恺撒让人在台伯河附近挖掘的一个盆地中举行的，目的是为了庆祝他的四次胜利。奥古斯都在恺撒模拟海战的基础上，为了庆祝"复仇女神"神殿的落成典礼，在一个长1800英尺、宽1200英尺的人工湖上，用3000人重演了一次"萨拉米（Salamis）海战"。52年，克劳狄（Claudius，41—54年在位）在福西恩湖（Fucine）的自然水域上为庆祝排水和隧道工程的完成再次举办了模拟海战。很多年后，苏埃托尼乌斯记载这次参与海战的人曾向皇帝敬礼并高呼，"准备赴死的人向你致敬"。[①]尼禄在57年他的新露天剧场落成典礼上上演了一场以雅典人和波斯人为主角的海战；有趣的是，战斗结束后，水被排干，随后在旱地上举行了角斗士表演。[②]模拟海战由战俘或者犯人组成，只有胜利者才有机会摆脱奴役，走向自由。所以在自由的诱惑之下，双方拼尽全力地搏斗厮杀，直至生死已分。

角斗士表演的场面惊心动魄，"各种揣摩的和剧场的表演、舞蹈、竞走和角力，在罗马人都是让已经释放了的奴隶、角斗士或者已经判处死罪的犯人做。……一群上百的、甚至上千的角斗士，在某种节目出现于竞武场中，作假想的海战……成群的斗士，全得为相互屠杀而死。罗马人并不因为人生的矛盾不如意，在心灵和精神的深处感受痛苦，结果在'命运'中了事；相反地，罗马人却构成了一幅残酷的、肉体痛苦的现实；像江河似的血流，垂死者喉头格格的响声，奄奄一缕的喘息，这些就是他们爱看的景象"。[③]这些场面也可以解释罗马角斗士表演得以流行的原因。

① 没有证据表明这种呼喊的方式除了在这次克劳狄组织的模拟海战外还被用于其他场合。参见：Suetonius, *The Deified Claudius* XXI.6.

② Alan Baker, *The Gladiator: The Secret History of Rome's Warrior Slaves*, Cambridge: Da Capo Press, 2000, p.37.

③ ［德］黑格尔：《历史哲学》，王造时译，上海：上海书店出版社，1999年，第291—292页。

第十一讲　古罗马角斗士的起源与发展

四、角斗士表演的终结与影响

（一）古罗马角斗士的终结

血腥刺激的角斗士表演令大多数罗马人如痴如醉，但也招致了一些反对。"罗马公民中的优秀人物试图反对这些血腥的表演，因为这些表演对于观众会起极其不道德的影响。"比如，西塞罗和马可·奥勒留（Marcus Aurelius，161—180年在位）对角斗场上所举行的节目感到厌烦或厌恶，西塞罗在《论责任》（*De Officiis*）中如此评价角斗士表演："这种娱乐给孩子、愚蠢的女人、奴隶和沦为奴隶的自由人带来快乐；但聪明人以正确的判断去权衡这项活动是不可能持赞成态度的。"①而像塞内加（Lucius Annaeus Seneca，约前4—65）这样的道德家更是强烈反对角斗场上的节目，塞内加的反对不是因为表演的残酷性而是因为这些表演令人堕落。但是，这些罗马人的反对并未引起统治者的共鸣与重视，罗马境内各地继续如火如荼地举办角斗士表演，罗马人仍痴迷于其中而难以自拔。

对角斗士表演的一致抗议来自基督徒。他们并不反对残酷本身而是反对他们所认为的一切卑劣的东西，他们同样大声叫嚣反对剧场和马戏团。随着基督教在古罗马境内的传布，越来越多的古罗马人逐渐接受了基督教，角斗士表演的血腥与残酷激起了他们的憎恶、不满与反对。325年，第一位受洗入教的罗马皇帝君士坦丁大帝（Constantine the Great，306—337年在位）下令废止角斗士表演，但这并不意味着角斗士表演的真正终结。在君士坦丁大帝之后的罗马皇帝并非全是基督教徒，有些也曾试图复兴这一血腥表演，但是表演的规模已无法恢复如前。399年，霍诺留（Honorius，393—423年在位）下令让角斗士学校关门大吉。大约在404年，科洛西姆竞技场举行的最后一场角斗士表演，当时一位名叫阿尔马科斯的基督神父冲进竞技场，希望让野蛮的角斗停止。但是，这位神父悲剧

---

① Cicero, *De Officiis*, Book II. XVI.57.

地成为狂热观众欢呼声下的亡魂。这一野蛮残忍的举动惹怒了霍诺留，角斗士表演就被这位皇帝永久地打入了"冷宫"，角斗士表演终于被废止了，但斗兽表演却一直持续到523年。

（二）古罗马角斗士及其影响

角斗作为古罗马人的一种生活娱乐方式和宗教葬礼仪式，深刻影响了古罗马的政治、经济、文化、科技等领域，我们应当对其进行全面的、客观的评价。

1.积极影响

在罗马历史上存续数百年的角斗士表演，也给罗马社会带来了一些积极影响，具体表现在如下方面。

首先，它在一定程度上有利于罗马社会的稳定。"罗马人除了食品之外的最迫切需求，就是竞技娱乐了。统治者为了赢得政治优势，千方百计地提供各种娱乐活动来满足罗马人对感官刺激的需求。"[1]以上说明，一方面，角斗满足了古罗马民众的娱乐需求，有利于罗马贵族的统治；另一方面，它还加速了行省的罗马化进程。罗马统治者通过向民众提供角斗士表演等公共娱乐活动，转移民众斗争视线，使他们沉溺其中，消磨斗志。罗马统治者在罗马境内各地大规模地建造竞技场等公共娱乐设施，这些建筑是罗马权力和统治的象征，是罗马文明的象征，它代表着罗马令人畏惧的力量，对罗马境内的民众也施加了一种有形或无形的震慑。当时，竞技场已成为罗马境内的城市中不可缺少的一种公共设施，它是罗马人休闲娱乐和政治活动的重要场所。角斗士表演作为一种流行的娱乐活动，受到罗马人的普遍欢迎，罗马人日常生活中的娱乐和消费活动之一就是观看或参与角斗士表演。角斗士表演的传播与流行有利于罗马对征服地区的同化。

其次，罗马建筑技术的发展和提高有赖于角斗士表演的传播流行。角斗在罗马境内的盛行，促使罗马统治者建造了大量的竞技场。已知最早的角斗场可以追溯到前80年的庞贝城。后来，石制角斗场风靡于罗马帝国。在罗马帝国众多的角斗场中，最负盛名的是科洛西姆斗兽场，其可供五万

---

[1] 岳成:《论罗马血腥竞技文化》,《绥化学院学报》2007年第2期。

人到八万人同时观战。竞技场的普遍建造，对建筑技术与材料都提出了更高的要求，从而在一定程度上刺激了罗马帝国建筑技术的提高与建筑材料的改进。①古罗马的剧场和斗兽场在建筑结构上运用券拱结构（拱形），其用两个半圆形的剧场连接，将观众席架起来，这种在建筑中对曲线和拱顶的追求使得罗马人又发明了类似于水泥的混凝土②

再次，它影响了罗马人的社会生活。角斗士表演所带来的影响波及了每一个罗马人。譬如，人们可以通过观测星象或者研究神奇的纸莎草来预测角斗比赛的结果；如果一个人梦到自己成为角斗士，且对手是一位色雷斯角斗士的话，那便意味着他即将和一位富有的、心灵手巧的、傲慢的女子结婚；用一个在竞技场中受到致命伤害的角斗士使用过的矛为新婚女子梳开头发，将会给她带来好运。古罗马人甚至相信，角斗士的热血能治愈一种影响神经系统的疾病——癫痫病。这一点也在1852年斯坦霍普·斯皮尔（Stanhope Templeman Speer，1823—1889）探讨欧洲人关于人类血液的普遍观点的论文中被提及，"角斗士喷涌的鲜血，被罗马人看作是治疗癫痫病的特效药。"③除此之外，角斗士表演是罗马人茶余饭后的主要谈资之一，克劳狄曾经命令用角斗致死的角斗士的剑为他做几把小刀，以表示自己对英勇的追求，罗马青少年也在日常游弋中模拟角斗士表演。

最后，它有利于保持罗马人尚武斗勇的民族精神。罗马人一直以耕作和战争为荣。在和平时期，青年人需要了解战争的残酷、血腥和无情，于是进角斗场可以直观感受死亡的视觉冲击，对于罗马青年是学习，是战争前的必修课。古典作家曾如此表述自己对角斗的看法："罗马人在奔赴战场前理应目睹过战斗、死伤、铁戈以及赤膊对峙的场面，那么，他在战场上面临装备齐整的敌人、伤亡和鲜血时，才不会恐惧与退缩。因此，我真

---

① 科洛西姆斗兽场使用的建筑材料是洞石、凝灰岩和混凝土。

② 罗马混凝土由骨料和水硬性砂浆组成，实际上就是一种与水混合的黏合剂，随着时间的推移会硬化，很耐用，可以防止裂纹扩展。

③ Stanhope Templeman Speer, The Life of the Blood, as Viewed in the Light of Popular Belief. From Notes of an Introductory Lecture Delivered by the Professor of General Pathology in the Faculty of Medicine of Montpellier, *Provincial Medical and Surgical Journal* (1844–1852), 1852, 16(13), p.310.

诚地接受这一(角斗)传统。"①

2.消极影响

首先，风行整个罗马的角斗士表演挥霍掉了大量的社会财富。角斗士表演属于公共娱乐的一部分，资金来自罗马当局，角斗学校和大型竞技场的建造也由当局负责，行省长途运输而来各种野兽，任何一次角斗士表演前都已耗费大量的财力、物力与人力。作为罗马社会的一种娱乐消费，角斗士表演在其存续时期内花费巨大。

其次，角斗士表演的盛行助长了罗马人的奢侈之风，加速了当时社会的道德滑坡。罗马人在共和国末期帝国初期便已开始追求豪华奢侈，享乐之风开始盛行。罗马贵族养尊处优，寻欢作乐，观看角斗士表演无疑是他们的一大嗜好。富人们以奢侈为荣不足为奇，严重的是普通自由民也沾染了这种恶习。大批自由民破产后沦为无产者，他们鄙视劳动，整天泡在竞技场或浴场，依靠政府赈济生活，原本勤劳简朴的民风已踪迹难觅，享乐成风。对此，瓦罗（Marcus Terentius Varro，前116—前27）哀叹道，"现在所有的家长们都不沾镰刀和犁，而是躲在城里，宁愿活动在剧场和跑马场之中，却不愿去照管谷物和葡萄园"②。追求财富导致罗马人价值观念的转变和道德的滑坡，由角斗风靡等现象激发的奢侈之风已然成为罗马帝国肌体上的毒瘤，败坏了罗马的社会风气。

总而言之，角斗士表演在古罗马数百年间的激荡兴衰都根植于古罗马经济、政治、历史文化背景之中，背靠深厚的民众基础。角斗士表演是一个带有罗马民族风格，契合罗马民族心理和战争文化的活动。然而，血腥残忍的角斗终究是违背人性的，在基督教徒的极力反对下，最终退出历史舞台，这也是人类社会发展的必然结果。巨额财富在角斗士表演中流失，罗马的社会风尚也走向巨大的滑坡，生产和劳动被鄙弃，经济危机也随之而来，政治危机乃至整个罗马社会的危机接踵而至，使得罗马帝国元气大伤，最终走向灭亡。在某种程度上可以说，角斗的盛行是罗马衰亡的一个

---

① 刘欣然、蒲娟:《文明的选择:古罗马角斗竞技的体育思想溯源》,《山东体育学院学报》2009年第10期。

② [古罗马]M.T.瓦罗:《论农业》,王家绥译,北京:商务印书馆,2017年,第133页。

第十一讲 古罗马角斗士的起源与发展

不可忽视的重要因素。

结　语

角斗及其发展历史反映了罗马社会政治、经济与文化生活的变迁。角斗的起源与发展演变的历史反映了罗马文化的战争属性。罗马共和国后期及帝国时期，角斗盛行则与罗马社会经济发展状况直接有关，与此同时，角斗在一定程度上也与统治阶级的大力支持是分不开的。罗马各级统治者之所以大力发展包括角斗在内的休闲娱乐事业，其目的是笼络人心，以便维护其统治地位。统治者们利用角斗这种刺激的娱乐方式，试图将怨声载道的罗马民众身上的反抗意志消磨殆尽。

3世纪，一场空前的大危机降临在了罗马，史称"三世纪危机"。随着罗马社会危机的加深，基督教也在罗马帝国境内广泛传播。据估计，处在"三世纪危机"的罗马帝国境内基督徒已达600万。教会也随之发展壮大。教会的数量从180年的74个增长到325年的550个，百余年间惊人地扩充了7倍之巨。另外，基督教教义的演变逐渐迎合了罗马统治者的政治需要，基督教力量日益壮大，罗马统治者企图靠它来维持帝国的统治。313年，君士坦丁大帝颁布米兰敕令，承认了基督教的合法地位。392年，基督教正式成为罗马国教。基督教徒反对血腥残忍的角斗士表演。罗马统治者为了获得教会的支持，维护自己的统治，最终决定废止角斗士表演。4世纪末，角斗士表演最终退出了历史舞台。那些规模宏大的角斗场，也由于"蛮族"入侵而沦为废墟。

第十二讲　古典时期雅典城邦对贫富差距的制度调适

貧富差距的存在是阶级社会的必然现象。贫富差距的增大，往往引发诸多社会问题，激化社会矛盾，造成社会局面的动荡不安，危及国家的长治久安。古典时期，雅典从一个蕞尔小邦，发展为希腊世界的强国，社会局面相对稳定，政治民主，文化繁荣。究其原因，与其十分注重对社会成员贫富差距的制度调适不无关系。雅典城邦施行的解负令、公民兵制、公职津贴制、征收非常财产税和公益捐制等措施，在一定程度上起到了抑制最富有阶层、扶持最贫困阶层、强化中等阶层的历史作用，从而缓解了因贫富差距增大而可能引发的社会矛盾与冲突，保证了古典时期雅典城邦的社会稳定与繁荣。

一、穷人与富户：雅典公民的贫富差距

随着经济社会的发展，雅典城邦逐渐形成富有的贵族阶层和平民阶层，贫富差距逐渐凸显。古典时期，富人和穷人都是构成雅典城邦各阶层的重要部分，[①]但由于缺乏相关的人口、财产等详细的统计文献，富人和穷人只能是大致的划分，其标准也不尽一致。例如，关于有产阶层的划分，柏拉图和亚里士多德师徒二人的观点就不一样。前者主张：卫国之士

---

①Aristotle, *Politics*, VII.VIII.1328ᵇ10.22. *The Loeb Classical Library*, Cambridge: Harvard University Press, 1990. 文中引用古典文献未注明具体出处者，皆据洛布古典丛书（The Loeb Classical Library）希腊文和英文对照本。下同。

的军人和军官，不应有财产，而农民则可各有其田亩。农民必须按时缴纳收获物的赋课，以供养卫国之士。后者之见则正好相反：土地应该属于公民，军政人员都是"有产阶层"（euporoi）。①当然，有产阶层不一定就是富裕阶层。古希腊乡村的穷人可有一头耕牛作为其财产，但非富裕阶层。②那么，到底如何判定古典时期雅典公民的贫穷和富足呢？也许，梭伦是具体标定雅典公民财产等级的第一人。

众所周知，梭伦改革的核心内容之一，就是把公民按其土地的年收成分成四个等级，每个等级的财产标准分别是第一等级五百麦斗以上，曰"五百斗者"；第二等级三百麦斗以上，曰"骑士"；第三等级二百麦斗以上，曰"双牛者"；最低等级的年收成在二百麦斗以下，曰"日佣"。③可以推想，梭伦所给出的财产数额，都是每个等级的最基本收入。因此，以财产判定贫富的等级标准是难以非常具体而恒定不变的。一如亚里士多德所言：公民登籍的财产资格应订适当数额，但是，"要想制订一个适用于一切城邦的财产数额是不可能的。必须考察各邦的实际情况，然后分别订一个最高数额，这个数额应该不多不少而符合于这样的原则：一邦大多数的人户都尽够合乎这一资格而可以取得政治权利，被这项资格所限制而摈弃于公民团体以外者则仅属少数"。④这就是说，城邦的贫富标准底线，必须是以使大多数的公民按财产资格尽可以取得政治权利为准。公民应当是有产阶层。公民的贫富之别，则是指有产阶层中财产多寡之差，财产多者为富，反之为贫。所以，在希腊语中，"穷人"也可称作"平民阶层"，可以拥有少量的财产。只是在乡村和城市，穷人的财产指向是不同的。如前所言，乡村的穷人可有一头耕牛作为其财产，并非一贫如洗。至于市区穷人的财产如何，因囿于资料，不得而知。不过，有一点是城乡一致的："极穷的人"（赤贫）是指完全没有资产的人。⑤如此看来，梭伦（前640—前561）时代雅典富有公民的财产，想必是指年收入三百麦斗以上者，二

---

①Plato, *The Republic*, IV.419—421; III.464C; Aristotle, *Politics*, II.V.1264ᵃ32.

②Aristotle, *Politics*, I. II.1252ᵇ12.

③Plutarch, *Solon*, XVIII.2; Aristotle, *The Athenian Constitution*, VII.3-4.

④Aristotle, *Politics*, IV.XIII. 1279ᵇ1-5.

⑤Aristotle, *Politics*, I. II.1252ᵇ12; VI. V.1320ᵇ32; III.VIII. 1279ᵇ9; II.X.1271ᵃ30.

百麦斗以上至三百麦斗者为中等阶层，二百麦斗以下者则为贫民。贫、富公民的年收入之差至少为三百麦斗，富者的年收入为穷者的1.5倍以上。

雅典富有公民的人数也是不断变化的。前480年左右，德米斯托克利将劳里昂矿开采所得的100塔兰特借给雅典最富有的100个公民，每人1塔兰特，令其建造三列桨战船。[1]据此推算，前5世纪左右，雅典最富有的公民约100人。如果以前5世纪雅典公民人口的总数为10万人计算，[2]富有公民数约占公民总人口的1‰。也就是说，在雅典城邦鼎盛发展的前5世纪时，富有公民所占的比例并不高。这可能与抑制富室的政策有关。受战乱等多种因素的影响，前4世纪，雅典公民人数大约减至4万人，绝大部分公民的财产为2000德拉克马以下。财产价值达2000德拉克马以上的公民约9000人，占公民总人数的25%。其中，约300人为雅典最富有的公民，拥有财产价值均超过21 000德拉克马。贫穷的公民约5000人，约占公民总人口的20%。[3]由此可见，这时雅典公民中的穷人和富人间的财产之差至少为19 000德拉克马，富人的财产价值大约是穷人的10倍以上，贫富差距极大。而前4世纪，恰是雅典城邦由盛转衰的历史时期。尽管雅典城邦衰亡的原因是复杂的，但是，极富极贫差距的形成，无疑激化了社会矛盾和危机，加速了城邦公民集体的分离和瓦解。[4]

二、抑止富室：古典思想家的构想

对于贫富差距之变与城邦兴衰的关系，古典立法家、思想家等皆有洞察。年龄稍长于柏拉图的加尔基顿人法勒亚（Phaleas，加尔基顿立法家）最先提出用节制财产的方法来消弭内乱的主张。[5]柏拉图、色诺芬、亚里士多德等人，一直将抑制富室，保障公民的整体利益，建立"良好"或

---

[1]Aristotle, *The Athenian Constitution*, XXII.7; Plutarch, *Themistocles*, IV.2.

[2]N.G.L.Hammond and H.H.Scullard, *The Oxford Classical Dictionary. Second Edition*, 1987, p.862.

[3]黄洋：《古代希腊土地制度研究》，上海：复旦大学出版社，1995年，第154—156页。

[4]M.M.Austin and P.Vidal-Naquet, *Economic and Social History of Ancient Greece: An Introduction*, English text, translated and revised by M.M.Austin, Berkeley, Los Angeles :University of California Press, 1977, pp.151-152.

[5]Aristotle, *Politics*, II.VI.1266ᵃ38-40.

第十二讲 古典时期雅典城邦对贫富差距的制度调适

－ 191 －

"正义"的城邦，视为企求的社会理想。如柏拉图所言："建立国家的目标并不是为了某一个阶级的特别幸福，而是为了全体公民的最大可能的幸福。"①为此，柏拉图建议："任何公民增益他财产的初期是不必加以抑止的，等到他的增益已达最低业户产额的5倍左右时，须予以限制。"②色诺芬则十分重视和平环境与城邦繁荣的关系，认为：必须和平才能保持和增加收入，"如果没有和平的环境，城邦是不可能获得丰裕的收入。……那些享用和平环境最长久的城邦也是最幸福的城邦，而在一切的城邦中，雅典与生俱来最适宜在和平的环境中日趋繁荣。"③亚里士多德从历史的感悟中更为深刻地注意到调适贫富差距对邦国安危的重要性。他认为："在一切城邦中，所有公民可以分为三个部分——极富、极贫和两者之间的中产阶级。"④贫富两方常相仇，"两者均为一城邦内的正相反对的两个部分"。⑤"人间的争端以致酿成内乱常起因于贫富的不均，所以适当地节制财产是当务之急。"⑥"对贫富有所协调，或设法加强中产（中间）阶层，可以遏止由那个特别兴盛的不平衡部分发动变革的危机。"⑦"公民们都有充分的资产，能够过小康的生活，实在是一个城邦的无上幸福。"⑧"立法家应该慎重注意各政体所以保全和倾覆的种种原因，应该尽心创制一个足以持久的基础。应该对于一切破坏因素及早为之预防。"⑨"就一个城邦各种成分的自然配合而言，惟有以中产阶层为基础才能组成最好的政体。"⑩

诚然，防止极贫极富，扶持中等阶层，使富有的自由民和贫苦的自由

---

①Plato, *The Republic*, IV.419C.

②Plato, *Laws*, V.744E. 法勒亚和柏拉图都主张限制财产过多，但他们所指的财产并不一样。法勒亚所主张的是平均分配的财产，专指土地，而柏拉图所容许增益的财产则包括对各家的一切财物和收益。参见［古希腊］亚里士多德：《政治学》，吴寿彭译，北京：商务印书馆，1997年，第69页注释③。

③Xenophon, *Ways and Means*, V.1–4. The Loeb Classical Library, Cambridge: Harvard University Press, 1984.

④Aristotle, *Politics*, IV.XI.1295^{b}1–5.

⑤Aristotle, *Politics*, IV.IV.1291^{b}9.

⑥Aristotle, *Politics*, II.VII.1266^{a}36–37.

⑦Aristotle, *Politics*, V.VIII.1308^{b}28–30.

⑧Aristotle, *Politics*, IV.XI.1295^{b}40.

⑨Aristotle, *Politics*, VI.V.1319^{b}35–1320^{a}1.

⑩Aristotle, *Politics*, VI.XI.1295^{b}28–30.

民都不致各走极端，是古典思想家们的政治信条。因此，他们对"贫富有所协调"的理论构想，并非为了最终消灭穷人或富户，而是寻求社会力量的平衡。中等阶层即被视作这样一种平衡力量。亚里士多德也坦言：如果不兼容富户和穷人，不存在贫富两个阶层，那么，平民（贫民）主政的政体即平民政体和富人主政的政体即寡头政体也就"都不能存在或不能继续存在"。所以，实施平均财产的制度，企图消灭富户或排除平民群众的作法是"过激的法律"。①

需要指出的是，古典思想家在主张抑制富室、调适贫富差距的同时，也非常注意对富室的保全。"不仅他们（富室）的产业不应当被瓜分，还应保障他们从产业所获得的受益。"减少不必要的捐输，"阻止富室被强迫或出于自愿的无益于公众而十分豪奢的捐献，例如设置不必要的剧团、合唱队、火炬竞走以及类似的义务等。"②"豁免他们各种无补于实际的公益捐款"③

如果说柏拉图、亚里士多德等人抑制富室的主张，更多的是一种理想，那么，雅典城邦的历史演进中究竟有无具体的调适贫富差距的立法和制度呢？

三、制度调适：防止极贫极富的实践

古典时期，雅典城邦所施行的解负令、公民兵制、公职津贴制、征收非常财产税和公益捐制等，在一定程度上起到了抑制最富有阶层、扶持最贫困阶层、强化中等阶层的历史作用，从而缓解了因贫富差距增大而可能引发的社会矛盾与冲突，保证了古典时期雅典城邦的社会稳定与繁荣。

解负令是梭伦改革的重要内容之一，也是其推行其它立法的前提和基

---

①Aristotle, *Politics*, V.IX. 1309^{a}38–1310^{a}2.

②Aristotle, *Politics*, V.VIII. 1309^{a}15–20.

③Aristotle, *Politics*, VI.V. 1320^{b}5.

础。梭伦改革前夕，雅典的许多平民处境窘困，被称为"六一汉"①和
"贫民"（Thetes），也即是贫穷的农民。他们被迫以人身作抵押还债。有些
在国内沦为奴隶，有些则被卖往国外。许多人被迫出卖自己的孩子（因为
当时并无法律禁止这作）或流浪他乡。②"贫民本身及其妻子儿女事实
上都成为富人的奴隶了。"③雅典城邦贫富差距悬殊，阶级矛盾激化，平贵
斗争异常。"以至于城邦在各方面都走到了革命的边缘，看起来结束这种
混乱状况的唯一办法就是建立僭主政治。"④因此，亚里士多德认为，是梭
伦"采取最优良的立法，拯救了雅典国家"。⑤那么，梭伦立法的"优良
性"何在呢？其实就是通过防止大富极贫或防止过犹不及的中庸之道来求
得当时奴隶主阶级统治的稳固。兹以梭伦的诗歌为证："我拿着一只大盾，
保护双方，不让任何一方不公正地占据优势"，⑥"我使这样的事情普遍流
行，调整公理和强权，协和共处"，"如果我有时让敌对的两党之一得意，
而有时又令另一党欢欣，这个城市就会有许多人遭受损失"，"我制订法
律，无贵无贱，一视同仁，直道而行，人人各得其所"，"在他们的武装对
垒群中，立起了一根分离两方的柱子"。⑦尽管解负令的详细内容学界尚未
能完全确定，但比较一致的看法是解负令取消了一切债务。⑧欠债为奴的
贫民不仅因此获得了人身自由，而且收回了因债务而丧失的土地。⑨有效
遏止了富室财产的极度扩张。因此，解负令可谓是雅典历史上第一次以立
法形式消除公民集体内部债务奴役的法令。解负令的施行，确立了雅典公
民私有财产的合法地位，巩固了雅典城邦的土地私有制，实现了前7—前6

---

①"六一汉"，Hectemori，学者多主张为交租六分之五、自余六分之一的佃户。亚里士多德和普鲁
塔克对"穷人"的表述有所不同。前者把所有的穷人都看成是"六一汉"和"附庸"，而后者则把穷人分
成两个部分：一部分人为富人耕作，被迫交纳六分之一的收成，因而被称作"六一汉"和"贫民"；另一
部分人则陷入债务，因而失去自由，他们或在国内沦为奴隶，或被卖到国外。Aristotle, *the Athenian
Constitution*, II.2; Plutarch, *Solon*, XIII.3–4; 黄洋：《古代希腊土地制度研究》，第143页。

② Plutarch, *Solon*, XIII. 3.

③ Aristotle, *The Athenian Constitution*, II.2.

④ Plutarch, *Solon*, XIII.4.

⑤ Aristotle, *The Athenian Constitution*, XI.7.

⑥ Aristotle, *The Athenian Constitution*, VII.1.

⑦ Aristotle, *The Athenian Constitution*, VII.4.

⑧ Plutarch, *Solon*, XV.5.

⑨ J.B.Bury, Russell Meiggs, *The History of Greece* , London : Macmillan Education LTD.1988, p.123.

世纪雅典公民贫富差距的基本平衡，使富有的贵族和一般的公民之间一度形成比较和谐的关系。以此为基础，加之梭伦所推行的其它奖励生产的立法，雅典独立的小农和小手工业者阶层逐步形成。

继梭伦之后的庇西特拉图，同样注意改善贫穷公民的经济地位。学者们研究认为，庇西特拉图进行了土地分配。他是将被放逐的政敌之闲置土地分成小块，分配给最需要的人，使之成为农民的土地。所有者只须交纳约产品的1/10，甚至1/20的土地税，小农的经济负担大为减轻。①庇西特拉图还"拨款借贷给贫民，以供他们产业之需，使他们能够依靠农耕，以自赡养"。②

在此后雅典城邦近百年的发展历史中，基于梭伦和庇西特拉图所推行的扶持贫穷公民的经济政策始终未变，抑制富室与扶持穷人之举，齐头并进。如雅典城邦通过向其依附城邦派驻公民的制度，使公民占有份地。前504年，4000名雅典公民在卡尔息斯每人分得一块"马匹饲养者"的土地。③伯里克利曾派发1000名雅典公民定居凯尔索涅索斯(Chersonesus)，1000名定居色雷斯，500名定居那克索斯（Naxos），250人定居安德罗斯（Andros）。④此后，雅典城邦又分别将其公民派居卡尔息斯、勒斯泊斯（Lesbos）、勒姆诺斯（Lemnos）、伊莫布罗斯（Imbros）和斯居罗斯（Scyros）。而移居他邦或在外邦分得土地的公民往往是贫穷的雅典人。他们中的许多人在阿提卡没有土地。⑤

此外，雅典还通过征收非常财产税和公益捐制等经济手段，调适贫富差距。非常财产税"伊斯富纳"（eisphora）是在战争等非常时期向外邦人和公民征收的直接财产税（direct property tax）。前378/前377年对非常财产税进行改革，固定税率向所有人（除了最贫穷的公民阶层以外）征收。如

① 布瑞认为，1/10的财产税可能非庇西特拉图首创。这个古制可能在庇西特拉图统治时期，因为土地得以充分耕耘而又继续施行。后来，尽管因劳里昂矿发掘等，收入有所增加，但税额反而降为1/20。J.B.Bury, Russell Meiggs, *The History of Greece*, London : Macmillan Education LTD.1988, p.129; 1/20的税额参见：Thucydides, *History of the Peloponnesian War*.VI.LIV.5.

② Aristotle, *The Athenian Constitution*,XVI.4.

③ Herodotus, *The Persian Wars*,V.77.

④ Plutarch, *Pericles*, XI.5.

⑤ 详见黄洋：《古代希腊土地制度研究》，第124页。

此征税时断时续地一直延续到希腊化时期。富有公民在平时和战争时期还需要向城邦自愿交纳另一种税"伊匹多斯"（epidosis），作为城邦的备用金。这是富有公民的职责。前4世纪后，"伊匹多斯"由先前的富有公民自愿交纳变为强制性的捐税。①

公益捐（liturgies），是根据收入或资产向富有公民征收的不定额税（no regular tax），可以捐献财产，也可以为公益活动牺牲时间等。一个人一生中可能有一到两次的公益捐义务。研究者认为，捐助制度起源于前6世纪初。②公益捐项目众多，尤其是与各种节日相关的重大宗教活动以及戏剧比赛、合唱队和歌舞培训等的费用，都由富人以公益捐形式承担。③主要包括戏剧节合唱队的费用、战马的保养费、节日联欢费、三层桨战舰费和公餐费。④雅典执政官上任后的重要职责之一就是任命三个雅典最富有的人为悲剧合唱队队长。⑤对合唱队的资助在前502年已成为制度。⑥最早有关资助合唱队的记载是在前480年。戴维斯对雅典富有家庭的研究证明，德米斯托克利、伯里克利、西门等均在捐助者之列，他们都拥有较大规模的田产，捐助过戏剧比赛等公益活动。⑦例如，德米斯托克利曾资助前477年城市狄奥尼索斯戏剧节上演的、悲剧家佛里尼科斯（Phrynichos）的剧作《腓尼基妇女》，伯里克利曾资助前473年的城市狄奥尼索斯节上演的、悲剧家埃斯库卢斯的名剧《波斯人》。公益捐起初是荣誉性的和自愿的。前4世纪初起，公益捐变为强制性的义务。

为保证公益捐制的顺利实行，雅典还制订"交换法"。如果被指定的

① Lesley Adkins and Roy A. Adkins, Handbook to life in ancient Greece, New York: Facts on File, inc., p.188.

② J.K.Davies, *Weath and the Power of Weath in Classical Athens*, Salem: the Ayer Company, 1981. p.25. 转引自黄洋：《古代希腊土地制度研究》，第126页。

③ J.B.Bury, Russell Meiggs, *The History of Greece*, London: Macmillan Education LTD.1988, p.217.

④ Lesley Adkins and Roy A. Adkins, *Handbook to life in ancient Greece*, New York: Facts on File, Inc., p.188.

⑤Aristotle, *the Athenian Constitution*, LVI.3.

⑥ J.K.Davies, *Athenian Propertied Families: 600-300BC.*, Oxford: Oxford University Press, 1971. p.25. 转引自黄洋：《古代希腊土地制度研究》，第126页。

⑦J.K.Davies, *Athenian Propertied Families: 600-300BC.*, Oxford: Oxford University Press, 1971, 7826III; 6669, 8429, 转引自黄洋：《古代希腊土地制度研究》，第127—128页。

捐助者的富有公民并不愿意提供捐助，并能提出没有被指定为捐助者的更为富有的公民。双方往往诉诸法庭，分别将两人的财产列出清单，呈交法庭。被告面临两个选择：要么承认自己比原告更为富有，并自愿承担原告的捐助；要么否认自己更为富有，并因此而拒绝承担捐助。如果他能够提供充分的证据，便可以免于捐助的负担。[1]因此，"交换法"使公益捐更为制度化。公益捐的实质则是富人财产的公益化——既调控富室财产，又使更多的公民从公益活动中直接受益。

在军事方面，雅典城邦实行的是公民兵制。"在古希腊，继君主政体之后发生的政体的早期形式中，公民团体实际上完全由战士组成。"[2]所有的公民都是保卫城邦及个人利益的战士。服军役既是公民的权利也是公民的义务。值得注意的是，城邦的武力，不论是骑兵(cavalry)、重装步兵(heavy infantry)、轻装步兵（light infantry，包括弓箭手和狙击兵）和海军(marines)，其武器装备等必须由公民自备。因此，有些装备花费较多的兵种，也就自然落到富人的头上。如骑兵和重装步兵因乘骑和甲胄非贫民所能置办，全赖富室势力。古代的战马皆畜于富饶的著名家族。[3]只有富室才有能力畜养战马和提供更多的军事装备。[4]雅典的重装步兵基本以富裕公民为主体。一个重装步兵维持其地位所需的财产价值约为2000德拉克马。[5]雅典三层桨司令官（trierarch）也基本选自富有的公民。他们必须完全自己负责三层桨的军备，这是义务也是职责。[6]最早有关负担三层桨战舰费用的记载是在前480年。这一年，雅典舰队的180艘三层桨战舰参加了决定希波战争胜负的萨拉米海战。负担三层桨战舰费用的捐助者均是雅典的富有公民，一般拥有较大规模的田产。[7]贫穷公民只能充任轻装步兵

①交换法可能由梭伦订立。参见：Demosthenes, *Private Orations*, V.XLII: An Unknown Pleader against Phaenippus in the Matter of an Exchange of Properties.1.

② Aristotle, *Politics*, IV.XIII. 1279^{b}15; IV.II.1289^{b}36;VI.VII.1321^{a}8.

③ Aristotle, *Politics*, VI.III.1289^{b}36.

④ Aristotle, *Politics*,V.IV.1304^{a}28; 1321^{a}5.

⑤参见黄洋：《古代希腊土地制度研究》，上海：复旦大学出版社，1995年，第155页表一。

⑥ J.B.Bury, Russell Meiggs, *The History of Greece*, London: Macmillan education LTD.1988, p.217.

⑦ Herodotus, *The Persian Wars*, VIII.44; J.K.Davies, *Athenian Propertied Families: 600-300BC.*, Oxford: Oxford University Press, 1971. p25.转引自黄洋：《古代希腊土地制度研究》，第127页。

中的弓箭手、桡手和狙击手等。①因此，在公民兵制下，城邦的富有公民，意味着更多的军事义务和军役负担。

为尽可能减少因贫富差距而造成的公民在参与政治和文化生活等方面的不平等，雅典城邦主要依靠公职津贴、出席津贴和观剧津贴等进行调适。

约自伯里克利时代（Periclean Age，440 BC—430 BC.）开始，雅典实行公职给薪制。一开始，出席公民大会者每次给薪1个奥波尔，至前327年，每次给薪6个奥波尔，参加重要会议者（主要议程为对那些认为办事好的在职长官进行投票表决，并讨论粮食供应和国防问题）每次给薪9个奥波尔。前5世纪，出席会议者常达5000多人。陪审员每日2奥波尔（约等于一人一天的生活费，前425年左右，增至每日3奥波尔）；九执政官每日4奥波尔，并备有一个传令官和一个吹笛者；议事会议员每日5奥波尔，担任主席者，另加1奥波尔。②人民出席民众会常会，领取1德拉克马。③萨拉密斯执政官则一天得1德拉克马。竞技裁判官在阿提卡历的第一月中，自泛雅典娜节日所在月份的第四日以后，在普律塔涅嗡就餐。驻提洛的近邻同盟代表人每天由提洛得1德拉克马。所有派往萨摩斯、斯居罗斯、勒姆诺斯或伊莫布罗斯的官吏也领款以为膳费。④对于雅典的公职津贴制，芬利曾发出这样的感慨："没有哪一个希腊城邦像雅典这样，带薪的公职是如此之多。"⑤

雅典观剧津贴始于伯里克利时代。伯罗奔尼撒战争之后，观剧津贴一度取消，旋又恢复。依照亚里士多德的记述：伯里克利死后，雅典民主政治渐趋混乱，粗悍之辈争欲取媚群众，以自植势力。克里奥丰（Cleophon）为平民派领袖，始立观剧津贴，凡公民入场观剧，各可得2奥波尔，数年后，加里克拉底（Callicrates）又增加为3奥波尔。后来，二人都因浪费公

① Aristotle, *Politics*, VII.VI.1327^{b}8–12.

② Aristotle, *The Athenian Constitution*, LXII, 2.

③ Aristotle, *The Athenian Constitution*, XLIII. 4.

④ Aristotle, *The Athenian Constitution*, LXII.2.

⑤ M.I.Finley, *Economy and Society in Ancient Greece*, p.58.

帑被处以死刑。①

公职津贴、出席津贴和观剧津贴，赋予公民实实在在的政治与文化生活权利。如果没有这些津贴，许多乡居的公民，尤其是贫穷的公民，城邦所提供的诸多参政议政机会及丰富多彩的戏剧艺术等文化生活，也终究是形式而已。因为机会多多，并不等于公民实际所享有的权利和实惠多多。对于散居阿提卡各村落的远郊农民和手工业者来说，为按时与会而不顾农事或手艺，实属不易。过多的时间消耗以及经济上的压力，往往会使下层民众力不从心，很难热心城邦政事。有些无薪的公职更使一般平民不敢问津。"除非有薪，否则，许多公民将被排除在民主政治之外，因为他们无法承受时光流逝而日无所获。"②即便是在任的议事会议员也常常因私事耽搁而不能出席每天的例会。所以，即使城邦推行了津贴制，在雅典政坛，"富人于议事会中占有相当大的比例"③。前336年的一份议员名单显示，所记录的248名议员中，绝大多数为三列桨船长或其家庭成员。④至于出席公民大会的情况，格劳茨认为，公民大会的人数从来没有多于应参加的人数。在匹尼克斯（Pnyx）的公民几乎没有多于2000或3000人，这些人中的多数是城居的市民（townsmen）。⑤亚里士多德也承认：手艺人（artisans）、店主（shopkeeper）和雇佣者（hirelings），几乎成为单一的有选举权的人（constituent）。由于这些人经常交易和驻守城市，"他们容易地参加公众大会"。⑥至此，也就不难理解掌控雅典商业的异邦人，因其长期居于城市而比其他临时来城里的人拥有更多的"特权"。⑦这也许是古代雅典城邦永远都无法调适的城乡差距。

① Aristotle, *The Athenian Constitution*, XXVIII.3; 同时参见［古希腊］亚里士多德：《政治学》，吴寿彭译，北京：商务印书馆，1997年，第73页注释②。

②John Salmon, *The Economic Role of the Greek City,* 见 *Greece and Rome*, Vol.XLVI. No.2, October 1999.p.151.

③J. A. O. Larsen, *Representative Government in Greek and Roman History*, Cambridge: Cambridge University Press,1955, p.11.

④P.J.Rhodes, *Athenian Bolue*, pp.5–6.

⑤参见 G.Glotz, *The Greek City and its Institutions*, pp.153–154.

⑥参见 G.Glotz, *The Greek City and its Institutions*, p.154.

⑦George Willis Botsford;Charles Alexander Robinson, JR., *Hellenic History*, Forth Edition, p.158.

第十二讲　古典时期雅典城邦对贫富差距的制度调适

小　结

　　财产私有制是阶级社会的重要特征之一。随着私有制的发展，往往会导致个人财富的不断增长和社会成员的贫富两极分化。抑制富室与扶持贫民是雅典城邦调适贫富差距的联动措施。其目的主要在于追求社会的平等、公正与和谐发展。如亚里士多德所言："最为公正的政体，应该不偏于少数，不偏于多数，而以全邦公民利益为依归。"平等的公正，就是要以城邦整个利益以及全体公民的共同善业为依据。①"一个真正的民主主义者自当注意到勿使一邦的群众陷入赤贫的困境。"②古典时期的雅典城邦正是依靠立法和制度来调适贫富差距，防止极贫极富，从而有效保障了公民集体的稳定与发展，实现政治民主，文化繁荣，形成古典盛世的历史局面。

　　从另一角度看，调适贫富差距，也是对雅典城邦乡村区域的重视。因为雅典城邦的"穷人"绝大多数是乡居的农民。农民和乡村是构成城邦整体的必要部分和基础。因此，雅典城邦对贫富差距的制度调适说明，对城邦的历史考察，不可只重视城市的地位和作用，阿提卡的乡村同样有着许多未知领域值得去探究和发现。西方古典盛世的历史遗产，对于构建现代和谐社会，具有重要的借鉴意义。

---

① Aristotle , *Politics*, III.XIII.1283^{b}35–40.

② Aristotle , *Politics*, VI.V.1320^{a}28–30.

第十三讲　条条大路通罗马与国家治理之道

　　"条条大路通罗马"是一句流行的谚语，这与古罗马的道路网络建设有关。这一谚语的引申意义是指达到的同一目的途径和方法多种多样。

　　古罗马大约于前509年建国，最初只是一个小城邦，实行的是贵族共和制，所以也称罗马城邦共和国。前3世纪（2500多年以前），罗马统一了整个亚平宁半岛。

　　前1世纪时，罗马成为地跨欧亚非三洲的帝国，地中海都成为了其内湖。作为政治、经济和文化中心的罗马城修建了通向四面八方的大道，来往于这些大道上的商人络绎不绝，促进了帝国的贸易和交流。

　　这一讲就从"条条大路通罗马"说起，聊一聊与此相关的罗马国家治理。

一、条条大路通罗马

　　大约在12世纪至13世纪时，有人根据古罗马时期的一张地图进行临摹、描绘，成就了流传至今的《波伊廷格地图》。最初发现这个地图的是奥地利皇家图书馆负责人查尔迪斯（Konrad Celtis，1459—1508）。这个人在其晚年时期，于德国南部的一个修道院中发现了这个地图，并将其带回奥地利。由于他没有透露这个修道院的名字，至今，人们仍然不清楚这个修道院在哪里。

　　不过，查尔迪斯在去世前立下遗嘱，把地图赠予其朋友，即收藏家波伊廷格（Konrad Peutinger，1465—1547），同时要求波伊廷格将来把此图公开出版并转赠给一家公共图书馆。因此，这幅地图后来就被人们称作《波伊廷格地图》。①

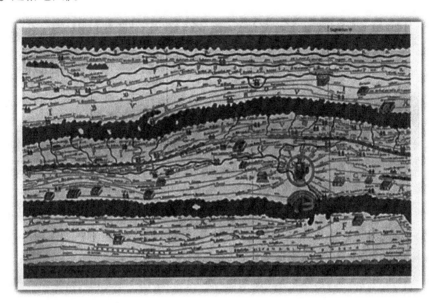

图13-1 《波伊廷格地图》意大利部分（罗马城）

《波伊廷格地图》是一幅世界地图，图中有欧洲、非洲与亚洲，但其主体部分则是罗马帝国的疆域，特别是作为罗马帝国中心的意大利被拉得特别长，在地图上特别显著。从内容上看，《波伊廷格地图》可以说是一幅交通路线图。图中用红色标绘出了当时所知的世界交通线路，特别是罗马帝国内的交通网，而且这些纵横交错的发达交通路线，最终都汇总到地图的中心（也是罗马帝国的中心）罗马城，直观形象地说明了"条条大路通罗马"这一名言。

根据古罗马地图绘制的《波伊廷格地图》所说明的条条大路通罗马是不是历史事实呢？

罗马帝国时代的道路建设是在共和国时期道路建设基础上的继续，罗

---

① 1598年由波伊廷格的一个亲戚(时任奥格斯堡市长)出版。原图绘制在11张羊皮纸上，它们本来连在一起，1683年被拆分为11张，现珍藏在维也纳的奥地利国家图书馆中。

马道路体系主要是在帝国时期最终完成的。

据记载，1、2世纪之交，罗马人共修筑硬面公路8万公里（80 000千米），建立了地中海地区规模宏大的古代交通运输网，其中著名的大道有阿庇亚大道、波匹利亚大道、奥勒利亚大道、弗拉米尼亚大道、埃米利亚大道、瓦莱里亚大道、拉丁大道等。

例一：罗马国家修筑的第一条大道，阿庇亚大道，修筑于前312年，由监察官阿庇乌斯·克劳狄乌斯·凯库斯（Appius Claudius Caecus）负责督造。大道自罗马向东南方向延伸至他林敦（今塔兰托），后又延伸到亚得里亚海岸（布伦迪休姆，或布林迪西）。此大道有一条支线经卡拉布里亚（卡普阿）直达墨西拿海峡，称波匹利亚大道。

例二：奥勒利亚大道，自罗马向西北方向延伸至热努亚（今热那亚）。

例三：弗拉米尼亚大道，自罗马向北延伸至亚得里亚海岸，与埃米利亚大道连接。

例四：瓦莱里亚大道，自罗马向东延伸，横穿亚平宁半岛。

例五：拉丁大道，自罗马向东南方向延伸，在卡普阿附近与阿庇亚大道连接。

另外，还有无数条支线通往帝国各行省。

例一：爱纳格提亚大道，前145年修筑，直通希腊和小亚细亚，与古波斯御道连接。

例二：在征服北非迦太基后，沿地中海南岸修筑了道路。

例三：在高卢，以里昂为中心，修筑了通往莱茵河、波尔多河和英吉利海峡的大道。

例四：在不列颠，以伦敦为中心的战略道路通往各地。

例五：在西班牙，沿伊比利亚半岛周围修筑环形大道。

这些大道皆以罗马为中心向外延伸，如此，构筑了从罗马城到帝国乃至当时世界各地的交通运输网。条条大路通罗马，不仅仅是一句名言，也是历史事实。"条条大路通罗马"这句名言，实实在在地是名正言顺。

这里有这样几个问题，可能是大家感兴趣的：谁拟订方案？谁审议和作出决定？建设费用出自哪里？谁进行施工？建成后谁负责运营？道路通行收费吗？

罗马大道通常由当时的最高统治者拟订方案。罗马共和制时期，修建道路和水道的审批程序是：由财务官或执政官（由元老院提名的高级行政官员）拟订方案，提交给元老院。①元老院审议表决后，拟订方案的人就成为工程的最高负责人并开始施工。罗马帝制时期，拟订方案的人常常是皇帝本人，但仍然全权委托元老院表决。元老院通过以后，皇帝作为最高负责人的工程才能正式开工。因此，无论是共和制还是帝制时期，都是由国家最高领导人来拟订方案，决定权在罗马国家的重要权力机构元老院。正因为罗马大道修筑的议案、审议和决定权，出自国家机构和高级领导人，所以，修筑道路的费用由国库承担。

修筑道路费用庞大，国库财力有限。不过，罗马人很聪明，虽然当时罗马的财政系统尚不完善，没有现代健全的国家财政制度，罗马的税制也很简单，行省税称为"十分之一税"，关税称为"二十分之一税"，相当于消费税的营业税称为"百分之一税"。这些税都是全国通用的。而铺设道路的费用支出庞大。面对如此现实财政问题，罗马人并不是简单地提高税率和征收苛捐杂税，而是明确国家和地方政府如何分担道路建设费用，普通市民也可以参与有权有钱的人捐赠和修建活动。个人出资修建，并捐赠给国家的公共财产，弥补了国家经费的不足。得益于国库或国家负责筹集费用建设的罗马大道，没有征收道路通行费。

那么，谁来建设这些道路呢？所有的罗马大路，由军队来负责施工。修筑大道的初衷就是要完善军用道路。

谁来养护和运营呢？罗马人认为基础设施应是由国家来做的事情。罗

---

① 元老院是古罗马的理政和咨询机构，在古罗马宪政中存在的时间最长。前509年建国时，拥有300名成员，恺撒时期，增至900人，多数为恺撒的支持者。4世纪时，元老院人数增至约2000人。6世纪，元老院自历史记载中消失，最后一次为人提及的时间是580年。详见《不列颠百科全书》，北京：中国大百科全书出版社，2007年，第208页。

马人把修筑的道路网络称为"必需的大事业"（moles necessarie）。①

　　道路本身并非罗马人的发明。世上本来没有路，走的人多也就成了路。然而，道路的网络化，而且是实行日常养护的网络化，可谓是罗马人的创举。罗马公路的特点是道路尽量取直，路基坚实，路面呈拱形以利于排水。罗马大道基本上用巨石砌成，包括4米多宽的车道和两侧各为3米宽的人行道，总体路宽超过10米。路基厚度达1米以上，分四层铺设。

　　也许是历史的巧合，前3世纪的时候，地球的东方和西方都正开始大兴土木。在西方是罗马道路网。在前3世纪至2世纪的500年间，罗马人铺设的道路仅仅是干道就长达8万公里，如果加上支线在内，则长达15万公里。在东方有万里长城。前3世纪秦始皇修建的长城（用了10余年的时间，在原先战国时期秦、赵、燕三国长城的基础上修筑，以防匈奴南进，史称秦长城），全长达到5000公里。

　　在很长时期内，罗马公路系统为罗马的征服和统治创造了条件，并为后来的民族大迁徙和基督教的传播提供了道路，在整个中世纪为欧洲所利用，至今仍保留许多残迹。②研究人员断言："人类到了19世纪下半叶开始普及铁路，人类交通运输的速度才超过了罗马大道。"③在罗马帝国灭亡后的1400年中，交通工具一直是人类的脚、马和马车。

二、罗马何以广建大道

　　西方人有这样的评价：罗马的道路在古代世界中无与伦比，为快速交通运输而设计并被广泛应用于多种用途：商业、农业、邮件传递、步行和军事活动。④

　　从这段文字中不难发现，罗马国家广建大道，主要出于经济发展、军事活动和信息传递的目的。

①［日］盐野七生：《罗马人的故事10：条条大路通罗马》，韦平和译，北京：中信出版社，2012年，第10页。

②《不列颠百科全书》，北京：中国大百科全书出版社，2007年，第367页。

③［日］盐野七生：《罗马人的故事10：条条大路通罗马》，第22页。

④《不列颠百科全书》，北京：中国大百科全书出版社，2007年，第366页。

（一）罗马大道主要因军事扩张而兴

从前面列举的例子中可以看出，罗马人不断地向外扩张是罗马道路不断向外延伸的根本原因。罗马道路建设是紧随罗马军事扩张而延伸，军队走到哪里，道路建设就到哪里。罗马从台伯河畔的小邦不断向外扩张，特别是向东方和南方扩张，因此，罗马主要的大道也最先在这些地方建立，第一条大道阿庇亚大道就是典型证明。伴随罗马军队向南进一步扩展，阿庇亚大道又从卡普亚延伸到南方。

阿庇亚大道，是当年的财务官阿庇乌斯拟订方案，元老院批准后由其负责建造。这一工程开创了罗马士兵征服以后，再由罗马士兵修建道路的罗马人统治方式的先河。从罗马延伸至卡普亚到贝内文托、韦诺萨直至塔兰托，最终到达终点布林迪西。从开工到贯通花了整整70年时间，一直伴随罗马扩张进程，工程分阶段进行。全线贯通的那一年，阿庇乌斯已经不在人世。而在此20年以后，在地球的另一面，中国开始修筑万里长城。

其他诸如拉丁大道、瓦勒里亚道路、弗拉米尼亚大道等同样为罗马向东南、东方、东北和北方的扩张提供了基础。

另需说明的是，罗马通常不在征服的地方常驻占领军，避免战胜方和战败方之间不必要的矛盾冲突。他们采取的办法是不常驻，一旦有事，迅速从罗马统治腹地派兵。调遣军队时，便要从罗马行军至目的地，而确保一条从首都罗马安全抵达目的地的道路，无疑是军事战略必须考虑的重中之重。罗马大道的特色之一是穿城而过，没有考虑环绕城市的环线。这是因为道路穿过城市，不仅便于罗马军队的调遣，而且方便这个城市的居民使用，这也是修路的目的之一。

（二）商贸和经济发展之需

罗马国家在经济上，特别是粮食供给需要大量从外部输入，其中最主要的来源地是北非。在罗马共和国时代，西西里被称为"意大利的谷仓"，到罗马帝国时代，"埃及和北非代替了西西里的地位"，从而成为意大利主要的粮食供给地，"突尼斯和阿尔及利亚的肥沃的流域地带和埃及同是意大利的主要的小麦供应地"。为了运送粮食和促进罗马与非洲的商业贸易，罗马人亦需加强这些地区的道路建设。

例如，萨拉里亚大道也称"盐路"，因贩运盐而得名。人们把台伯河入海口一带产的盐装在袋子里，放在小船上，沿着台伯河逆流而上，到罗马卸货。这些装满盐的袋子在罗马改由驴驮运，运往内地，卖给需要的人。对于早期的罗马人来说，盐几乎就是唯一的畅销产品。盐路对于当时罗马人来说，至关重要。

值得注意的是，虽然建设罗马道路网络的原因包含了经济因素，但最主要原因仍是出于军事方面的考虑。罗马大道不仅随军事征服而扩展延伸，罗马军队也希望通过建造道路、桥梁、沟渠、烽火台、港口、码头等使自己的守军变得机动灵活，同样也希望通过城墙、壕沟、栅栏、要塞和防御工事等来弥补他们在防御方面人力上的不足。①可以说，如果没有这些道路为罗马提供进一步扩张的交通、邮件传递等运输和通讯基础，罗马对外扩张的进程就难免大打折扣。有鉴于此，有人认为，军队是罗马"行进中的城镇"②。

三、依托罗马大道的国家治理

（一）控制道路是国家统治权力有效运作的体现

共和国时代最关键的理念之一是"道路对国家的控制是至关重要的"③。共和国时代的道路是由罗马国家（集中体现在元老院）控制，到了帝国时代，这一控制权转移到了皇帝手中，他建立了固定的机构专门负责道路的建造与维修，甚至亲自建造道路（如弗拉米尼亚大道）。在这些

① M.E.Shape, *The Western Frontiers of Imperial Rome*, NewYork: Armonk, 1994, pp.216—217. 冯定雄:《古罗马在非洲的道路建设》,《西亚北非》2008 年第 3 期。

② 戴尔·布朗主编:《罗马:帝国荣耀的回声》,北京:华夏出版社,2002 年,第 137—189 页。

③ Theodor Mommsen, *A History of Rome under the Emperors*, London and NewYork: Routledge, 1992, p.100.

专门机构中，皇帝可以通过遴选最信任的人担任道路监理官或特别指派道路建造的负责人，从而达到皇帝控制国家的目的，阿格里帕就是奥古斯都最信任的亲信之一，所以奥古斯都时代的很多建设工程都是在他的领导下完成的。在这一点上，罗马对西西里的统治可能是一个非常特别的例外。西西里是罗马的第一个行省，西西里居民很早就取得了罗马公民权，但罗马对它的政策却是在经济上把它搜刮得干干净净，很少在那里建造道路，以便对它进行控制。①

（二）罗马大道实现了中央对地方的联通和控制

1.道路是疆域的分界线。对于疆域广袤的罗马帝国而言，没有现代意义上的边境划分。罗马道路网络和城镇堡垒就成为帝国与邻国的分界线，成为罗马国家与他国边界区分的标志。道路是罗马统治者加强统治的有力工具。伴随着罗马对周边地区统治的确立，如何加强对这些地区的统治就成为统治者面临的新任务。

2.道路是军事调遣的枢纽。战斗人员、医疗队、工兵人员、攻城器械、野营帐篷和军粮等，通常是用牛车或马车运输，都依托于大道。

3.道路是通达行省的动脉。罗马在意大利半岛以外的被征服地区设立行省，这些行省必须向罗马纳贡。行省由罗马派出的总督负责管理。总督在行省拥有生杀予夺的大权。每当建立行省时，罗马国家都要通过元老院草拟一个行省法规，其中规定该行省的疆界、城镇数目、行省居民的权利与义务，特别是他们所应缴纳贡赋的品种与数量。

出于加强对地方行省控制的需要，罗马帝国在行省地区修筑了连接大道或干线的许多支线。对罗马人来说，道路把这些被征服的地区与城镇和军事要塞相连接，增加了罗马对这里的征服和控制意义。

4.道路是民众往来的捷径。各色各类的人得益于罗马大道。例如，旅行者、农民和商人等。平坦笔直的罗马大道与乡间小道相比，行走便捷，物流通畅，尤其是有利于山居民众的外出和物产交易。正如有学者所指出

---

① Theodor Mommsen, *A History of Rome under the Emperors*, London and NewYork: Routledge, 1992, p.104.

的那样："罗马从意大利半岛上的拉丁姆平原，到帝国初期扩张到欧亚非三洲的疆域。人口从早期的意大利奥特人到伊特拉斯坎人，进而把地中海四周的居民都变为罗马公民，其主要的'原动力'应该是交通网络的便捷所致。"[1]

5.道路驿站是罗马邮递制度的基础。古罗马的邮递制度采用国营投递办法。骑马投递邮件和公文，并通过反复换马的方法加快速度。这种邮递制度，据说由尤里乌斯·恺撒创设。恺撒在远征高卢时和首都罗马之间需要快速联系，因此想出了这种办法。屋大维当上皇帝之后，将其变成了一种国营制度。罗马道路网络的发达，用来收集情报和传达命令的国营邮递制度也不断发展。邮递马车、运送普通旅客的私人马车和公共马车等，络绎不绝。

考虑到大多数人的需要，每隔一天的行程（大约70公里），[2]在罗马大道上就设有一个设施完善的驿站，拉丁语 mansiones，现代英语中的 mansion（公寓）一词便是由此而来。此外，沿途还有换马站、餐饮店等。

（三）罗马大道有利于促进不同民族对罗马文化的认同

罗马国家建造如此庞大的交通网络有其政治、经济、军事的多重目的。人们基于各种目的的频繁往来，作为交通网络节点的城市应运而生，并且起到了交通驿站的作用。因此，罗马大道建设推动了罗马国家的城市化，有利于促进不同民族对罗马文化的认同。

伴随道路网络建设，罗马人在被征服地区着力推行城市化。现代欧洲的多个城市（当时都是罗马帝国的领地），得益于罗马修通了翻越阿尔卑斯山的多条道路而变成城市的，一直延续至今。这些干道由西向东依次是：

---

① 刘增泉：《罗马人古代旅行世界》，台北：五南图书出版公司，2003年，第218页。

② 从前120年左右开始，罗马共和国著名政治家格拉古兄弟中的弟弟盖约·格拉古起草的《森普罗尼乌斯道路法》正式颁布实施。这部法律被视为世界上最早的公路法。该法规定，所有的罗马大道每隔一罗马里，竖立一根石柱。古罗马的"里"换算成公里数，大约1.485公里。这种里程碑高度大约2米，直径30厘米，上面刻有从道路的起点数第几个里程碑。除此之外，里程碑上还刻到附近的城市的距离、地址编码等信息。

例一：从意大利热那亚沿海越过阿尔卑斯山，到达法国南部的一条大道。这条路直接越过比利牛斯山脉通向西班牙。

例二：从意大利都灵越过阿尔卑斯山，通向罗讷河沿岸的瓦朗斯，然后北上通往里昂的大道。

例三：从位于都灵北部的奥斯塔越过阿尔卑斯山，经过格勒诺布尔，直至高卢中心地带的大道。

例四：自奥斯塔起往北，越过阿尔卑斯山，到达莱芒湖，经日内瓦通往高卢的大道。自莱芒湖继续北上，通往莱茵河上游，通往美因茨、波恩、科隆等地。

总之，当时越过阿尔卑斯山后，单单是向西的干道就有4条之多。因此，高卢这一带罗马帝国的最前线，得益于罗马大道，远在天涯也变通途。

罗马大道沿线的各类城市尽管政治地位互有高下，但都照搬了罗马政治体制，罗马国家派出的行省总督极力拉拢社会关系广泛、号召力强大的地方贵族，总督帮他们获得罗马公民权，让他们接受罗马式教育，使他们逐步融入罗马文化和社会；作为回报，他们帮助罗马官员维护治安和征税，并互相攀比，竞相出资兴修神庙、广场、竞技场、剧院、澡堂、引水渠等罗马式公共建筑。因此，随着帝制的确立，行省城市中的各种公共建筑日益增多。地方贵族如果才能出众，会成为直接被皇帝庇护的人，甚至可能成为皇帝。98年，西班牙人图拉真（Marcus Ulpius Nerva Traianus，98—117年在位）成了第一位来自行省的罗马皇帝。

由此可见，罗马帝国曾经出现的鼎盛局面，得益于其对地方贵族的教化。罗马公民组成的正规军士兵中，那些能够读写拉丁文者往往被分派至行省担任各种行政任务，他们当中不乏能工巧匠。因此，所铺设的道路有助于深刻改变行省的面貌，影响深远。①

具体而言，罗马城市的公共设施虽然由地方贵族出资建造，却是为全

---

① 详见宋立宏：《大帝国与小政府：罗马帝国鼎盛时期的治理》，《光明日报》，2017年1月23日，第14版。

体城市人口的享用而建。居住在城市中的人们，在这些作为罗马统治化身的公共建筑当中穿梭游走，久而久之便产生共同的记忆与想象，萌发了共同的认同意识。当罗马帝国的臣民提及"祖国"（patria）时，这个词总是指他们出生的那座城市；哪怕最终客死异乡，他们仍会在墓志铭上透露自己土生土长的城市。这种纽带不仅仅是一种乡愁，更是对有关公民权法律的反映。奥古斯都就明示，一个人在其家乡城市的公民身份终身有效，应尽的服务也要持续终身；换言之，即使已经成为罗马公民，依然不能因此免除一个人对其出生地的义务。①罗马文化对行省居民的潜移默化的教化作用由此可见一斑。罗马大道网络，促进了罗马文化输出，培养地方精英，成功保持了行省对帝国的忠诚和繁荣。

143年，出身于小亚细亚的古希腊哲学家、当时年仅26岁的阿里斯·艾利斯泰迪斯应邀去罗马参加4月21日举行的建国纪念活动，在罗马当着皇帝安敦尼和元老院议员的面作了一次演讲。他说：

> 对于我这样的希腊人，不，对于其他任何民族来说，现在，要去一个地方旅行，非常自由、安全而且容易。只要是罗马公民权所有者，连证明身份的文件都不再需要申请。不，甚至不一定是罗马公民，只要是生活在罗马帝国统治之下的人们，自由和安全都可以得到保证。②

荷马曾经说过这样的话："地球属于每一个人。"罗马把诗人的这个梦想变成了现实。罗马人测量并记录下了纳入你们保护之下的所有土地，在河流上架设了桥梁，在平原甚至在山区铺设了大道。无论居住在帝国的何处，完善的设施让人们的往来变得异常容易。为了帝国全域的安全，你们建起了防御体系。为了不同人种、不同民族的人们和谐地生活在一起，你们完善了法律。因为这一切，你们罗马人让罗马公民之外的人们懂得了在有序稳定的社会里生活的重要性。③

---

① 详见宋立宏：《大帝国与小政府：罗马帝国鼎盛时期的治理》，《光明日报》，2017年1月23日，第14版。

② ［日］盐野七生：《罗马人的故事10：条条大路通罗马》，韦平和译，北京：中信出版社，2012年，第110页。

③ ［日］盐野七生：《罗马人的故事10：条条大路通罗马》，韦平和译，北京：中信出版社，2012年，第111、319页。

第十三讲 条条大路通罗马与国家治理之道

需要说明的是，尽管依托罗马大道，罗马国家在一段时期内有效实现了依托罗马大道的国家治理举措。但是，进入3世纪以后，罗马发生普遍的社会危机，史称"三世纪危机"①，即便发达的罗马道路交通网络也挽救不了罗马帝国分崩离析直至灭亡的厄运。自前27年算起，罗马帝国早期的和平与繁荣局面只有300年左右②，史称"罗马的和平"。

395年，罗马帝国分裂为东西两大政权中心——东罗马帝国和西罗马帝国。统一的大帝国不复存在。476年西罗马帝国政权在内外交困中彻底瓦解，西罗马帝国灭亡。1453年，东罗马帝国灭亡。

四、罗马大道的是与非

罗马人的道路、桥梁、港口、神庙、会堂、广场、剧场、竞技场、公共浴室、高架渠、邮递驿站等被称为罗马的基础设施，罗马人的基础设施堪称现代基础设施之父。基础设施的英文 infrastructure，这个词是由罗马人使用的拉丁文中表示的"下层""基础"之意的"infra"和表示"结构""修建"之意的"structura"组合而成。英文以外的其他语言也只是发音略有不同而已。③

就道路建设而言，波斯帝国在前5世纪已经开通了一条令古希腊史学家希罗多德惊叹不已的大道——从波斯湾附近的波斯波利斯到地中海的萨尔迪斯的道路，全长2500公里，长度大约是5条阿庇亚大道的总和（阿庇亚大道全长约540公里），沿途也每隔一定距离就建有一个驿站。但是，波斯这样的大道只有一条，并没有形成道路网络。罗马大道却是呈网状的8万公里，罗马大道的特点不在于它的距离，而在于它的网络化。

古往今来，许多学者都在称赞罗马帝国创造的这一伟大成就。古罗马

---

① 从235年开始的50年中，罗马帝国陷入严重的危机，史称"三世纪危机"。

② 五贤帝时代的最后一位皇帝马可·奥勒留（Marcus Aurelius Antoninus Augustus，121年4月26日—180年3月17日）战死沙场，其子康茂德（Lucius Aelius Aurelius Commodus，161年8月31日—192年12月31日，180—192年在位）继位，罗马帝国开始陷入无休止的内乱，内战爆发。

③ 参见［日］盐野七生：《罗马人的故事10：条条大路通罗马》，韦平和译，北京：中信出版社，2012年，序。

时期的地理学家斯特拉波曾说："罗马人为人们提供了道路，而这正是古希腊人所忽略的。"在中世纪，条条大道通罗马成为一句谚语，人们以此来标榜古罗马帝国时期道路的便利。近代以来，也有学者对古罗马帝国时期的道路建设称赞不已，例如，意大利史学家罗慕若·奥古斯都·斯塔齐约里（Romolo August Staccioli）就称赞罗马帝国建立了真正的道路体系，并对之进行了最系统的管理，而且这其中的技术与创新无与伦比。

然而，在美国学者芒福德看来，罗马帝国的道路建设也有诸多不足之处。罗马帝国建立了庞大的道路交通网，这种建设忽略了地形、地貌的影响，遇山开山，遇水架桥，显示出了古罗马人强大的改造自然的能力。芒福德并不觉得这有多么值得称颂。在他看来，这种改造自然的能力，实质上也是一种破坏自然的能力。

至于伴随道路网络的城市化，芒福德同样有话要说，尤其是城市的供水和排水问题。

许多古罗马城市的供水是通过高架渠解决的，这在古代世界实属创举。

高架渠：输水用的人工渠道。古代的波斯、印度、埃及和罗马等国，都曾使用过这种输水渠道。罗马人曾在500年间（前312—226）修建了11条高架渠，把水从92公里以外的地方输送到罗马。一些高架渠至今仍在使用。罗马人的高架渠曾遍及帝国各地。随着帝国政权的解体，供水系统也毁坏殆尽。

芒福德承认，这种工程成就巨大，但同时也指出，这种生活设施使用情况并不理想，时好时坏，效益不高。

事实确实如此，罗马城这11条高架渠每天可向罗马城供应8400万加仑的水，但由于漏水、断水等情况，实际的供应量仅为3800万加仑，而且，高架渠引入还存在市民偷水现象，不利于水资源的合理分配，虽然罗马城建有专门的水利部门进行监督，还拥有专门的奴隶队伍保护水流通道，但效果并不理想。

与供水系统相对应的是排水设施。罗马城工程浩大的排水沟系统建造时间甚至早于高架渠，因为在城市人口猛增之前，井水就能解决市民的用水问题。在芒福德看来，这一庞大的排水工程形同虚设，因为它未能完美地解决排水问题。罗马城的排水沟不与高层住宅二楼以上的厕所相连，甚至根本不与居住拥挤的公寓相连。家中的粪便往往需要倾倒在居民区公共的粪池里，再由掏粪工定期运走。因而，生活用水到户并没有改善家庭的卫生问题。

罗马发达的大道网络不可能挽救罗马走向衰亡的厄运？

罗马帝国的衰亡，并非单一因素所致。但3世纪危机是个转折点，罗马帝国在3世纪以后，遭遇内部的奴隶起义、政治动荡、经济衰败，以及外部的民族大迁徙浪潮的冲击，危机日益严重。罗马大道本身只是帝国统治的衍生物。

有人认为，罗马帝国的衰亡是罗马政府失去了公信力，即便道路系统依旧，公信力已经不复存在。当代学者在分析罗马帝国衰亡原因的时候，延伸出一个概念"塔西佗陷阱"。真的存在吗？

据考证，2007年，中国的美学家潘知常在其著作《谁劫持了我们的美感——潘知常揭秘四大奇书》中，首次使用"塔西佗陷阱"这个概念，由此变成了一个网络评价语。在网络上一些公共事件的讨论中，不少人喜欢用它来阐述政府公信力问题。

实际上这个概念只是一个被当代学者引申、演绎出来的概念。按照网络上流行的说法，所谓的"塔西佗陷阱"，就是当政府丧失公信力后，无论说什么做什么，人们都会认为它是在说假话、做坏事，并将矛头指向政府，并且说，这个词来源于古罗马塔西佗所著历史书中的一段表述。

塔西佗《历史》第1卷中记述了这样的一件事：罗马皇帝尼禄死后，继任的皇帝伽尔巴（Servius Sulpicius Galba，68年6月9日—69年1月15日在位，在位7个月即遭杀害）下令处死了2个将领，其中一个是在阿非利加制造过叛乱的将领克洛狄乌斯·马凯尔（Clodius Macer），另一个是被认为有同样叛乱企图的将领卡皮托（Fonteius Capito）。有些人认为，虽然卡皮托的品行堕落而且有贪婪和纵欲的恶行，但他仍然不曾有过任何要发动叛乱的想法，倒是那些怂恿他发动战争的将领们在他们发现不能说服他的时候，才故意地捏造了他的大逆不道之罪。

当时的罗马人对这两次处决的反应很不好。塔西佗对此有话说："一旦皇帝成了人们憎恨的对象，他做的好事和坏事就同样会引起人们对他的厌恶。"①

塔西佗的原意可能是这样的：人们一旦对皇帝抱有一种固定的负面情感，即使皇帝做了好事，依然会被厌恶。即便如此，这样的认识，很大程度上只是塔西佗个人的主观认识，并非政治必然规律。"塔西佗陷阱"，历史上的塔西佗本人从来没有提过这个陷阱，这个词纯粹是当代学者们的引申。"塔西佗陷阱"等之类的陷阱话语，不宜盲目引用。②

结　语

罗马的历史遗产以罗马法③和罗马大道、高架渠、凯旋门等罗马建筑著称。但是，罗马帝国还是灭亡了，其原因自古以来就是耐人寻味的话题。国家治理，民生为本，应是可借鉴的宝贵历史经验。得民心者得天下。罗马大道、高架渠、凯旋门等惊世建筑，大多是帝王的荣耀和政治精英们的决策，与民心、民意、民生距离甚远。信任是社会发展的基础，政府有效执行公共政策，离不开公众的信任，而不是一味地为自己扬威天下，威震四方。

---

① [古罗马]塔西佗：《历史》，王以铸、崔妙因译，北京：商务印书馆，1981年，第7页。

② 参见《人民日报》2017年12月17日05版《廓清"塔西佗陷阱"的迷雾》。

③ 罗马法是指古代罗马自前753年罗马城建立至5世纪西罗马帝国灭亡时的法律，东罗马帝国则延续使用至1453年。按其产生的时间顺序，可以分为习惯法、《十二铜表法》、公民法(市民法)、万民法、《民法大全》等。作为一种法律体系，几乎整个西方文明及部分东方文明的法律发展都受到罗马法的影响。罗马法构成大多数欧陆国家法典的基础，许多地区的法律制度也由它衍生而来。法国大革命后，拿破仑时期颁布的《民法典》，就是以罗马法为蓝本的。英语国家的法律也吸取了罗马法中的不少因素，如契约、债务和继承制等。英国的《权利法案》、美国的《独立宣言》和1787年宪法、法国的《人权宣言》等，都以罗马法学说为理论基础。西方国家的陪审制度发端于罗马；罗马律师制度是现在世界各国律师制度的初级形式；西方国家的某些司法原则，也起源于罗马法。另外，由于重视对法律条文和以往案例的解释，促使专业法律顾问和专职起诉人出现。罗马法的影响甚至远及亚洲。19世纪末20世纪初日本的民法、中国清末和民国时期的民法，也不同程度地受到罗马法的影响。

第十四讲　古典传承与文艺复兴

文艺复兴是14—16世纪人类文化生活中划时代的一件大事，因为从那个时代开始，西方人重新发现了"人"的尊严、价值和意义，历史书写回归以人为中心的主题。这是一个需要巨人而产生巨人的时代，这样的文化盛世源自古典文化的传承与弘扬，没有古典文化丰厚的历史资源，也就不可能有后来的文艺复兴，文艺复兴本身也被视为古希腊和罗马文化的复兴。

在西方语文中，"古典（classics）"一词源自拉丁文 classicus，其意是"第一流的""最高等级的"，原指罗马五个公民等级中的最高一级。古罗马历史上，曾在王政时代的后期发生塞尔维乌斯·图里乌斯（Servius Tullius，前579—前534）的改革，其改革按财产多寡把罗马拉丁姆地区所有的居民分为5个等级，即10万、7.5万、5万、2.5万、1.25万（一说1.1万）阿司，[①]第5等级以下者称为无产者。

"古典"一词不仅用以指称社会等级，自古传承下来的古希腊和罗马历史文献也被视为传世经典。美国、法国、德国等国的多家出版单位，至今非常重视对古典文化的整理、出版和传播。[②]例如，牛津大学出版社出版的"牛津古典文献"（Oxford Classical Texts）、哈佛大学出版社出版的"洛布古典丛书"（The Loeb Classical Library）、法国的"布袋文库"

---

① 塞尔维乌斯改革是以土地财产来划定公民等级。阿司(aes)是罗马的货币单位。罗马的铸币出现于前3世纪以后，因此，这里以货币单位估价公民财产，应该是后人以货币折算的结果。

② 中国的中华学术外译项目、古籍整理与研究项目等，同样具有传承优秀文化的重要意义。

（Collection Bude）（法语版）、德国的"托伊布那希腊罗马文献丛刊"（Bibliotheca Scriptorum Graecorum et Romanorum Teubneriana）（德语版）等，对学界影响深远。单就"洛布古典丛书"而言，该丛书自1912年开始出版，因美国古典学爱好者、金融家詹姆斯·洛布（James Loeb，1867—1933）的资助而得名，最初由麦克米兰出版社和威廉·海涅曼公司在英、美同时出版。1989年之后，哈佛大学出版社获得该丛书的全部拥有权，成为该丛书在全球的出版者和发行者，"洛布古典丛书"现已成为哈佛大学出版社的标志性出版物之一。此丛书几乎涵盖了全部古希腊文和拉丁文典籍，采用古典语言（古希腊语或拉丁语）与英语译文相对照的体例，使研究者便于查对希腊、拉丁语原文，便携式的装帧设计深得读书人的喜爱，被誉为"绅士们的随身读物"。

"洛布古典丛书"同样是欧美诸多大学图书馆的必备文献和工具书，学习和掌握这些历史文化是有涵养的西方人必不可少的精神食粮，甚至有学者认为，一部西方文明史都是古典历史（classical antiquity、medieval、classical later）。在中国，商务印书馆出版的"汉译世界学术名著丛书"中的诸多卷目译自"洛布古典丛书"的英文版本，国内有的学者也仿照"洛布古典丛书"的体例，出版了直接译自希腊、拉丁语原文的汉语译文与原文对照本，如"日知古典丛书"（东北师范大学古典文明研究所张强教授等主持的项目）等。

诚然，古典文化是欧美文化的基石，古典文化对欧洲的觉醒和思想解放有着不可替代的启蒙作用。古典文化的重要遗产，诸如理性主义、人文主义、民主与法制思想、古典艺术准则等，奠定了当今欧美文化的基础。苏格兰裔美国古典学家、美国哥伦比亚大学拉丁语和希腊语系主任吉尔伯特·海厄特（Gilbert Highet，1906—1978）这样写道：

当西方文明开始复兴和重塑自身的时候，它很大程度上依靠了重新发现被掩埋的希腊和罗马文化。……在政治上，我们可以看到民主如何诞生，希腊人如何探究其核心的力量和缺陷，民主理念如何为罗马共和国所接受并在近代社会的民主宪法中复兴，以及我们关于公民权利和义务的观点在多大程度上直接来自希腊和罗马的思想。在法律上，我们很容易看到英美、法国、荷兰、西班牙、意大利、拉美国家以及天主教会的法律体系的核心支柱是由罗马人开凿的。……在哲学和宗教、语言和抽象科学，以及美术上——特别是建筑和雕塑——同样可以明显地看出，我们的文字、工艺和思想中许多最好的东西脱胎于希腊和罗马人的创造。这没有什么可耻的。相反，无视和淡忘这点才是可耻的。与人类的生活一样，对文明而言，现在是过去的孩子。只不过在精神生活中，我们可以选择最好的作为自己的祖先。[①]

这里主要谈三个问题：西方古典文化的存续形态；西方古典文化的传承方式；文化消费与文艺复兴。

一、古典文化的存续形态

大致说来，始自公元前2000年至公元500年之间的希腊和罗马文明及其影响所及的历史，皆可以纳入西方古典文化的范畴。西方古典文化资源主要是以实物遗迹（自然遗迹和建筑遗迹）和文本资料等基本的物化形态存续于世。[②]

（一）实物遗迹（自然遗迹和建筑遗迹）

自然遗迹主要是源自自然崇拜的鸟、鱼、兽、圣石、圣树等。古希腊和罗马神话中有许多花草、树木等植物名称源自神话。[③]以下列举几例：

柏树（The Cypress），得名于太阳神阿波罗所钟情的亚洲王子西帕瑞索斯（Cyparissus）。有一天，西帕瑞索斯误杀了自己心爱的牡鹿，因而痛不欲生，不想活了，奄奄一息。在他生命的最后一刻，阿波罗赶来将他变成

---

① ［美］吉尔伯特·海厄特：《古典传统》，王晨译，北京：北京联合出版公司，2015年，第2页。

② 参见：Charles W. Hendrick, Jr. *Ancient History: Monuments and Documents.* Blackwell, 2006.

③ 此处主要参考文献有舒伟：《希腊罗马神话的文化鉴赏》，北京：光明日报出版社，2010年；［德］奥托·泽曼：《希腊罗马神话》，上海：上海人民出版社，2005年；王以欣：《神话与历史：古希腊英雄故事的历史和文化内涵》，北京：商务印书馆，2006年。

了一棵长青的柏树。这就是象征哀思和哀悼的柏树的由来。

紫色的向日花（The Heliotrope），得名于阿波罗的恋人克里蒂尔（Clytia）的痴情行为。虽然移情别恋的阿波罗抛弃了克里蒂尔，但克里蒂尔痴情不改，抬头遥望天空，时刻追随太阳的身影，直到她成为地上的植物之后仍然朝向太阳。

水仙花（Narcissus），得名于美少年纳西索斯。他本是河神克菲索斯和水中仙女勒利奥佩所生之子，长大后非常英俊。然而，纳西索斯不解风情，对众多倾慕他的美少女冷若冰霜。钟情于纳西索斯的仙女艾科（Echo）整日思恋，憔悴不堪，祈求爱与美之神阿芙洛狄忒惩罚这个无情的美少年。艾科的请求得到爱与美之神的回应，结果，美少年竟然爱上了自己在水中的倒影，继而不思茶饭，自恋过度，难以自拔，最终投入湖中寻找自己的倒影。仙女们闻声赶来，却找不到他的尸体，最终在湖边发现一朵盛开的水仙花。心理学上的自恋情结（narcissus complex）同样源自这一神话。

紫蓝色的风信子（Hyacinth），得名于古代斯巴达王子赫尔辛斯（Hyacinthus）。赫尔辛斯是个美男子，同时受到太阳神阿波罗和西风之神泽菲拉斯（Zephyrus）的眷爱。西风之神认为王子赫尔辛斯偏爱太阳神，非常不满。有一次，当阿波罗手把手地教王子投掷铁饼的时候，西风之神乘机猛力一吹，把铁饼吹向了王子的脑袋，使王子当场倒在血泊之中。而在王子鲜血染地的地方，神奇地长出了一朵朵淡紫色的小花。后来，这些小花就以王子的名字命名为风信子。

翠鸟（Halcyon），得名于希腊神话中的王后海尔塞尼（Halcyone）。相传海尔塞尼是风神艾俄罗斯（Aeolus）的女儿，她与丈夫柯宇克斯（Ceyx）非常相爱。有一天，夫妻俩把自己比作宙斯和赫拉夫妇，结果使宙斯大怒，决定惩罚他们俩。不久，柯宇克斯死于一场海难，王后悲痛欲绝，随即投海自尽。结果，大海中的海尔塞尼变成了一只具有神力的鸟儿，可以平息海上的风浪。于是，人们就把这只鸟叫做翠鸟。寓意"平静""太平"。

此外，还有月桂树（达芙妮）、葡萄树等这些自然物皆与古老神话相关，并以神话的传奇故事形态（阿波罗与达芙妮的故事、酒神节传说）融入古典传统文化之中，成为传承西方古典文化的自然物。

建筑遗迹主要是城市建筑遗址，诸如城市建筑遗迹、市政广场"阿果拉"（agora）、公民大会会场、议事会厅、柱廊等市政性建筑，圣庙和祭坛等宗教性建筑，剧场、音乐厅（odeion）、健身房（gymnasium）、摔跤场（palaestar）、田径场（stadium）等文体性建筑，以及其他建筑遗迹，诸如室内外装饰、纪念碑、坟墓等。①例如，雅典卫城（Acropolis）遗迹是希腊最著名的古建筑群，为宗教政治的中心地。雅典卫城面积约有4平方千米，位于雅典市中心的卫城山丘上，始建于前580年。卫城中最早的建筑是雅典娜神庙和其他宗教建筑。庞贝（Pompeii）古城遗迹②的庞贝古城，位于意大利那不勒斯海湾。79年8月24日，维苏威火山爆发，数个罗马城市被毁，庞贝城是其中最著名的一个。

（二）文本与图像资料

主要是考古报告、铭文资料、纸草文献、钱币资料、历史著作、哲学著作、法学著作、演说集、言论集、神话故事作品、诗歌作品、散文作品、戏剧作品等。

例如，古希腊和罗马文明的遗迹分布于地中海及其周边地区。近代以来的一系列考古发掘成果都以考古报告的形式公布于众。19世纪末20世纪初，德国考古学家施里曼（Heinrich Schliemann）和英国考古学家伊文思（Arthur Evans）的考古发掘便是例证。施里曼发掘特洛伊遗迹、迈锡尼遗迹、泰林斯遗迹。伊文思发掘克里特岛克诺索斯遗迹（米诺斯王宫）等。此外，还有罗马庞贝古城的持续发掘和报告等。③历经数百年的发掘和整

---

① 参见解光云：《古典时期雅典城市的文体性公共空间与竞技活动》，《上海体育学院学报》2005年第6期，第14—16、28页。

② 庞贝古城与历史人物庞培不要混淆。历史人物格涅乌斯·庞培（前106—前48），罗马共和国末期著名的军事家和政治家，前三头政治人物之一。庞贝古城始建于前6世纪。

③ 施里曼发掘特洛伊遗迹、迈锡尼遗迹、泰林斯遗迹，伊文思发掘克里特岛的克诺索斯遗迹（米诺斯王宫）。有关庞贝古城的发掘，参见《庞贝的生活与艺术》（A.Mau, Pompeii, *Its life and Art*.F.W. Kelsey trans., London, rev.ed., 1907）；《庞贝的世界》（John J. Dobbins, and Pendar W.Foss (eds), *The World of Pompeii*, Routledge, 2007）。

理研究，出版了大量与其遗迹相关的报告、著作等等。如今所见的出版物《庞贝的生活和艺术》（A. Mau, Pompeii: *Its life and Art*. F. W. Kelsey trans., London, rev. ed., 1907），《庞贝的世界》（John J. Dobbins, and Pendar W. Foss (eds), *The World of Pompeii*, Routledge, 2007）等，无疑也得益于考古发掘。

其他的还有铭文资料、纸草文献、钱币资料、历史著作、哲学著作、法学著作、演说集、言论集、神话故事作品、诗歌作品、散文作品、戏剧作品等，不计其数，单单是"洛布古典丛书"，已经出版了500多种，内容涵盖历史、哲学、演说、诗歌、散文等等。

二、古典文化的传承方式

西方历史中有个名为"中世纪"的阶段，通常被称作"黑暗的中世纪"，这主要是指基督教一统天下的西欧封建时代，教会垄断了一切文化，一切服务或服从于罗马教会。

4世纪（313年，米兰敕令），基督教成为罗马帝国的国教。罗马帝国境内的基督教大致形成四大教区：以帝国西部的罗马为中心的教区，东部的三大教区——以君士坦丁堡为中心的教区、以耶路撒冷为中心的教区、以亚历山大里亚为中心的教区。因此，西部地区只有一个教区，即罗马教区或罗马教会。在中世纪欧洲，尽管基督教的修道院等一定程度上保留和借鉴了西方古典哲学，但是，从全局意义上看，古代希腊和罗马文化的人文精神、理性思想和人文艺术准则等世俗文化被禁止公开传播。那么，为何时隔上千年之后，仍然会有复兴古典文化的文艺复兴运动呢？古典文化遗产是如何深入人心，历经千古而没有迷失呢？这与古希腊罗马文明时代面向大众的文化传承所奠定的社会基础密不可分。

西方古典文化主要是通过宗教节庆、竞技赛会、戏剧演艺、著作出版、公民教育、公众演说、社交饮宴与洗浴等方式，面向大众进行传承和发展。

宗教节庆：古希腊和罗马有很多宗教节庆。古希腊的德尔斐、雅典的卫城和罗马的万神殿广场都是重要的宗教节庆中心。据统计，古希腊的公共宗教节日约有300个以上，主要节庆有泛雅典娜节、狄奥尼索斯节和厄琉息斯秘仪（Eleusinian Mysteries，祭地母的节庆）等。

竞技赛会：竞技比赛包括赛马、赛战车、徒步竞走、角力、跑步、投掷等体育竞技，以及歌唱、舞蹈、朗诵、音乐、雕刻、绘画等艺术赛会和展演活动。古希腊世界最为著名的四大赛会奥林匹亚竞技会、尼密阿竞技会、地峡竞技会、皮提翁竞技会，以及罗马的角斗竞技，堪称竞技赛会的典型。

在奥林匹亚举行的敬贺奥林匹亚宙斯神的奥林匹亚竞技会（Olympic Games）、在德尔斐举行的敬贺阿婆罗神的皮提翁竞技会（Pythian Games）、在科林斯地峡举行的敬贺波赛冬神的地峡竞技会（Isthmian Games）和在阿果利斯举行的敬贺尼密阿圣地宙斯神的尼密阿竞技会（Nemean Games）。这些竞技会在4年一个循环期内依次举行，其次序大致是：奥林匹亚竞技会、尼密阿竞技会、地峡竞技会、皮提翁竞技会。

奥林匹亚竞技会首创于前776年。每隔4年举行一次。这个周期，后来被称为4周年期（Olympiad），起初，竞技会仅一天时间，竞技项目也只有跑步和摔跤。后来增加了赛马、赛战车、跳高、拳击等比赛。竞技会的会期也改为5天。获胜者的奖品为橄榄树叶编织的花冠。

古罗马的角斗竞技，有人与人的角斗竞技，也有人与兽的竞技。罗马圆形竞技场（斗兽场）位于今天的意大利罗马市中心，是古罗马时期最大的圆形角斗场，建于72年至82年间，由4万名战俘用8年时间建造起来，现仅存遗迹。

戏剧演艺：利用戏剧节组织的戏剧赛会。雅典于每次公共节日都有新的剧目上演。例如，在狄奥尼索斯节的祭庆日子里，连续5天的欢庆，主要是进行戏剧演艺比赛。狄奥尼索斯节在很大程度上是随戏剧演艺而从雅典传布希腊各地的。戏剧演艺的剧目有悲剧和喜剧。古希腊和罗马有很多剧场遗迹。

公民教育：教育是古希腊和罗马公民应有的权利。雅典人认为："一切公民都要受到同样的教育，而关心这种教育应是国家的本分。"亚里士多德更是把文化教育看作是构建城邦的质的要素，认为：组成每一城邦的因素，有质也有量。所谓"质"是指自由身份、财富、文化和门望；所谓"量"是指人数的多少。教育内容主要有书写、音乐和体育3项课程。男女教育内容基本相同，女子教育更侧重于在家里由母亲授以家务劳动技能。

阅读、书写、算术和文学课程由文法教师教授。古典文学作品（荷马史诗、西塞罗的作品等等）常被用以吟诵和默记，进行道德修炼。音乐和抒情诗由七弦琴演奏者（lyre player）传授。体育课程由专门的体训师传授。面向公民的"学园教育"（School of learning）是常见的教育形式。例如，古希腊著名的有伊索克拉特创建的修辞与哲学学园、柏拉图创建的阿卡德米亚学园、亚里士多德创建的吕库姆学园。至于公众演说、社交饮宴与洗浴，更是生活中的常态。公民大会、陪审法庭、元老院议事等，经常有演说（执政者的施政演说、法庭上的庭审演说、不同意见的辩论演说等）。

总之，宗教节庆、戏剧演艺、竞技比赛和各类教育等，皆是以大众为主体的文化传承活动，也是对民众的文化教化（culture humanization）过程，使得公众对戏剧、雕刻、建筑、诗歌、论辩演说等古典文化的认知、理解、接纳和传扬，有了广泛的社会基础，古代哲学家、智者或知识分子等文化精英阶层的创造性文化遗产，逐渐转化为大众的常识和修养，从而使民众的心灵与智慧持续地受到古典文化的感化与启发。因此，这些面向大众的古典文化传承活动，使人们逐渐获得的是一种集体的文化认同感和家园般的精神归属感。

三、文化消费与文艺复兴

经济学界将消费分为物质消费（或物质生活消费）和文化消费（或文化生活消费）。物质消费是指人类最基本的、最直接的消费，包括衣食住行等物品的消费。文化消费是在生产力不断发展，人们的物质生活不断富裕的基础上，满足文化生活需求的消费。借用经济学的术语和概念，旨在解答一个问题：文化消费与文艺复兴的关系。

众所周知，文艺复兴是一次思想解放运动，是人的意识觉醒和实践行为。文艺复兴最早产生于意大利。那么，什么样的人最先在意大利觉醒了呢？是意大利的市民阶级。何为市民阶级？市民阶级是早期资产阶级，主要从事工商业活动。意大利较早发生文艺复兴的几个城市，诸如佛罗伦萨、威尼斯、热那亚等都是工商业发达之地，威尼斯的商人在中世纪后期称雄地中海贸易区达300年之久。佛罗伦萨是西欧最早形成资本主义生产关系的地区。16世纪，西欧三大货币经营资本——巴尔迪家族、佩鲁兹家族和阿齐乌里家族皆在佛罗伦萨。随着城市工商业的迅速繁荣，意大利市民阶级日益壮大，成为一股独立主宰意大利政治舞台的社会力量，尤其是在工商业比较发达的城市，市民阶级通过武装斗争或金钱赎买，基本上掌握了城市国家政权。典型的事例是，1293年佛罗伦萨工商业者联合推翻封建贵族统治，取得对佛罗伦萨城市共和国的统治。

在市民阶级经济与政治地位不断提升的同时，市民阶级的文化意识逐渐觉醒，他们迫切需要一种不同于封建传统的文化思想来肯定本阶级的政治地位和经济活动，于是，市民阶级努力构建起符合时代和本阶级利益的新文化。这一系列举措，在此概括为"市民阶级的文化消费"。[①]

（一）发展大学和城市学校的世俗教育

市民阶级频繁的工商贸易需要多方面的知识人才和职能机构，处理商品的产供销等具体事务。只有具备一定文化和技术的人，才能更好地适应社会经济生活。在这种社会需求的驱使下，各类学校应运而生。

12世纪，意大利出现了欧洲最早的大学，如萨莱诺医科学校（后来成为欧洲最早的医科大学）和波伦那大学（欧洲第一所正式大学）。13—14世纪，意大利共有大学18所，为西欧各国之最。几乎与大学兴起同步，在意大利的众多城市又兴起了手工业者联合会所创办的学校和商人联合会所创办的学校，二者合称城市学校，由市政机关统一管理。城市当局决定学费金额、选聘教师并支付教师工资。罗马、威尼斯、帕多瓦、佛罗伦萨等城市都曾拨出一笔资金长期或临时聘请古典语言教师。

---

① 详见解光云：《意大利文艺复兴最早发生的原因》，《史学月刊》1998年第2期。

（二）吸纳古典文化

市民阶级对古典文化的吸纳，突出表现为对古典书稿的索购、翻译与研读。11世纪，意大利的一位商人（伦巴底人）花了2000索利德金币，用以求学和购置书籍。1185年，诺曼人攻克希腊港口城市萨洛尼卡，卖了许多书籍给意大利人，意大利人所购置的希腊书稿数以船计。1204年，十字军攻占君士坦丁堡时，侵略者意识到公共和私立图书馆书籍的价值所在，便与对此饶有兴趣的意大利人进行手稿贸易。威尼斯不少商船从拜占庭返航时，常常带回许多古籍和抄本。

市民阶级正是通过索购古典书籍和手稿，进而翻译与研读古典文化遗产，在古典文化中汲取与现实生活密切关联的各种文化因子。例如，1128年，威尼斯翻译出版了亚里士多德"新逻辑"的四部基础著作《前分析篇》《后分析篇》《正位篇》《诡辩驳斥篇》，以及希腊医学著作《希波克拉底誓词》和希腊神学等。

很多人受益于市民阶级的文化消费行为，研读古典文化而成为流芳百世的历史名人。例如，但丁是著名的古希腊文和拉丁文爱好者，其名作《神曲》就是仿照古希腊文名作《荷马史诗》写成的。彼特拉克曾向来访意大利的拜占庭人学习希腊文，1339年，他开始向来访的东罗马帝国密使、拜占庭僧侣巴拉姆（Barlaam）学习希腊文。1360年，彼特拉克的朋友薄伽丘推荐巴拉姆的一位学生莱昂提乌斯·皮拉图斯（Leontius Pilatus）出任佛罗伦萨的希腊语教授，此后很长一段时间，佛罗伦萨一直是希腊文传播中心。得益于莱昂提乌斯等来自拜占庭的希腊语、拉丁语教师的帮助，薄伽丘第一次将《荷马史诗》完全翻译成拉丁文。后来，更多的拜占庭使者延续了在意大利教授希腊语的工作。正是如此好学，但丁、彼特拉克、薄伽丘等成为著名的古典学者和诗人，并称意大利文艺复兴时期的"文学三杰"。但丁的《神曲》以意大利语写成（拉丁语属于意大利语族），《地狱》《炼狱》《天堂》三部作品受到古罗马诗人维吉尔、贺拉斯、奥维德作品的影响。但丁是现代意大利语的奠基人。

恩格斯在《共产党宣言》中评价说：

封建的中世纪的终结和现代资本主义纪元的开端，是以一位大人物为标志的。这位人物就是意大利人但丁，他是中世纪的最后一位诗人，同时又是新时代的最初一位诗人。①

薄伽丘的《十日谈》、彼特拉克仿照古罗马诗人维吉尔所作的史诗《埃涅忒》，以及用拉丁文写成的《阿非利加》史诗等，皆成为传播古典文化的经典作品。这些文化人的成就奠定了意大利人研究古典文献和创造新文化的基础。

文艺复兴时期的俗语作家们热切地模仿各种新发现的句子和段落结构、诗律格式、意象和修辞方法，就像同时期的拉丁语作家用拉丁语所做的那样，他们也用近代语言模仿和改变上述写作技巧。正是这些工作真正促生了前文艺复兴和后文艺复兴文学的分水岭。②

不仅如此，市民阶级还善于学习东方古典文化。诸如阿拉伯的天文学和医学，中国的造纸术和印刷术等。文艺复兴运动，也是造纸术和印刷术的跨文化交流与发展。③

因此，西方向近代转型中的市民阶级文化消费现象，不能简单地归结为装潢门面和附庸风雅的虚荣心态所致。"中世纪的许多进步体现在教育上，其首要标志之一是对古典思想、语言和文学理解的扩展和深入。"④

（三）复兴罗马法

当西欧其他国家和地区的城市，尚以封建领主颁授的"特许状"来维护城市的权利时，意大利城市，尤其是获得充分自治权而建立城市共和国的城市，已经借鉴罗马法制定了较为完备的城市法、商法和海商法，复兴

---

① "致意大利读者"，《共产党宣言》1893年意大利文版序言，详见《马克思恩格斯全集》第22卷，北京：人民出版社，2006年，第430页。

② [美]吉尔伯特·海厄特：《古典传统》，王晨译，北京：北京联合出版公司，2015年，第14页。

③ 参见[美]伊丽莎白·爱森斯坦（Elizabeth Lewisohn Eisenstein）：《作为变革动因的印刷机：早期近代欧洲的传播与文化变革》，何道宽译，北京：北京大学出版社，2010年；[加]马歇尔·麦克卢汉（Marshall McLuhan）：《古登堡星汉璀璨：印刷文明的诞生》，杨晨光译，北京：北京理工大学出版社，2014年。

④ [美]吉尔伯特·海厄特：《古典传统》，王晨译，北京：北京联合出版社，2015年，第8页。

了古典法制思想与理性精神。

市民阶级所有制进一步的历史发展，只能是而且事实上也正是变成纯粹的私有制。这种改变理应在罗马法中找到强大的助力……在罗马法中，凡是中世纪后期市民阶级还在不自觉地追求的东西，都已经有了现成的了。[①]

在复兴罗马法的过程中形成一个新的法学家阶层——市民阶级的法学家（也称为注释法学派），"这批新的法学家实质上属于市民等级；而且，他们本身所学的、所教的和所应用的法律，按其性质来说实质上也是反封建的，在某些方面还是市民阶级的"[②]。这批新法学家们积极传播罗马法，对于了解和掌握罗马法内容及其精神十分重要。正是得益于法学家们的贡献，罗马法才真正广为人知。人们从罗马法中找到了人的权益和价值。以此为中心，文学、哲学等不同领域逐渐以人为中心，从不同角度来宣传人的学说和思想，人文主义逐渐形成。

所以说，没有市民阶级法学家的形成以及他们对复兴罗马法的贡献，就没有罗马法的流传和人文主义的产生。新法学家对于西欧向近代的转型意义重大。

（四）活跃文化市场

市民阶级通过生产商品书籍、举办书市和文艺沙龙及节日庆典活动等活跃文化市场。

12世纪以前，欧洲人还不会造纸，文字都写在羊皮纸或古器、木板上。由于纸张缺乏，书写艰难，因此书价昂贵，人们的购买力相对低下，书籍销售市场狭小。除了意大利以外，商品书籍的生产在其他地区很少存在。意大利的经济优势在此得以充分展现。罗马、佛罗伦萨、波伦那等地是商品书籍的重要产地，佛罗伦萨因为印制出附有插图的图书而闻名遐迩。维吉尔的著作及《荷马史诗》《亚里士多德全集》《柏拉图全集》等皆被意大利人刊印行销。

①《马克思恩格斯全集》第21卷,北京:人民出版社,1972年,第454页。
②《马克思恩格斯全集》第21卷,北京:人民出版社,1972年,第454页。

第十四讲 古典传承与文艺复兴

随着书籍商品化的发展，一些城市便出现专门交易书籍的街坊——书市或书巷。佛罗伦萨的书巷是书商云集之所，在此交易的除佛罗伦萨书商外，尚有威尼斯、罗马、热那亚、波伦那等地的书商，交易品大多是古典文稿和珍本。

此外，意大利城市尤其是北意大利的佛罗伦萨等地，还出现了有助于各行各业和不同文化背景的人进行交流的文艺沙龙及节日庆典活动。这种文化交流以大众化、通俗化的具体形式，将丰富而深刻的文化内涵直观地、大众化地加以呈现和表达，成为意大利人从守旧的传统世界逐渐转向以人为中心的新时代的文化拐点。

结　语

通过上述文化传承和文化消费，意大利市民阶级将存续的古典文化资源优势转变为文化发展优势，在意大利最先培育出一批通晓"人文学科"的新文化人才，这些人在文学、史学、哲学、法学、医学、艺术等领域多有建树，继而成为文艺复兴运动的发动者、组织者、领导者或参与者，由此孕育出市民阶级特有的、与天主教神学思想基本对立的人文主义思想，引领西欧向近代社会转型。

西方古典文化传承的事例说明，古典文化传承既需要文化精英阶层的创造和贡献，更需要面向大众的文化受众取向和普及过程。文化传承很大程度上是民众对文化的认知、理解和传播。优秀文化传承的过度商业化和等级化不利于文化的传承和复兴。

第十五讲 西方古典文明的当代审视

一、城市与乡村：比较视域下的中西文明变迁

西方世界自登上文明舞台以来，城市，包括城市工商业、市民以及因工商业发展而孕育产生的资产阶级，皆是其文明革新的酵母，同时，城市也是现代西方文明陷入困境的重心区域。

相对而言，中华文明自产生以来，乡村，包括农村、农业、农民，则是中华文明历史盛期的根基，同时，乡村也是现代中国社会问题的关键所在。现时代中华文明的伟大复兴，关键在于乡村的崛起和振兴。

（一）城市：西方文明变迁的酵母

古希腊罗马文明通常被视为西方文明之源。从古希腊罗马文明开始，西方文明变迁的动力在城市。

其一，城市是西方古代文明堪称"古典"的基石。

众所周知，古希腊罗马人步入文明时代是以"城邦"的形态表现出来的。作为古代世界的一种国家形态，城邦与此前产生于古代埃及、古代两河流域、古代印度和古代中国的国家不太一样。城邦这种国家形态，不仅有国家机器（军队、法庭、官职等），更为重要的是具有古代东方世界的国家所没有的组织结构"公民集体"。这种公民集体的运作，具有这样几

个特点：

就经济领域而言，城邦始终保护公民个人私有财产的平等占有。

就行政领域而言，城邦始终存在体现公民权利意志的公民大会。

就司法领域而言，城邦始终存在保护公民利益的陪审法庭和相关的监督机构（如雅典的贝壳放逐法、斯巴达的监察官、罗马的监察官等）。

就军事兵役制度而言，在城邦衰败之前，全民皆兵，不存在雇佣性质的雇佣兵。全体公民自备武器装备组成的公民兵，体现的是公民军事权利与义务的统一。

值得注意的是，城邦文明的基础是城市，是以城市为中心的文明形态。一城一邦，体现公民集体权益的国家机构，基本上设置在城市。在古希腊罗马的文明遗址中，绝大多数是城市遗址，以及位于城市的公共建筑，如广场、柱廊、会场、剧场、浴场等等。这也是现代人游览西方文明的魅力所在。观赏西方的古文明，主要是城市遗址及其文明成就。所以，没有城市，就没有古代西方的文明。至于斯巴达城邦没有城市，只是个例。

在欧美学界看来，这种以城市为中心的城邦文明，不仅是古代文明发展的典范，也是欧美现代文明之源。所以，西方的话语中常常以"古典文明"特指古希腊罗马文明。"古典"（classic）一词意为"一流的""杰出的""第一的"。

其二，城市自治是西方向近代转型的原动力。

古希腊罗马文明在日耳曼人等游牧部族的迁徙入侵下衰亡，西方文明由此进入所谓的"黑暗的中世纪"阶段。同一时代，以古老的中华文明为代表的东亚文明一直遥遥领先于西方文明。

但是，西方文明却最先完成向近代文明的转型，并且在近代文明中趋于强势。个中缘由十分复杂。这里只想探讨，是什么力量最先在西方产生并成功推动了西方文明在向近代转型中实现华丽转身？不可否认，城市自治是西方文明向近代转型的原动力。

众所周知，在前工业时代，中、西方都是农本社会，但是，西方处在农本社会的中后期，具体而言，大约在1世纪至12世纪，西方社会普遍出现城市自治运动。通过金钱赎买、武装斗争或二者兼而有之等各种形式的斗争，西欧各国中等（人口约2000人以上）以上城市，一般都取得了不同程度的自治权。这种自治权往往由国王或领主颁给城市"特许状"予以肯定。自治权最充分的城市，组建完全独立的城市共和国，主要出现于意大利北部。如威尼斯、热那亚、佛罗伦萨等。这些城市共和国在内政外交上完全独立，与一般国家没有什么不同。

尽管各类城市自主的程度不同，但是，城市居民（工商业者，或者叫市民）基本上成为自由人，享有属于人的基本权利（身份自由、婚姻自由、财产自由处置、经营自由等），因而，对于城市工商业的进一步发展，提供了比较有利的条件。

由于城市获得不同程度的自治权，农本社会的西欧，最先出现了以自治城市为支点的国际贸易网络，突出的表现是在西欧的南方和北方，分别形成两大国际性海上贸易区——地中海贸易区与北海、波罗的海贸易区，以及连接这些海上贸易区的国际性市集（fair）。历史上有名的"汉萨同盟"①"香槟市集"②就是这一时代的产物。

随着国际贸易的扩展，西欧商品经济进一步活跃，并推动西方文明由农本向重商的转变。而商品经济的充分发展恰恰是资本主义生产关系孕育和发展的必要前提。正是得益于商品经济的充分发展，资本主义生产关系最先在地中海沿岸城市孕育产生。资本主义生产关系的产生和发展，进一步推动西方由农本向重商的转变。

这种转变，一方面表现为西方国家逐渐以重商的理论和政策作为立国之本，大量积累货币资本。寻求以白银、黄金为主的货币资本，有力推动

①汉萨同盟是14至17世纪，以德国北部城市为主的北欧城市结成的商业、政治同盟，其前身是日耳曼商人的两个地区性商会，即莱茵地区商会和波罗的海地区商会。"汉萨"（Hansa或Hanse）一词，德文意为"公所"或"会馆"，即商人公会。1367年正式成立时，参加的城市有70多个，最多的时候超过160个。该同盟拥有武装和金库。新航路开辟后衰落。1669年解体。

②香槟市集：中世纪在法国香槟伯爵管辖区内形成的市集。香槟位于德国、尼德兰和法国的连接处，是几条重要商业河道的交汇区。西欧各国商人都定期在这里进行贸易。市集每年1月到10月在拉尼、巴尔、普洛温、特鲁瓦四个相距不远的小市镇相继举行，每次16至20天。交易品有意大利商人运来的东方香料，法国商人的呢绒和葡萄酒，佛兰德尔和英国商人的羊毛、高级呢绒，德国商人的毛皮等。12至13世纪非常繁荣，在西欧经济发展中起过巨大作用。14世纪，由于法国封建王权的干预和英法百年战争的破坏而衰落。

了葡萄牙、西班牙、荷兰、英国、法国等纷纷走上海外探险和殖民掠夺之路。这就是所谓的资本原始积累时代的"早期殖民掠夺"。

另一方面表现为传统思想和信仰体系的变革。伴随着资本主义经济力量的兴起，早期资产阶级（市民阶级）逐渐寻求与经济力量相匹配的法律与政治地位。于是，在长期寻求过程中发现了以罗马法为代表的西方古典文明中的人文价值，这种人文价值的核心就是自然法精神，也就是人，作为生命体，具有天赋的、不可让渡的权利：自由、财产、安全和反抗压迫。由此，"人的力量""人的权利""人的价值"等以人为中心的思想和理论被越来越多的西方人所发现、所认同和接受，"人文主义"思潮由此成为引领时代的指导思想。所以，人文主义的产生有一个重要的前提，就是城市中从事工商业活动的市民阶级对罗马法的复兴。

纵观上述分析，无论是经济转型还是文化思想转型，西欧向近代社会转型的原动力都来自城市自治。

其三，工业革命与城市化：科学技术在西方城市的对接。

资本主义生产关系率先在欧亚大陆西端产生之后，不断追求利润的动力，极大地推动了人类竭尽智慧去发明、创造，努力改进制造业的生产环节和工艺，不断提高速度和扩大产量。由此引发工业技术不断推陈出新。这种技术创新和发展的累积效应，形成历史上的"工业革命"。英国在近代之初的制造业中发明和使用的技术手段最快、最多，从而依靠领先的工业技术最终成为"近代世界的工厂"。

值得注意的是，英国工业革命（18世纪60年代）之后，西方各国开始从以农业为主的传统乡村社会转向以工商业和服务业为主的现代城市社会。而西方文明的现代化之初，基本上是仿照英国的工业化、城市化之路。

在西方人看来，所谓的现代化，其核心是工业化、城市化。现代文明，就是城市文明。而且，西方知识界还不遗余力地将工业化、现代化等核心价值理论，通过各种途径影响非西方世界的国家或地区。受此影响，工业化、城市化成为近代以来世界瞩目的热词。

实际上，西方的城市化就是工业革命的技术成就在西方城市的对接。

工业革命的技术成就，使得最先掌握蒸汽机、电话、电报、汽车、轮船、飞机等技术成就的西方人，可以在尽可能远离乡村的范围内探求人类的生存与发展空间。越来越多的人依靠工业技术所提供的便利积聚城市，其直接的结果就是小城市、大城市、特大城市、城市带、城市圈、城市群等纷纷兴起。

因此，从这个意义上说，城市化是工业革命的直接产物，城市化是工业技术在西方城市对接的过程。这种对接，不言而喻，有其积极的一面，如流动更便捷、生产更高效等，但其弊端也越来越明显、越来越多、越来越复杂。典型的问题就是城市问题或城市病产生。

其四，城市问题：现代西方文明的困境。

随着城市规模的日益扩大，西方文明在近代以来首先遭遇文明的困境——四大城市问题（顽症）。世界上凡是学习西方城市化模式的国家，基本上也是被这些城市问题所困扰。

1. 人口膨胀。汇聚工业技术优势的大、中、小城市，对人口具有强大的吸附力和集聚力，人口的快速集聚既成为各大城市发展的重要动因，也引发一系列难以解决的矛盾，即环境污染、就业困难、治安恶化等城市病。例如，19世纪末前后，英国城市人口急剧膨胀，造成住房短缺，贫民窟比比皆是；公共卫生设施奇缺，空气及水源污染严重，环境恶劣；就业竞争激烈，工人处境艰难；犯罪率居高不下；等等。

2. 交通拥堵。在伦敦，由于市中心汇聚的政府机关、金融机构以及企业和娱乐场所过多，每天在高峰时段有超过100万人和4万辆机动车进出中心城区，造成伦敦市中心区域严重交通堵塞，平均车速只有14.3公里每小时，成为全英国最为拥挤的市区。

3. 资源短缺。大量的人口积聚城市，造成城市土地资源、水电气煤资源等严重短缺。据联合国有关机构预测，未来不论是发展中国家还是发达国家的大中型城市，包括北京、上海、洛杉矶、开罗、圣保罗、墨西哥城、新加坡等都将面临严重的水荒。此外，土地资源紧缺也是困扰西方文明的顽症之一。像东京、纽约、伦敦等大都市都出现了较为严重的土地紧张问题。不过，西方城市土地资源紧缺问题的解决方案，更多的是寻求立体建筑规划（摩天大楼）和太空发展规划。至少从媒体上很少看见牺牲乡村土地来拓展城市空间的报道。

也许为了解决这些城市顽症，西方人仍旧认为资本的力量无限，并梦想着像早期殖民掠夺时代那样，大量聚集资本就可以带来国力的强盛。于是，在西方，国际性金融欺诈变得习以为常。只是时代已经不可能再次为现代的西方人提供同样的历史机遇，其金融骗局屡被揭穿。由于缺乏资本实力支撑，西方城市不断涌现房地产泡沫、金融危机、失业危机等不稳定因素，日益威胁着西方文明乃至人类文明的可持续发展。

至此可以得出结论：西方文明的重大变迁都与城市密切关联。城市，承载过西方的古典文明，推动着西方文明向近代的转型，也使现代西方文明步入城市问题的困境。

（二）乡村：中华文明演进的根基

中华文明之源，通常可追溯到夏商周三代。这三代何以确定是中华文明的源头？这是国家"九五"计划中的一项国家级重点科技攻关项目"夏商周断代工程"。该工程于2000年9月15日通过国家验收。2000年11月9日夏商周断代工程正式公布了《夏商周年表》。判定中华文明源自前21世纪（前2070）的夏朝。

从夏以来，乡村一直是中华文明演进的根基。

其一，夏：古代农业文明的典型。

与古希腊罗马的城市文明相比，主要分布于黄河流域的夏文明，更具有古代农业文明的特色。例如，夏文明遗址中农具居多，主要用木、石、骨、蚌制作，主要有木耒、石斧、石铲、蚌镰、蚌刀等农具。夏朝较早掌握水利知识，如疏导洪水、引水灌溉等技术。

其二，秦汉至明清：农本文明的盛世。

前工业时代，人类文明可以分为五大文明区域：东亚、南亚、伊斯兰阿拉伯世界、东欧、西欧。

东亚封建区域的中国，一直呈现统一的多民族国家的不断发展之势，形成诸多帝国盛世。农本经济是秦汉至明清不断强大的根基。

这里需要特别注意：历史证明，农本经济与专制体制没有必然联系。但是，当我们竭力推翻专制帝国的时候，却误伤了我们的强国根基，彻底否定了农本经济。重农抑商被认为是不合近代时宜的弊政，被认为是导致曾经强盛的中华文明在近代落后于西方的主要原因。

由此，近代以来的中华文明走入另一个极端，全力学习西方，努力将近代以来的中国改造成西方一样的国家。于是，中华文明的近代之路异常艰辛。典型的悲剧事件就是洋务运动。

其三，洋务运动：被近代化的过程。

在反复列举的洋务运动的历史功绩中，我们并不否认这些史实：

洋务运动开始了中国近代化进程。

引进了技术，培养了人才。

刺激了资本主义的产生与发展。

抵制了外国的经济侵略。

瓦解了封建自然经济。

创建了新式学堂。

建立了近代第一支新式海军。

创办了近代第一个军用与民用工业。

请注意，这些冠之以"新""第一"的功绩，并非是中国自身的创造力和发展动力的产物。这些所谓的新技术、新人才、新学堂、新式海军、新式企业等基本上源自西方。这些东西被国人器重，是国人在落后于西方文明之后痛定思痛的被迫之举。因此，洋务运动是近代中国迫于西方文明强势的被近代化过程。"师夷之长技以制夷"，一语道破运动的主旨。此后，中华文明在漫漫长夜里终于寻求到了一条更为理想的立国、强国之路，回归以乡村力量为依靠。

其四，农村革命根据地：助力中华文明复兴。

从1927年下半年至1930年上半年，中国共产党为反抗国民党反动派的屠杀政策，举行了南昌起义、秋收起义、广州起义三大起义和其他地方的武装起义。这些起义都在城市爆发。起义失败后保存下来的革命武装，相继转入国民党反动派统治力量比较薄弱的农村，开展游击战争，建立革命根据地。从 1927 年到 1930 年，各地先后建立 15 个革命根据地。其中，毛泽东、朱德领导建立的井冈山革命根据地所创造的经验，更具有典型意义。

农村革命根据地，代表着中国革命发展的正确方向。在革命处于低潮时，井冈山革命根据地等的创建，为中国革命的中心工作完成了从城市到农村的伟大战略转移，走上农村包围城市，最后夺取城市的新道路。

其五，新中国土改：共和国的新举措。

1950 年，新中国土改，当年 6 月 30 日，中央人民政府公布《中华人民共和国土地改革法》，开始在全国分期分批土改。至 1952 年底，除西藏等少数地区外，土改成功完成，全国约 3 亿无地和少地农民分得 7 亿亩土地和其他生产资料。新中国土改，真正体现中华人民共和国立足于农业国家的现实，切实保障农业大国的公民主体——农民的切身利益。

土地改革的完成，彻底摧毁了我国存在 2000 多年的封建土地制度，促进了新中国农业生产的迅速恢复和发展。从此再没有发生为了土地而斗争的农民起义或战争。因此，新中国土改有效巩固了新生政权的基础。

其六，大包干：乡村中国的富强之路。

1978 年，安徽凤阳小岗村引发新中国成立以来的又一次乡村大变革，这也是中国农民乃至整个国家命运的大转折。这就是中国农村"家庭联产承包责任制"的开端，也叫大包干，或包干到户。其基本做法是农户承包集体的基本生产资料（主要是土地）自主经营，包交国家和集体应得的各项费款，其余产品或收入归承包户所有。农民享有对土地的经营管理权，但所有权仍归国家。

这项制度最早在安徽凤阳小岗村实行，收效很大，进而推广到全国各地。其使农业大国的广大农民开始脱贫，乃至逐渐走上富裕之路。

至此，我们可以得出这样的结论：乡村中国不仅是中华文明之源，更是古代帝国强盛之本。近代以来的曲折历史，在一定程度上与农业大国对乡村视域的缺失有关。从 1978 年以来，中国发展的动力源自乡村改革。如果我们认识到农业大国的现实，对于当今中国的诸多社会问题就不难理解。

当今中国的诸多社会问题大多由于乡村视域的缺失所致。乡村没有被提升到农业大国应有的地位，甚至反而成为盲目城市化的牺牲品。盲目工业化和城市化，挤占良田，污染环境，引发暴力拆迁等城乡纠纷不断。据悉，1990年至1998年，南京主城内搬迁污染企业141家，腾出开发建设用地约3平方公里。值得注意的是，这些污染企业不是消失了，而是搬迁到市郊或乡村。其他的问题，诸如乡村医疗卫生设备落后；乡村教育资源短缺等，使得乡村社会难以获得与城市同等的发展机遇。这些都与治国方略中乡村视域的缺失有关。

中国是农业大国。国家赖以生存的耕地底线，在"城镇化"的冲击下危机重重。实际上，中国工业化能否持续发展，也将取决于农村广大市场的规模化和现代化。振兴农业和农村，让农村现代化，这是中国现代化的应有之路。

结　语

人类文明的空间范围大致可以分为城市与乡村。尽管人类最初的文明基本上是农业文明，但就中西方而言，城市与乡村在各自文明演进的历程中所起的作用不尽相同。西方文明演进的关键在于城市，中华文明变迁的节点在于乡村。西方世界自登上文明舞台以来，城市（工商业、市民、资产阶级）是其文明革新的酵母，也是现代西方文明陷入困境的重心区域。相对而言，中华文明自产生以来，乡村（农村、农业、农民）是历史盛期的强国根基，也是现代中国社会问题症结的关键。现代中华文明的伟大复兴，关键在于乡村的崛起。中华文明在新世纪的强盛，不宜走西方式的城市化道路，应当将一切可以利用的资源优先配置于中国乡村，着力于解决三农问题，努力探索一条农业大国的强盛之路，这样才有可能使21世纪的中国在真正意义上强盛和繁荣。

二、海洋与古希腊文明*

（一）"大海！大海！"：希腊人的家园之感

前4世纪的雅典作家色诺芬在《长征记》（卷四，章七）中记载了这样一个故事：他所率领的希腊雇佣兵从波斯帝国的腹地撤回希腊，在陆地上行军多日，途中遇到了重重险阻和困难。终于有一天，当先锋部队来到一座山顶后，便大叫起来。色诺芬和后卫部队听到后，以为是前面遭遇了敌人的攻击。正当他们疑惑之际，后续上前的士兵都一个接一个地呼叫起来，喊声越来越大。当色诺芬带领着骑兵前去增援时，他才听清楚士兵们在喊——"大海！大海！"不多久，全体后卫部队也到达了山顶。大家激动得热泪盈眶，互相拥抱。士兵们还立即自发搭起了一座大石坛来献祭。色诺芬的叙述所透露出的文化内涵显而易见：虽然雇佣兵们知道此地离希腊还有很远的距离，但大海对希腊人就意味着家园，能给他们带来安全感和希望。事实上，这种文化心理是长期的历史积淀造成的。

（二）与希腊文明起源有关的传说：米诺斯迷宫和特洛伊远征

在地理上，希腊不仅占据着巴尔干半岛南端的陆地区域，而且还包括周边的许多岛屿。约在前3000年时，希腊最初的青铜文化就是在爱琴海南部的基克拉泽斯群岛上出现的。那里的一些岛屿拥有十分丰富的大理石资源。岛民们留下了许多抽象风格的大理石人雕像，有很高的艺术价值。

前2600年左右，克里特岛进入了青铜时代，并产生了希腊乃至欧洲最早的文明：米诺斯文明。它历时约1500年，在前17世纪至前15世纪时达到鼎盛。在古希腊神话中，克里特国王米诺斯建造了一座巨大的迷宫，并强迫雅典人每九年送上一批少男和少女来供养宫殿中的怪物米诺陶。雅典国王爱盖乌斯（爱琴海由他而得名）有一位英勇的儿子忒修斯，他自告奋

---

*该部分主要内容已发表于《海洋与古希腊文明》（《光明日报》，2013年2月21日，第11版）。

勇，成为被派遣到克里特的少年之一。当忒修斯抵达克里特后，公主阿里阿德涅爱慕上了他，并帮助他杀死了米诺陶，逃出了迷宫。这是关于米诺斯王宫的传说。此外，米诺斯也被希腊人认为是最早拥有海军的人，他控制了大部分的希腊海域。1900年，英国考古学家阿瑟·伊文思对克里特中部克诺索斯遗址的发掘证实了米诺斯文明的存在。此后，伊文思还进行了复原部分宫殿建筑的工作。克诺索斯王宫占地约22 000平方米，共有1500多间房屋，建筑结构极为复杂。难怪希腊神话中将其想象为迷宫呢。为了管理行政和经济，克里特人还创造了希腊最早的文字。它被书写于泥板上，伊文思称其为线形文字A。

大约在前2000年时，克里特岛上的文明通过海上贸易传播到了希腊大陆南部和中部。这种交往对希腊大陆上的迈锡尼文明产生了巨大的影响。迈锡尼人不仅借鉴了米诺斯文明的元素，还采纳了克里特的国家体系和书写系统（线形文字B）。同时，迈锡尼人还通过航海加强了与其它地区的往来。迈锡尼贵族的墓葬中有来自克里特、塞浦路斯、埃及、美索不达米亚、叙利亚、安纳托利亚和西欧等处的物品。而传说中对特洛伊的渡海远征很可能就是迈锡尼时代末期（前13世纪）的军事贵族们发动的。自19世纪70年代德国考古学家海因里希·谢里曼对特洛伊和迈锡尼等处突破性的考古发掘开始，我们对那一历史时期的许多情况才有所了解。总之，无论从神话传说还是考古发掘来看，古希腊文明的起源和发展都受到海洋环境的重大影响。

（三）"就像蚂蚁和青蛙生活在池畔"：希腊人的殖民运动

在米诺斯文明和迈锡尼文明消亡后，大约从前1050年开始，希腊人向爱琴海东面的小亚细亚进行殖民，建立了米利都、以弗所等重要城邦。而到了前8世纪中期，希腊人开始向海外大规模殖民。这场海外殖民运动持续了两个多世纪，直到约前500年时才结束，一般被称为"希腊人的殖民运动"。来自希腊各母邦的殖民者起初在西西里岛和意大利南部，之后在爱琴海北部、赫拉斯滂（现在的达达尼尔海峡）及黑海地区、北非，还有现今法国东南部和西班牙东部一带建立起数以百计的新城邦。这些城邦环布于整个地中海和黑海沿岸，而且大多建立在距离大海不到四五十公里的范围之内。所以，在柏拉图的《费多篇》（109b）中，苏格拉底才会说，希腊人生活在大海的周围，就像蚂蚁和青蛙生活在池畔。他们对大海的眷恋可见一斑。

希腊人大规模殖民海外的主要原因有二：一是对海上贸易和原材料（尤其是贵金属）需求的增加，使得希腊人要建立一系列海上贸易的中转站；二是母邦内人口增多所带来的人均耕地减少的压力，促使人们去建立新的城邦。殖民运动是希腊历史上影响深远的事件，它大致确定了古代希腊文明的地理范围，并传播了希腊人的生活方式。一些殖民地（尤其是小亚细亚沿岸、西西里岛和意大利南部地区的城邦）非常积极地参与了希腊文化的建设。

（四）"一座难攻不落的木墙"：雅典的海权国策

当殖民运动兴起后，希腊本土的许多城邦又出现了僭主统治。雅典的庇西斯特拉图就是著名的僭主。雅典的经济在他执政期间得到了很大发展，尤其是海外贸易迅速增加。阿提卡出产的精美陶器向东出口到了伊奥尼亚、塞浦路斯、叙利亚，向西则一直到西班牙，遍及整个地中海地区。这使当时被称为"海滨派"的雅典工商业阶层受惠良多。

雅典的崛起更与其重视发展海上军事力量有关。庇西斯特拉图建立了海军，控制了赫拉斯滂，确保雅典的货物能运往黑海地区，而黑海地区的粮食也能运到雅典。在希波战争爆发前，雅典人还采用了铁米斯托克利的建议，利用当时刚发掘的劳里乌姆银矿的财富，建造了两百艘新的战船。前480年，波斯大军入侵时，雅典人派使者去德尔斐求神谕。神谕说，宙斯会给他们"一座难攻不落的木墙"，用来保卫他们和他们的子孙（希罗多德：《历史》卷七，章一百四十一）。在铁米斯托克利的劝说下，雅典人不仅相信这"木墙"就是他们的海军，而且认为他们可以击败强大的蛮族军队。于是，他们放弃了雅典城，将妇女儿童疏散到安全的地方，而男子们则上了战船。铁米斯托克利用计策将波斯国王薛西斯庞大的海军诱骗到狭长的萨拉米斯海峡，使以雅典海军为主力的希腊舰队重创波斯舰队。这才取得了扭转战局的胜利。

希腊，尤其是雅典，在希波战争后进入了空前繁荣的时期。前478年，以雅典为首的爱琴海域诸希腊城邦组成了同盟，因其将金库设立在基克拉泽斯群岛中的提洛岛上，故被称为"提洛同盟"。提洛同盟的建立起初是为了防御波斯帝国，但随着雅典变得日益强大，它成为了希腊世界内与伯罗奔尼撒同盟争衡的力量。凭借强大的海军，雅典逐步控制了提洛同盟内的其余城邦，几乎每年都派出舰队去征收贡赋，并在绝大多数同盟城邦内建立起亲雅典的民主政体。依靠海外贸易和收缴贡赋而来的财富，雅典人不仅将自己的城市建设得辉煌伟大，而且还能给平民们以津贴，使他们有经济保障和闲暇来参加城邦的政治和节日活动。

雅典人的优势长期在海上。前431年，当伯罗奔尼撒战争爆发时，雅典总共拥有约三百艘当时最先进的三列桨战船。根据伯里克利的战略，雅典人放弃了部分阿提卡的土地，任由伯罗奔尼撒人的陆军侵入，他们坚守城内，同时派遣海军环绕伯罗奔尼撒半岛进攻。前415年，在西西里远征前夕出逃的亚西比德还向斯巴达人透露过雅典人更宏大的战略构想：雅典人大规模渡海远征的目的不仅是要打败叙拉古等西西里城邦，而且还打算占领意大利和迦太基，并在之后利用意大利的木材制造更多的三列桨战船，雇佣蛮族人，再回来攻打伯罗奔尼撒人，最终成为全希腊的统治者（修昔底德：《伯罗奔尼撒战争史》卷一，章一百四十三；卷六，章九十）。

无论如何，雅典能够发展出令后世瞩目的民主政治和灿烂的古典文化，都与其拥有繁荣的海上贸易和强大的海军密切相关。

（五）"水是万物的始基"：面向大海的思考

古希腊哲学之父、米利都的泰勒斯称，水是万物的始基。或许只有以大海为家园的民族才会如此重视水，乃至将其作为世界的本原。而亚里士多德则是第一个用科学方法研究大海的人，西方人将其誉为"古代海洋学之父"。他观察海水的物理特点，还试图理解海洋气象与潮汐现象。他在《动物志》中系统地研究了约180种海洋生物，并率先认识到鲸和海豚是哺乳动物，而非鱼类。在很长时间内，他对海洋的一些看法都影响着后世。

时至今日，以古希腊为开端的西方文明广泛地波及了包括中国在内的世界上绝大多数地区。当历史给中国带来面向大海的挑战时，其实也开启了我们重新思考人类文明生活根基的机遇。这意味着，对古希腊这一海洋文明的考察对当今的中国人是不容忽视的。

三、修昔底德的焦虑*

"天下大势，分久必合，合久必分。"这句《三国演义》里的话，中国人多是熟知的。史学大家吕思勉先生对此却不以为意。他说："这好像有什么定数似的，其实未必其然。"据吕先生分析，黄巾起义和十常侍之乱被平定后，若非董卓进了洛阳，"把中央的局面弄糟了"，其实当时"倒是一个图治的好机会"。而之后，若是东吴孙权等人不具有一种"倔强之气"和"蛮悍的心理"，在赤壁之战时决意抵抗曹操，则天下未必三分，战祸也未必再延长七十二年。这是吕先生的一家之言。然而，对天下大势"必合""必分"的判断又何尝不是罗贯中的一家之言呢？

近年来，又颇有一些论史的"一家之言"。国人爱谈三国，西方人则易"言必称希腊"。他们搬出了修昔底德的话："雅典人变得日益强大，以及由此引发的斯巴达人的恐惧，使战争变得不可避免。"于是，这也被推演为一条定律：一个新崛起的大国必然要挑战现存大国，而现存大国也必然会回应这种威胁，这种结构性压力必然导致冲突和战争。对此，国内外已有诸多讨论，无需赘言。值得一提的是，早在1988年，德裔的美国古典学教授马丁·奥斯特瓦尔德（Martin Ostwald）就对修昔底德笔下历史中的"必然"进行过讨论。而要拿雅典和斯巴达的"段子"说"天下大势"，则至少可以追溯到乔治·马歇尔于1947年2月在普林斯顿为华盛顿诞辰纪念日所作的演讲。用现在申请科研项目时填写的"创新之处"来评价，恐怕"陷阱"之说至少本质上算不上什么新东西。若真从学理上看，其实，这里有两条思考路径："大势""陷阱"是否存在，可用历史事实分析和说明；而观察者为何视其为"定数"、为"必然"，则还需考察他们的认知。

---

*该部分主要内容已发表于《修昔底德的焦虑》（《读书》2020年第8期，第82—92页）。

那么，修昔底德为何对历史形成这种"必然性"的判断呢？下面我想提点一孔之见。

（一）努力辩解：寻求克服焦虑之道

柯林伍德在《历史的观念》中抱怨说："修昔底德这个人是怎么回事，竟写得像那种样子？"他直言不讳地指出：修昔底德的文风是难读、造作和令人厌恶的。事实上，对修昔底德文风的指责古已有之。而认真研读过他的现代学者中还有人指出：他所尽力追求的表达方式有时甚至会"打破语法和逻辑"。修昔底德说，他是从战争刚爆发时就开始着手写作的，并且经历了战争的全过程。这意味着，在整个伯罗奔尼撒战争期间（前431—前404）及战后一段时期，他都在不断写作和修订他的文本，对其中许多语句进行反复改动，但仍然不能令他自己满意。加拿大的一位古典学者华莱士（W. P. Wallace）曾评论说：这种精益求精的结果使修昔底德的文字"给人一种在思想和情感上都很强烈的压抑感"。柯林伍德更进一步地看出了问题所在：修昔底德的文风之所以这样是源于他内心有一种不安（a bad conscience）。不过，柯林伍德只将修昔底德的不安归因于其对历史规律的苦苦寻求，而没有进一步分析修昔底德内心深处紧张的根源。窃以为，修昔底德对人性的深刻观察是基于他自身复杂的心理体验。他独特的文风和聚焦于人类苦难的历史书写，无不透露出一种内在的精神冲突。

修昔底德的心理压力和对写作的严苛态度，首先与他的出身、境遇和政治立场有关。他出身于雅典显赫的贵族家庭，并与色雷斯王室有血缘关系（他的父亲奥洛若斯很可能是色雷斯国王奥洛若斯的后裔，而雅典的重要将领米提亚德和客蒙父子也是修昔底德的先人）。他在色雷斯地区有金矿开采权，对那里的上层人士有影响力。从他的著作内容中可以断定，他受过当时极为优良的教育。

前424年，修昔底德被雅典人任命为将军，前往色雷斯地区指挥军队，驻扎在塔索斯岛。他自称，当他收到另一位驻守在安菲波利斯城内的雅典将军优克勒斯的求援后，便全力以赴驰援那里。但斯巴达将领伯拉西达抢先说服了当地人向斯巴达人投降。这导致雅典失去了安菲波利斯。虽然他保住了港口艾昂，并击退了伯拉西达军队的进攻，后来却仍然遭到了雅典人的流放，达二十年之久。

以往通常认为，修昔底德对这次战役的记述，抑制私见，叙事客观，"没有一字为个人辩护"。但越来越多的研究者对此表示怀疑。早在20世纪60年代，曼彻斯特大学的修昔底德研究专家韦斯特雷克（H. D. Westlake）就称，修昔底德貌似客观的写作中有许多叙事技巧，它们被用来引导读者相信他对战败没有责任却遭到了放逐。例如，修昔底德介绍了伯拉西达部队的兵力（伯拉西达从伯罗奔尼撒带出的重装步兵有1700人，另外，斯巴达在色雷斯地区的盟邦和反叛雅典的阿尔吉洛斯人又提供了少量兵力），而对优克勒斯在安菲波利斯城内的驻军和他自己所率领的七条舰船上的兵力却未提及。这对时常关注参战人员人数的修昔底德是罕见的。事实上，优克勒斯的兵力很可能是少量的，根本无法坚守，处境困难。但从修昔底德的叙述中，读者只会认定雅典人失去安菲波利斯主要是由于伯拉西达的谋略、优克勒斯的无能和安菲波利斯人的背叛，他本人则是尽力的。并且，他丝毫未解释当伯拉西达进攻安菲波利斯时，他为何不驻守在临近的艾昂，而是在较远的塔索斯岛，以至于让伯拉西达抢先入城。从心理学的角度分析，修昔底德的战争史写作带有对自身军事能力辩解的特点——他要力图证明自己并非不擅长兵事，但时运不济，只得如此。因此，在他的历史书写中，时常出现人力所不能控的"运气"——这一因素往往左右着战事的变化、党派的斗争和灾难的降临。他试图将其描述为人类处境中带有规律性的状态，以此来为自身战败提供一种合理性的解释。这本质上也是一种缓解内心长期压力的途径。

不仅如此，他作为雅典瘟疫大规模流行的亲历者和幸存者，目睹了当时的恐怖景象，也为人们保存了一份痛苦的记忆。但是，他明知雅典瘟疫的爆发与伯里克利将阿提卡乡间的居民迁入雅典城内的政策有关，却出于对伯里克利的推崇和欣赏，在极力描绘瘟疫细节的同时，引导读者将其视为超出任何治疗和人力手段之外的"不可控因素"。他还在《雅典瘟疫叙事》（2.47–54）之后，编排了一篇《伯里克利最后的演说》（2.60–64）来为其政策辩护，将已发生的大规模瘟疫定性为"不幸的灾祸"，并通过伯里克利本人之口宣称雅典人因瘟疫而对其发怒是"错误的"（2.60）。由此，读者很容易将他在安菲波利斯的败绩和因伯里克利政策加重的疫情理解为所有算计之外的厄运所致。

而对于伯里克利之后的贵族派领袖尼西阿斯，尽管他在叙拉古的惨败是更加难以掩盖的事实，但修昔底德却称赞他"整个一生都遵循着美德"。虽然他也批评尼西阿斯由于迷信月食而延误了撤退，导致雅典远征军的覆灭，但他仍对尼西阿斯抱有同情，将其视为在一个急剧变化的新时代坚守传统道德的悲剧性人物。与此形成鲜明对比的是，他对政治立场相左的雅典激进民主派，笔下有时一点都不含蓄中立，而是直接表明他的厌恶之情。他将克里昂描述为"最暴戾的公民"，并称其在派罗斯的军事胜利是迫于雅典民众压力下的行动，甚至将其在安菲波里斯的阵亡也说成是"由于缺乏坚守阵地的意志，退走途中时被敌人所杀"。如果联系到修昔底德本人的长期流放很可能与当时正掌权的克里昂有关，而且出身于旧贵族阶级的他对克里昂为代表的雅典"新政治家们"充满了敌视，那么他的这种"恶评"无疑带有浓厚的主观色彩。另一位激进民主派领袖徐佩波洛斯也被他称为"卑鄙的人""将邪恶和无耻带入了城邦"，则更加印证了这一点。可以明确的是，修昔底德并不完全反对民主政治，不过他认为只有伯里克利领导下的雅典民主才是有序的，因为"伯里克利始终是民众的领导者，而不被民众所引导"，雅典在伯里克利时代"只是名义上的民主政治，但实际上是第一公民的统治"。而在伯里克利之后，他唯一赞赏的是前411年温和寡头派的"五千人统治"——"在他有生之年里最好的政体"。这些都不得不说与他的贵族出身和偏向雅典旧贵族集团的政治立场有关。他不支持僭主统治和专横寡头派的"四百人议事会"，更反对激进民主派的平民领袖。无论民主制或寡头制，他都赞赏稳定有序的政治状态，其实质是倾向于当时城邦内有产者们的利益。可以说，他的历史写作明确具有阶级性和党派特征（当然不是现代意义上的政党）。

因此，需要指出的是：修昔底德长期为自己及其党派造成的失误与失败寻找合理的记述方式和解释话语，从而造成了他的一种强迫心理，这是促使他对写作极为苛刻、屡改不停的一个原因。细致缜密而颇多暗示的叙事与精心编排、借他人之口以述己意的演说词都是在这一心理机制下写作的。他写作中的劳神与紧张是在所难免的。

（二）深陷执念：追溯持久焦虑之源

除了个人荣辱和派别利益外，雅典追求霸权并陷入失败是修昔底德长期观察与思考的对象，也是他焦虑的深层次根源。美国政治思想史学者扎戈林（Perez Zagorin）曾说："修昔底德在他的《伯罗奔尼撒战争史》中叙述的是有关战争的胜利、痛苦与悲剧；他的这部书或许应被命名为'作为超级大国的雅典的伟大与衰落'。"英国著名的古典学家罗德（P. J. Rhodes）进一步指出，雅典的霸权是修昔底德笔下众多演说词的共同主题之一，这一主题是他无法摆脱的执念。一方面，他肯定伯里克利的政治才能，进而赞颂雅典人在其领导下所取得的霸权和辉煌伟业——雅典在"全人类中享有最伟大之名"，雅典人"居住在各方面资源都最充足和最伟大的城邦之中"。另一方面，他既通过雅典的敌人（科林斯人）、也通过雅典政治家们自己（伯里克利、克里昂）称，雅典人在对外进行僭主暴政般的统治，遭到其余希腊人的憎恨。在伯罗奔尼撒战争爆发前，这种霸权主义导致"大多数希腊人对雅典人的愤怒到了这种程度——有些人渴望摆脱他们的统治，而另一些人则恐惧沦入被他们统治的境地"。雅典人为了与斯巴达人争夺霸权所进行的这场战争又给希腊世界带来了"前所未有的苦难"，并最终使雅典走向败落。罗德推测，修昔底德时常讨论雅典的霸权是源于他对这一复杂历史现象的困惑。

修昔底德的困惑主要来自对雅典霸权在正义性与持久性上的焦虑。在他笔下，雅典在伯罗奔尼撒战争爆发前就镇压过纳克索斯、塔索斯和萨摩斯等盟邦的反叛。前454年后，雅典日益强迫提洛同盟内的盟邦缴纳贡赋以维持其霸权。不过，在这一时期伯里克利尚能领导雅典人对提洛同盟进行有序的治理，对萨摩斯等城邦的反叛进行必要但并不严厉的镇压（只是要求萨摩斯人拆毁城墙、提供人质、交出船只和分期赔付战争费用，并没有像后来雅典人对待密提林人和米洛斯人那样进行大批杀戮）。而在伯里克利逝世后，雅典的霸权主义更无节制，完全丧失道义感。在"米洛斯对话"（5.84-116）中，修昔底德将当时雅典霸权的非正义性毫不隐讳地揭示出来：雅典人已完全深信弱肉强食的丛林法则，他们认为强者可以为所欲为，而弱者只能接受他们所须承受的；他们甚至觉得被憎恨才是力量的表现。在修昔底德的历史叙事中，资源、财富和权力始终对历史起推动作用，但这并不表示修昔底德对道德问题的漠视。相反，在"雅典瘟疫"（2.52-53）、"克基拉内战"（3.81-83）、"密卡勒屠杀"（7.29）等不少文本片段中，他都对人的恶行表示极大的关注，笔下或直接或含蓄地表示谴责。雅典霸权的扩张过程和其向非正义的蜕变过程几乎是同步的，这令他相当不安。可以说，修昔底德已明确意识到历史与道德的"二律背反"，但他不能对此做出更合理的解释（这对他是苛求），只能诉诸于古希腊传统的悲剧意识——将雅典描述为一位有缺陷的英雄。

与此同时，他的一生亲历了雅典的霸权由盛到衰的过程，雅典在伯罗奔尼撒战争中的失败给他带来深深的震撼和思考。他对人与城邦的苦难、衰变和毁灭有一种敏锐的体悟。他详细观察过雅典瘟疫流行时人的患病和死亡情况，又记录下雅典人在西西里远征前产生的"疾病般的爱欲"并导致最终在叙拉古的惨败。他感叹曾经辉煌并能够发动特洛伊远征的迈锡尼已沦为一个小地方，并想象过当时最强大的城邦斯巴达与雅典分别衰败后的景象。修昔底德对雅典的霸权以及历史上所有类似的霸权都无法持久有一种清醒的认识。他要从权力更替所带来的不断变化中寻求一种"不变的法则"（柯林伍德语），即一种必然性，以对抗事物在历史中的非持久性。这是典型的希腊古典式思维。

修昔底德选择的方式是历史书写。但在复杂的现实政治和纷乱的历史运动中探索正义性和持久性非但极为艰巨，还给他带来了强大的精神张力。而他毕竟是理性主义者，正如《剑桥希腊罗马政治思想史》上的评论——他对"梦、诸神和女性"保持着一种漠视和疏远（这一点与希罗多德非常不同）。这使他缺少普通希腊人缓解精神压力的排遣方式，由焦虑逐渐变为对现实的深度失望。因此，他才会得出"战争是严酷的老师"的结论，并借伯里克利之口说出了他观察到的历史规律：所有事物（无论曾经多么成功与繁荣）本质上都是要衰落的，只能寄托于留诸后世的声名。

他在冷静与抗争之中透露出一种彷徨感。

（三）感时忧人：记录普遍焦虑之世

从更广阔的历史视野来看，修昔底德是轴心时代的希腊文明中深刻感受到精神张力的代表人物之一（雅斯贝尔斯语）。他的这种内心紧张还需从文明急剧变化的角度来理解。

对于希腊人而言，前5世纪是一个空前繁荣的时代，也是一个危机四伏的时代。前499年，爱琴海东岸的爱奥尼亚希腊人举行起义，反抗波斯。起义虽然被镇压，但激发了希腊人抵抗的意志。此后，波斯人发动了三次对希腊本土的入侵，均以失败告终。前479年，希腊人在成功抵御波斯大军的入侵后，波斯帝国没有再直接威胁过希腊本土。希腊，尤其是雅典，在希波战争后得到了前所未有的发展。前478年，以雅典为首的爱琴海周围诸希腊城邦组成了共同抗击波斯人的提洛同盟，成员国约有200个。而斯巴达的影响力主要在伯罗奔尼撒。在伯里克利的领导下，雅典的民主政治和经济建设都得到进一步推动。雅典人依靠提洛同盟的贡金重建了卫城，还时常举行大型的节日庆典和赛会。伯里克利自豪地宣称："我们整个城邦都是希腊的学校。"雅典逐渐分享了斯巴达在希腊世界的领导地位。与斯巴达扶持伯罗奔尼撒同盟城邦中的寡头派一样，雅典人扶持提洛同盟城邦内的民主派。希腊两大阵营逐渐形成。前460年，双方发生交锋，此后时断时续的冲突延续到了前446年，史称"第一次伯罗奔尼撒战争"。前446年，以斯巴达为首的伯罗奔尼撒同盟联军侵入阿提卡，雅典被迫讲和，双方签订了"三十年和约"。和约事实上无法消除雅典和斯巴达互相的敌意。到了前5世纪30年代，希腊世界的紧张局势愈演愈烈，终于导致了伯罗奔尼撒人和雅典人的全面战争。伯罗奔尼撒战争的前十年双方互有胜负。前421年，在雅典主和派将领尼西阿斯的主持下，雅典与斯巴达签订和约。但到了前415年，雅典人在年轻贵族亚西比德的鼓动下，决定组织一支在希腊世界算得上空前规模的舰队去远征西西里，结果以惨败告终。斯巴达人此时却在波斯帝国的资助下建立了一支舰队。而雅典的盟邦早已不满雅典的霸权，纷纷起来反叛。西西里惨败后，雅典内部也不稳定，发生了寡头派政变。不过，战争又持续了几年。前405年，斯巴达将领吕山德在色雷斯地区的羊河歼灭了雅典舰队。前404年，雅典人在海陆两方面的围困下，又失去了盟友和主要的粮食供应来源，被迫向斯巴达投降。这是修昔底德所处的世界。

在伯罗奔尼撒战争期间，修昔底德本人体会到了多种焦虑，而且也是时代焦虑感的记录者。在他眼中，那是一个城邦之间空前的争霸时代——"从未有如此众多的城市被攻陷或荒弃"（1.23）；那又是一个城邦内部剧烈斗争的时代——"所有致人死亡的形式都出现了……有从神庙中被人强行拖出后杀死于附近的，还有被墙封堵在狄奥尼索斯神庙内就死在那里的"（3.81）。那还是一个新旧思想交锋、代际冲突的时代——"（远征西西里）是一件重大的事，不该由年轻人来决策和仓促处理。现在我看到这群被鼓动起来的年轻人围坐在这个人（指亚西比德）身边，我感到恐惧。我转而吁请那些年长者们的支持……不要像那些年轻人一样深陷到对遥远目标的痴迷之中"（6.12–13，"尼西阿斯在远征前的演说"）。

总之，人与人之间、群体与群体之间、阶级与阶级之间、城邦与城邦之间都在文明加速发展的同时陷入了深刻的紧张关系之中。血腥、悲哀和恐怖的事情不断发生。那时的希腊人普遍具有一种焦虑感，惊惧、猜忌、不安、担忧、嫉妒、暴躁等情绪弥漫于他们的世界。而这种情绪在雅典人中间最为明显——他们在追求荣耀和霸权的心态下，狂妄（hubris）不断升级，最终遭受到巨大的痛苦和灾难。修昔底德选择当时的伯罗奔尼撒战争为叙事主题，因为他意识到这是希腊世界由兴盛转向衰败的大悲剧。而同一时期的索福克勒斯、欧里庇德斯、阿里斯托芬和智术师们也都从不同角度反映出这一时代的精神困境。

关键之处在于修昔底德将这种时代现象看作永恒，将变化无定的"运气"归入"必然"之中，将苦难视为宿命：

只要人的本性不变，这些苦难就会发生并且将来还是如此，虽然程度上或深或浅，形式上也会有差异——正如每一个机缘变化所显现的那样（3.82）。

因此，他认为，过去发生的事情在将来会以类似或相近的方式再次发生（1.22）。这就意味着，无法医治的瘟疫总要降临，蛊惑、煽动的政客总要出场，获得了财富和资源的城邦总要追求扩张、称霸，带来众多人口死亡的战争总要爆发。既然悲剧总是要发生的，运气好不好都只是暂时的。不过，英雄还是要尽力奋斗一场，比如伯里克利领导下的雅典。而这个过程还是值得记录下来并传之后世的，比如他本人的历史书写。于是，修昔底德用这种方式试图建构起一种"必然性"，来为他自己、他的党派和雅典在战争中的失败找到一种有效的说明。

但是，"现时的辉煌与传至未来的声名"是否真的能成为"永久的记忆"呢（2.64）？他的著作是否就因此成为"永恒的财富"呢（1.22）？越到后来，他似乎越没那么自信。美国的一位古典学者弗洛里（Stewart Flory）就暗示过：修昔底德由于在战争中看到了太多非理性的事情，而对自己在著作中一开始宣称的历史有用性产生了怀疑，最终放弃了写作，留下一部未完稿。我觉得，无论是否如此，感受到"必然"之后的焦虑感应该比直接接受"必然"所推导出的那个"陷阱"有更大的益处。既然把人推到"陷阱"里的是"狂妄"，那么人若悠着点儿或许还不至于跌入那个坑中。但愿如此。

四、雅典瘟疫到底是什么病？*

吕思勉先生从事了一生的历史研究，却深以为发现历史真相的不易，"有些事情的内幕是无从知道的"。这与古希腊史学家修昔底德的看法一致。许多真实情况都湮没在了传闻之中，或者早已没有了线索，将它们弄清楚有时极为困难，甚至无法做到。不过，有时新的材料会"浮出水面"也未可知，所以研究者不必完全失去兴趣。今天就以雅典瘟疫的研究为例略谈几句。

---

*该部分主要内容已发表于《修昔底德笔下的"雅典瘟疫"到底是什么病？》(《澎湃新闻·私家历史》，2020年3月4日)。

（一）雅典瘟疫的症状和特点

欧洲历史上第一次被详细记载下来的瘟疫是前430年夏季爆发的雅典瘟疫，为后人留下记录的人是修昔底德。首先，他对此次瘟疫的症状有具体的描述：

当他们（指患者）还健康的时候，表面上没有任何原因，就突然病倒了。首先，头部出现严重的高烧，眼睛发红、灼热；在体内，喉咙和舌头立即变得血红，并且发出奇怪而难闻的气味。之后，患者打喷嚏，嗓子变得沙哑。没多久，疼痛转入胸部，同时出现剧烈的咳嗽。当它转入胃部时，会使人感到恶心，接着呕吐出全部的胆汁（医生们对其有专门的称呼），这个过程伴随着巨大的痛苦。大多数人到了吐不出东西后还会干呕，并出现强烈的抽搐——有的不久后会减弱，有的则要持续很长时间。在身体表面，碰上去并非特别热，也不显得苍白，而是淡红或乌青色的，伴有小脓疱和疮口在溃烂。但在体内，强烈的灼热感使患者对很薄的衣服和细布都难以忍受，不得不保持着裸体，而跳入冷水中能让他们感到最大的舒爽。许多人甚至在无人注意时跳入了井里；他们处于无休止的口渴状态之中，以致喝很多的水也和只喝了一点感觉一样。在整个过程中人都饱受难以休息和失眠之苦。当病情发展到剧烈的时候，患者的身体并未衰弱，而是出乎意料地承受着痛苦，以致大多数人会在第九或第七天时死于这种内热——他们这时仍还有一些体力。如果他们逃过这一劫，那么病情还会向下转移到腹部，出现严重的溃疡，伴随着水泻，之后许多人会死于由此而导致的虚弱。病痛就这样首先从头部开始，自上而下发展到全身。

其次，这种疾病的致死率相当高。雅典当时大约三分之一的重装步兵和骑兵死亡，其余人口的死亡比例缺乏统计，但很可能也近似。大批人口就"像羊群般地死去"。而且，当时没有技术能够治疗这种疾病，医术和其余的手段（到神庙祈援、占卜等）都没有用处。患者只能硬扛。修昔底德自己也染上过此病。他幸存后说，人一旦染上此病，无论体格强弱，都很难抵御。这导致人们的绝望。与此同时，患者即使幸存下来，还可能有后遗症：

> 如果有谁经受了最严重的症状却幸存下来，那么他的四肢上也会留下疾病侵袭过的痕迹。疾病会侵袭到阴部、手指和脚趾，许多幸存下来的人失去了这些器官，有的还会失明。还有些人当他们一旦康复时会完全失忆，不知道自己是谁，也无法辨认亲友了。

这更加重了此病的恐怖。而得过此病康复后的人所受的心理创伤也是巨大的，会陷入短暂的歇斯底里状态——"他们在一阵狂喜之后会幻想自己再也不会死于其余的疾病了"。

再次，这种疾病的传染性极强。据说，它出自埃塞俄比亚，随后蔓延到埃及、利比亚和波斯帝国的许多地区。再之后，它很可能是经由海上的船只传到了庇雷埃夫斯，不久又降临到了雅典城内。它还传播到了其余人口稠密的地区，但雅典的情况尤其严重。因为当时正逢伯罗奔尼撒战争，伯里克利为了作战而将阿提卡乡间的居民迁入了雅典城内，拥挤的居住条件加速了瘟疫的肆虐。人们在给别人提供医疗帮助时很容易被传染上，特别是医生，"他们由于最多地接触到它而死亡比例最高"。修昔底德还观察到这种疾病不仅人传人，而且对动物也有危害。以腐肉为食的鸟兽，食用还未埋葬的人类尸体后亦会死亡。

最后，这场瘟疫的持续时间长，而且疫情还有反复。据修昔底德记载，瘟疫在前430年夏季爆发，持续了整整两年，此后并没有完全消失。前427/前426年冬季它又在雅典复发，持续了至少一年。修昔底德感叹："没有什么比瘟疫更能给雅典人带来损失和伤害了。"

（二）关于雅典瘟疫的医学讨论

这么可怕的瘟疫到底是什么病呢？这个问题长期悬而未决，争论不休。1979年，牛津大学三一学院的古典学者郝勒德（Holladay）与威廉·邓恩爵士病理学院的医学家普尔（Poole）合作在《古典学季刊》（The Classical Quarterly）上发表了一篇论文，其中总结了前人对雅典瘟疫是哪种疾病的讨论。此后，他们还对这项研究做了两次补充（1982年、1984年）。他们最初归纳出至少8种推测：1.天花；2.鼠疫；3.猩红热；4.麻疹；5.斑疹伤寒；6.伤寒；7.麦角中毒；8.可能是两种甚至更多的流行病同时发生。后来，他们又回应了另外3种建议：1.鼻疽症；2.钩端螺旋体病；3.土拉菌血症。

据郝勒德和普尔研究，天花是此前的研究者们最常提出的看法，因为它符合高度传染性和发热性的特征。例如，1969年，美国古典学者罗伯特·利特曼（Robert J. Littman）和医学研究者利特曼（M.L.Littman）倾向于认为，天花最接近修昔底德所描述的雅典瘟疫症状。不过，对于幸存者，修昔底德丝毫没有提及得天花后极易留下的麻子（痘痕），而是说四肢会留下痕迹（坏疽）。而且，人体是天花的唯一宿主，只会人传人。但修昔底德却提到，除了食腐肉的鸟兽，家养的狗也可能被传染。这些都与天花不符。此外，天花也不会带来失忆。

早在19世纪前期，就有法国学者奥扎南（Ozanam）在他的《流行病的医学史》中提出雅典瘟疫是鼠疫的看法。20世纪又陆续有一些学者持此看法。他们这么认为，主要是因为修昔底德提到了人与动物之间的传播。但修昔底德与真正记录鼠疫症状的作家普罗柯比（6世纪）、薄伽丘（14世纪）不同，他未提及鼠疫最明显的特征：腹股沟淋巴结肿大，而且也没有提到老鼠和跳蚤。事实上，他描述的情况与鼠疫症状、传播途径都不相符。

1857年，英国皇家医师学会的查尔斯·科利尔（Charles Collier）提出雅典瘟疫是猩红热。但猩红热所引起的皮肤变化（全身弥漫性鲜红色皮疹）与修昔底德描述的患者皮肤情况（"淡红或乌青色的，伴有小脓疱和疮口在溃烂"）不一样，其余症状也很不同。

20世纪50年代，伯明翰大学的细菌学专家什鲁斯伯里（Shrewsbury）和剑桥三一学院的古典学者佩奇（Page）先后提出麻疹有可能导致了雅典瘟疫。麻疹与猩红热类似，在现代世界的致死率一般较低，而且易感人群都是儿童，看似不太可能会与导致大量成年男性人口死亡的雅典瘟疫有关。但佩奇认为，麻疹病毒在古代流行时可能更为强烈和致命，后来才逐渐弱化。不过，这不足以成为"雅典瘟疫是由麻疹病毒引起"的证据。正如郝勒德和普尔所指出的，若是从"病毒越传播越弱化"角度推测，雅典瘟疫为何不会是水痘或风疹呢？

在20世纪的初期和中期，英国医学家克劳福德（Crawfurd）和麦克阿瑟（William MacArthur）等人都认为雅典瘟疫是斑疹伤寒。麦克阿瑟认定，雅典瘟疫事实上就是虱传斑疹伤寒（louse-borne typhus），并指出在欧洲历史上斑疹伤寒在战争中时常发生。格拉斯哥大学的古典学家、著名的修昔底德评注者高默（Gomme）也倾向于这一点。因此，这一观点在当时的古典学者们中就颇有影响。但到底是"人–虱–人传播"的流行性斑疹伤寒还是"鼠–虱–人传播"的地方性斑疹伤寒，则无法确认。而且，如何解释别的鸟兽也被传染呢？

19世纪中期，英国重要的希腊史学家乔治·格罗特（George Grote）则认为，雅典瘟疫是伤寒。斑疹伤寒（typhus fever）是由斑疹伤寒立克次体引起的，而伤寒（typhoid fever）是由伤寒杆菌引起的，两者病原体不同，但都有持续发热、腹泻、出疹等症状，也都较符合修昔底德的描述。郝勒德和普尔认为，考虑到斑疹伤寒与伤寒在19世纪初才被区分开来，格罗特当时没有分清也不足为奇。而伤寒可能通过受污染的公共饮用水传播。鉴于当时雅典的供水来自多个不同的泉水水源，同时被污染的概率不大，因此他们对伤寒存疑。

19世纪末期，德国的药理学家科柏特（Rudolf Kobert）曾建议，雅典瘟疫可能是麦角中毒。1955年，萨尔维（Salway）和戴尔（Dell）又在学术期刊《希腊与罗马》上撰文，认为修昔底德所描述的许多症状与麦角中毒相似。这真是出人意料的推测。麦角中毒是由于人们食用了含有麦角（由麦角菌侵入谷物的壳内所形成的菌核）的谷物造成的，并非传染病。而修昔底德描述的瘟疫无疑是具有传染性的（"如果他们接近病人，他们就会死亡"），他甚至还暗示患者康复后会产生抗体，不再感染（"瘟疫不会致命地侵袭同一个人两次，至少不会致命"）。麦角中毒的说服力太低。另外，科柏特还推测过造成瘟疫的是脑脊髓热，也是不足信的。

郝勒德和普尔认为，还有一种可能——两种或以上传染病同时爆发导致了雅典瘟疫。但是，没有一种看似合理的疾病组合能满足修昔底德的描述。很关键的一点在于："若雅典瘟疫是天花、斑疹伤寒和严重的麻疹的混合物，患者从其中一种疾病中康复，并不会对其他疾病就有防护力。"修昔底德所说的愈后牢固的免疫力也无从谈起了。

此后，他们又相继否定了艾比（Eby）和埃夫琴（Evjen）所提出的由驴、马等传染给人的鼻疽病（该病在马中易传染，但不可能导致雅典当时这么大规模人传人的瘟疫），以及威利（Wylie）和斯塔布斯（Stubbs）建议的另两种由动物传人的疾病：钩端螺旋体病（该病通常有黄疸，但修昔底德对此丝毫未提及）与土拉菌血症（通常是野兔被感染后传染给人或别的动物，但很少人传人）。

总之，运用现代医学来分析修昔底德笔下的雅典瘟疫，可以确认这是一种强烈的传染病，有明显的发热、呕吐、腹泻和出疹症状，而且除了在人与人之间，还很可能在人与动物之间传播，致死率高。基本上可以排除鼠疫、猩红热、天花等，伤寒、斑疹伤寒和麻疹则都有可能性，但仍有很多疑点无法确认。因此，郝勒德和普尔倾向于认为，这种古代的疾病现在可能"已经绝迹"，或者"经过24个世纪后它的临床表现变化巨大，已无法从修昔底德的叙述中将它的现代遗传变种确认出来"。

（三）考古发现、DNA检测和还原女孩"米尔提斯"

修昔底德为后人留下了关于雅典瘟疫的宝贵史料，但也留下了谜团。梳理19世纪前期到20世纪80年代的研究文献可以发现，众多欧美学者都想依据他的文本来寻找与之对应的疾病，但结果都不能完全令人满意。正当人们对发现历史真相感到失望时，考古发掘提供了新的材料。

1994—1995年，当雅典人在修建新的地铁时，碰巧在古代的墓葬区凯拉米克斯（Kerameikos）挖掘出一批埋葬混乱的古代尸骸，有约150具之多，而他们的死亡时间正是前430年至前426年的瘟疫时期。这批尸骸提供了一些骨头和牙齿，尤其是牙髓，来做DNA检测。研究者们终于可以通过科学实证手段来尝试查明雅典瘟疫到底是什么疾病了。

雅典大学医学院教授帕帕格里戈拉基斯（Manolis J. Papagrigorakis）等

人对尸骸中的三颗牙齿进行了检测。前六次的检测显示，鼠疫、斑疹伤寒、炭疽、肺结核、牛痘和猫抓病不是引起这种疾病的原因。在第七次检测中，伤寒杆菌的DNA序列被鉴定出来。据此，2006年，帕帕格里戈拉基斯等四位研究者在《国际传染病学杂志》（International Journal of Infectious Diseases）上发表了《古牙髓的DNA检测表明伤寒可能是雅典瘟疫的病因》一文，认为伤寒很可能是导致雅典瘟疫的原因。而伤寒与修昔底德记载的症状在有些地方不相符，很可能是该病由于时代变迁而发生了变异——正如先前郝勒德和普尔所推测的。虽然近年来仍有学者对此表示异议（如取样有限等），但帕帕格里戈拉基斯等人的检测毕竟是一个重大突破，使对雅典瘟疫的医学研究不再局限于围绕修昔底德所提供的孤立文本。

还值得一提的是，在这些遗骸中，有一具是死于11岁的少女尸骨，专家们将其命名为"米尔提斯"（Myrtis）。由于米尔提斯的头骨保存得非常完好，帕帕格里戈拉基斯教授率领一个团队对其进行了面部重建。这被认为是首次对古希腊的普通人进行容貌复原。2010年，"米尔提斯：亲临过去"的特展在希腊国家考古博物馆等处举办，受到学者和公众的普遍关注。由于米尔提斯是雅典瘟疫众多的受难者之一，可以代表那次重大而不幸的历史事件，因此这位2400多年前的女孩被授予了"联合国千年发展目标之友"的称号，旨在促进各国降低儿童的死亡和疾病。

若在还原米尔提斯的面容之后，进而还原雅典当时的历史现场，更会让后世之人感到一种警示。雅典虽然是当时希腊世界内人口最多的城邦，但瘟疫造成的损失仍然是巨大的，包括伯里克利和他的部分家人都在此次瘟疫中丧生。伴随人口和经济损失的还有城邦政治和社会风气的变化。瘟疫之后，雅典的人口结构发生较大改变。善于煽动民众情绪的激进派"民众领袖"（demagogue）克里昂等人崛起，稳健的温和民主派渐渐失去支持，这对雅典的战事和内政外交都带来了负面影响。因此，可以说，这场瘟疫不仅对雅典的国运，而且对整个希腊的历史走向都是一个不能忽视的因素。"医及国家乎？"修昔底德对雅典盛衰的历史书写或许也有此心吧。而随着现代科技和医学的发展，造成米尔提斯和众多雅典人悲剧性结局的原因似乎已被发现，希望人类能汲取古人的经验和教训，并具备新的智慧，尽量减少瘟疫所带来的灾祸。

五、"奥运观念"在中国的接受历程*

接受史研究最初兴起时，往往聚焦于不同语境下的读者对文本的感知和解读。随着接受理论的深化，越来越多的领域成为其研究的对象。近年来，已有西方学者研究奥运会在古代和现代世界的接受史，但他们较少关注奥运会在中国被接受的过程。回首百余年历史，从被西方列强讥为"东亚病夫"到如今"全民健康"的目标，中国有众多值得总结的宝贵经验，而国人如何认识、接受、熟悉、参与和举办奥运会则是其中最有价值的研究问题之一。笔者尝试借鉴接受理论，简要梳理"奥运观念"在近现代中国的传播与变迁，以期对中华民族奋起自强的大历史作一个小角度的观察。

（一）晚清、民国时期："奥运观念"从无到有

传统上认为，古代奥林匹克运动会创始于前776年，每四年举办一次。作为祭祀宙斯的节日活动，它逐渐发展为希腊和罗马世界普遍认同的竞技赛会。约394年，信仰基督教的罗马皇帝狄奥多西一世因把它视为异教节日而下令将其禁止。[1]1859年，希腊商人埃旺格洛斯·扎帕斯（Evangelos Zappas）率先尝试在希腊恢复奥运会，不过当时只有希腊人参加。[2]真正创建现代国际奥运会的是法国人顾拜旦。

1894年6月，顾拜旦在巴黎索邦大学礼堂召集了一次奥林匹克大会，旨在恢复奥运会。大会决定1896年在雅典举办第一届现代奥运会，并组建国际奥委会。[3]20世纪30年代，体育编辑阮蔚村认为，当时的国际奥委会

*该部分主要内容已发表于《奥运观念在中国的接受历程》（《澎湃新闻·私家历史》，2021年7月26日）。

[1] https://historiarex.com/e/en/74-the-ancient-olympics-776-b-c-394-a-d, 2021.4.5.

[2] https://www.greece-is.com/the-rebirth-of-the-olympic-games/, 2021.4.5.

[3] https://www.olympic.org/paris-1894-olympic-congress, 2021.4.5.

第十五讲 西方古典文明的当代审视

曾给清政府发出了邀请，但慈禧等人未予答复。①此说法后来颇为流行，但一直未找到事实依据。无论如何，清朝直至覆灭都没有派遣选手参加过奥运会。这固然是由于国力日衰、无暇顾此，但也反映出当时清朝的保守派统治者对奥运会缺乏基本的概念，无法形成积极参与的心态。

据罗时铭、魏伟等学者研究，上海的英文报纸《字林西报》报道过1896年的雅典奥运会②，英文月刊《中西教会报》报道过1900年的巴黎奥运会③。但它们都是英文媒体，且报道都很简短。此后，《万国公报》对1904年的圣路易斯奥运会有过后续报道。④总体来看，这些零星报道对当时的中国知识界和大众了解奥运会的推动作用是有限的。不过，据陈德正研究，受洋务运动和戊戌变法的影响，19世纪晚期国内的新式学堂中可能已开始教授古希腊史。⑤1886年，由传教士艾约瑟编译出版的《希腊志略》是中文世界最早的古希腊史专著，影响广泛，其第二卷第七节就介绍了"历四年有一次""驰马、角力、斗奇技、逞异能"的"俄伦比亚会"（奥林匹亚赛会）。⑥可以想见，一部分热衷西学的洋务派和维新派人士对古代奥运会还是有所了解的。

教育家张伯苓是第一位真正在中国大力推广奥运会的人物。毕业于北洋水师学堂的他深受甲午战败的刺激，决心办新式教育，并且尤其重视体育。⑦他最初在天津基督教青年会了解到奥运会，也在此地发表了《雅典的奥运会》（1907年10月24日）的演讲，介绍古代和现代奥运会。1908年8月，他在欧洲考察教育期间观摩了伦敦奥运会，成为亲临现场观摩奥运会的第一位中国人，并在回国后向南开中学堂的学生介绍奥运会。1909年10月，他又在南开中学堂与天津基督教青年会联合举办的年度运动会上发

---

① https://news.sina.com.cn/o/2005-07-28/10586550968s.shtml, 2021.5.30.

② 魏伟:《〈字林西报〉奥运会报道始端及内容变化特征研究》,《北京体育大学学报》2020年第6期,第54—55页。

③ 罗时铭:《奥林匹克运动传入中国时间考》,《体育文化导刊》2004年第12期,第67页。

④ 罗时铭:《奥林匹克运动传入中国时间考》,第67页。

⑤ 陈德正:《晚清教育中的外国历史课程与希腊罗马史》,《全球史评论》第一辑,2008年,第304页。

⑥ [法]法伊夫、[英]克赖顿:《〈希腊志略〉〈罗马志略〉校注》,[英]艾约瑟编译,陈德正、韩薛兵校注,北京:商务印书馆,2014年,第42—43页。

⑦ 孙海麟:《中国奥运第一人:张伯苓的故事》,北京:人民出版社,2008年,第1—10页。

表了《中国与国际奥委会》的演讲。①1910年10月18日，他参与组织了第一次全国学界运动会（后被追认为第一届全国运动会）。②到了民国时期，他不仅在南开努力开展奥林匹克教育，而且倡导和组织全国运动会，与王正廷等人创建中华全国体育协进会（1924年成立，1931年被国际奥委会承认为中国奥委会），还参与发起了远东运动会（原名"远东奥林匹克运动会"），推动中国与亚洲各国进行体育交流，得到了国际奥委会的肯定。③他积极支持中国运动员参加第10届（洛杉矶）、11届（柏林）和14届（伦敦）奥运会。④在他和一大批爱国体育人士的带动下，以奥运会为代表的近代体育在中国开始逐渐深入人心。

张伯苓推广奥运观念的成功之处，首先，在于他选择的受众群体是青年学生。他目睹了中国的衰弱动荡，深具救亡图存、强国强种强身的理念，这与受到普法战争刺激而将希望寄托在年轻一代的顾拜旦颇为契合。⑤他不仅重视男子体育，还很早就重视女子体育教育，使南开女中培养出一批优秀的女运动员。⑥其次，在于他对多国进行过实地考察，主动接受近代体育的先进成果，并聘请了许多专业的体育名师到南开任教，成为将国际奥运精神带入中国的传递者。⑦再次，在于他极为重视运动会的展示功能，多次担任运动会的会长、总裁判长或领队，亲自指导比赛，不断向当时中国社会各阶层普及"体育强国"的观念。⑧最后，在于他非常清楚奥运会与国家主权的密切关系。为了改变当时盛行的外国人操控中国体育比赛的风气，他在第10届华北运动会（1923）时力主完全由中国人自主办理，谢绝外籍人士参与，比赛术语不再使用英文，一律采用中文。足见他吸取奥运观念时带有鲜明的爱国意识，而非照搬西方体育形式的被动接受者。⑨此后，他更是坚决抵制伪

① 孙海麟：《中国奥运第一人：张伯苓的故事》，第19—21页。

② 孙海麟：《中国奥运第一人：张伯苓的故事》，第64页。

③ 孙海麟：《中国奥运第一人：张伯苓的故事》，第56—72页。

④ 孙海麟：《中国奥运先驱张伯苓》，北京：人民出版社，2007年，第35—47页。

⑤ 孙海麟：《中国奥运第一人：张伯苓的故事》，第5—6页。

⑥ 孙海麟：《中国奥运第一人：张伯苓的故事》，第120页。

⑦ 孙海麟：《中国奥运第一人：张伯苓的故事》，第112—119页。

⑧ https://m.thepaper.cn/baijiahao_12083306, 2021.4.12.

⑨ http://news.nankai.edu.cn/mtnk/system/2007/08/16/000009136.shtml, 2021.4.12.

满洲国参加奥运会和远东运动会。①总之，我们认为，以张伯苓为代表的中国近代体育人士接受奥运会的过程，本身也是一个不断判断和选择的过程，他们以中国为本位，选择西方近代先进的体育观念和运动方式，重点培养年轻人，旨在使中华民族再次复兴。

（二）1949年至2008年："奥运观念"的回归和高扬

1952年7月17日，国际奥委会经表决通过了邀请中华人民共和国运动员参加第15届（赫尔辛基）奥运会的决议。当7月19日我国收到邀请电时，距离开幕式只有几个小时了。周恩来总理说："一定要去！"他告诉中华全国体育总会，我国代表团到了赫尔辛基，即使正式比赛参加不上，运动员也可以和其他国家的运动员进行友谊比赛，同时可以宣传新中国。于是，我国派出40人的代表团前往赫尔辛基参加了奥运会，五星红旗第一次在奥运会升起。②这表明，新中国从一开始便"读懂"了参加奥运会对于融入现代世界的非凡意义，只要有机会，便可不顾重重阻挠去参赛。所以，一进入改革开放新时期，"奥运观念"就在中国得到回归，而且逐步得到高扬。这离不开新中国从一开始便具有的积极参与奥运会的心态。

1979年10月25日，国际奥委会执委会在日本名古屋通过决议，恢复了中华人民共和国在国际奥委会的合法席位。11月26日，国际奥委会在洛桑批准了《名古屋决议》。自此，中华人民共和国使用"中国奥林匹克委员会"的名称，而中国台湾地区使用"中华台北奥林匹克委员会"的名称。《名古屋决议》解决了两岸奥运代表权的问题，并开启了此后一系列体育和非体育国际组织中类似问题的解决方式，史称"奥运模式"。③这是改革开放初期我国在体育领域取得的重大突破，折射出将"一国两制"构想融入中国奥运观念的智慧。

1980年，中国代表团首次参加冬奥会。1984年，中国代表团出征第23届（洛杉矶）夏季奥运会。相比1932年只能派出一名运动员和一名教练员前往

---

① 孙海麟：《中国奥运第一人：张伯苓的故事》，第73—79页。

② https://www.sohu.com/a/169074199_802135, 2021.4.14.

③ http://roll.sohu.com/20120626/n346545054.shtml, 2021.4.14.

洛杉矶参赛的景象，此时中国的国力和体育实力早已不可同日而语。射击运动员许海峰不仅成为本届奥运会的首金得主，同时也成为中国首位奥运冠军。随着改革开放的不断深化，中国人的奥运观念亦日趋成熟和完善，有充分自信去追求"更快、更高、更强"的目标。优秀的运动员受到普遍的尊敬，并被全社会给予厚望，他们在奥运会上获胜成为国家进步和国力提升的重要象征。

2008 年 8 月，北京成功举办第 29 届夏季奥运会。中国圆了百年奥运梦，不仅成为东道主、赢得了最多的金牌，而且向全世界展现了"绿色奥运、科技奥运、人文奥运"的三大理念，开幕式与闭幕式上都出现了众多中国元素，将中国五千年文明史的画卷、"以和为贵"的中华思想与"公平竞争"的奥运精神有机地结合在一起。[①]通过改革开放，中国自信地维护和推动世界和平与发展，并努力实践"同一个世界、同一个梦想"的价值观。经历了北京奥运会后，现代奥林匹克精神已经深深融入中国人自身的文化观念之中，中国完成了从接受主体向传播主体的角色转换，抓住了全球化进程中的历史机遇。

（三）2008 年至今：从奥林匹克文化共同体到人类命运共同体

在过去的一个多世纪里，中国对奥运会的接受史经历了无知、了解、参与、回归、热爱和主办的几大阶段，这也正是中国从积贫积弱走向繁荣富强的过程。相应地，中国人的奥运观念也有几次重大变化。2008 年之后，随着中国国力的进一步提高，中国人民更加自信地意识到"重在参与、追求卓越"的奥林匹克精神与中国传统文化中"厚德载物、自强不息"的观念十分贴近。而世界人民也越来越认同中国"天人合一""求同存异""合作共赢"的价值观。恃强凌弱、弱肉强食的观念以及以某个文明为中心的世界观，既违背了奥林匹克精神，也不符合当今世界的发展趋势。奥林匹克运动推崇公平竞技，希望用和平而非暴力的方式构建文化共同体，这在本质上与人类命运共同体的理念是一致的。2021 年 7 月，中国代表团出征东京夏季奥运会；2022 年 2 月，北京和张家口举办了冬季奥运会。我们期待中国对奥林匹克运动做出更大贡献。

---

① http://news.cctv.com/china/20080823/101797.shtml, 2021.4.14.

第十五讲 西方古典文明的当代审视

主要参考文献

1. ［古罗马］T.李维：《建城以来史 前言·卷一》，穆启乐、傅永东、张强等译，长春：吉林文史出版社，1992年。

2. ［古罗马］阿庇安：《罗马史》，谢德风译，北京：商务印书馆，1995年。

3. ［古希腊］阿里安：《亚历山大远征记》，李活译，北京：商务印书馆，1979年。

4. ［德］奥托·基弗：《古罗马风化史》，姜瑞璋译，沈阳：辽宁教育出版社，2000年。

5. ［古希腊］第欧根尼·拉尔修：《名哲言行录》，马永翔等译，长春：吉林人民出版社，2003年。

6. ［荷］菲克·梅杰：《角斗士：历史上最致命的游戏》，李小均译，桂林：广西师范大学出版社，2009年。

7. 高福进、侯洪颖：《角斗士：一段残酷历史的记忆》，上海：上海辞书出版社，2006年。

8. ［古希腊］赫西俄德：《工作与时日 神谱》，张竹明、蒋平译，北京：商务印书馆，1997年。

9. 黄洋、晏绍祥：《希腊史研究入门》，北京：北京大学出版社，2009年。

10. 黄洋：《古代希腊土地制度研究》，上海：复旦大学出版社，1995年。

11.黄洋：《古代希腊政治与社会初探》，北京：北京大学出版社，2014年。

12.［古罗马］恺撒：《高卢战记》，王士俊译，北京：商务印书馆，1979年。

13.［古罗马］恺撒：《内战记》，任炳湘、王士俊译，北京：商务印书馆，1986年。

14.廖学盛、刘家和：《世界古代文明史研究导论》，北京：高等教育出版社，2001年。

15.刘津瑜：《罗马史研究入门》，北京：北京大学出版社，2014年。

16.［美］玛莎·纳斯鲍姆：《善的脆弱性：古希腊悲剧与哲学中的运气与伦理》，徐向东、陆萌译，南京：译林出版社，2007年。

17.［法］让-皮埃尔·韦尔南：《神话与政治之间》，余中先译，北京：生活·读书·新知三联书店，2001年。

18.［古希腊］色诺芬：《回忆苏格拉底》，吴永泉译，北京：商务印书馆，1986年。

19.［古希腊］色诺芬：《经济论 雅典的收入》，张伯健、陆大年译，北京：商务印书馆，1981年。

20.［古希腊］色诺芬：《长征记》，崔金戎译，北京：商务印书馆，1985年。

21.［古罗马］塔西佗：《阿古利可拉传 日耳曼尼亚志》，马雍、傅正元译，北京：商务印书馆，1959年。

22.［古罗马］塔西佗：《编年史》，王以铸、崔妙因译，北京：商务印书馆，1981年。

23.［古罗马］塔西佗：《历史》，王以铸、崔妙因译，北京：商务印书馆，1981年。

24.王以欣：《神话与历史：古希腊英雄故事的历史和文化内涵》，北京：商务印书馆，2006年。

25.吴晓群：《古代希腊仪式文化研究》，上海：上海社会科学院出版社，2000年。

26.［古希腊］希罗多德：《历史》，王以铸译，北京：商务印书馆，1997年。

27.［古希腊］修昔底德：《伯罗奔尼撒战争史》，谢德风译，北京：商务印书馆，1985年。

28.［法］雅克利娜·德·罗米伊：《古希腊悲剧研究》，高建红译，上海：华东师范大学出版社，2017。

29.晏绍祥：《古代希腊民主政治》，北京：商务印书馆，2019年。

30.晏绍祥：《古典历史研究发展史》，武汉：华中师范大学出版社，1999年。

31.晏绍祥：《荷马社会研究》，上海：上海三联书店，2006年。

32.晏绍祥：《希腊城邦民主与罗马共和政治》，北京：人民出版社，2018年。

33.［美］依迪丝·汉密尔顿：《希腊精神：西方文明的源泉》，葛海滨译，沈阳：辽宁教育出版社，2005。

34.［英］约翰·博德曼、贾斯珀·格里芬、奥斯温·穆瑞编：《牛津古罗马史》，郭小凌等译，北京：北京师范大学出版社，2015年。

35.周国平译：《悲剧的诞生 尼采美学文选》，北京：生活·读书·新知三联书店，1986年。

36.朱龙华：《罗马文化与古典传统》，杭州：浙江人民出版社，1993年。